亜熱帯の島の子育て

～奄美民話の伝承と実践～

あまみ民話絵本シリーズ１～４

あまみ民話絵本シリーズ５～８

出来上がった大型紙芝居を前に記念撮影

夕涼みおはなし会で大型紙芝居を楽しむ

海をめざして歩く子ガメを見送る子どもたち

コーミニャ（川貝）を捕りながら川遊びに興じる

フッシュ（川畑豊忠さん）といっしょにカジャモシャ（風車）作り

走ってカジャモシャ（風車）をまわす子どもたち

ユタカウジ（坪山豊さん）とおもちゃ作り（小さな大工さん）

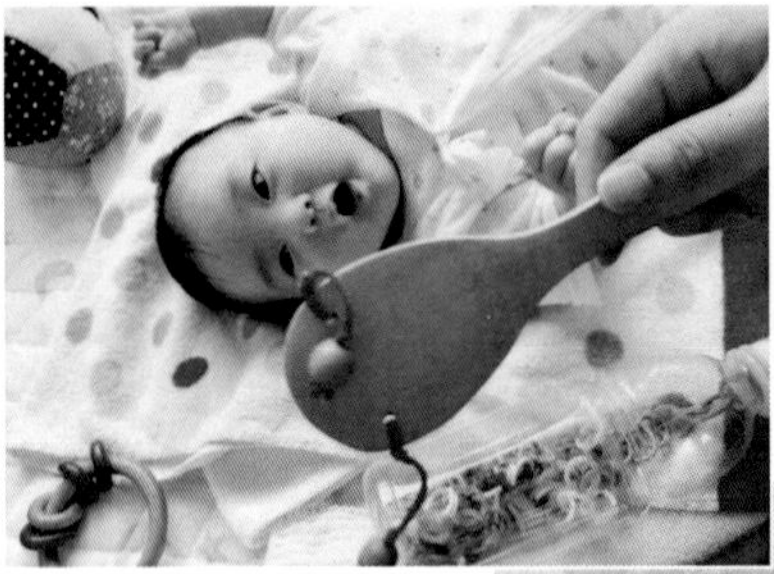

手作りおもちゃで
ほほえむ赤ちゃん

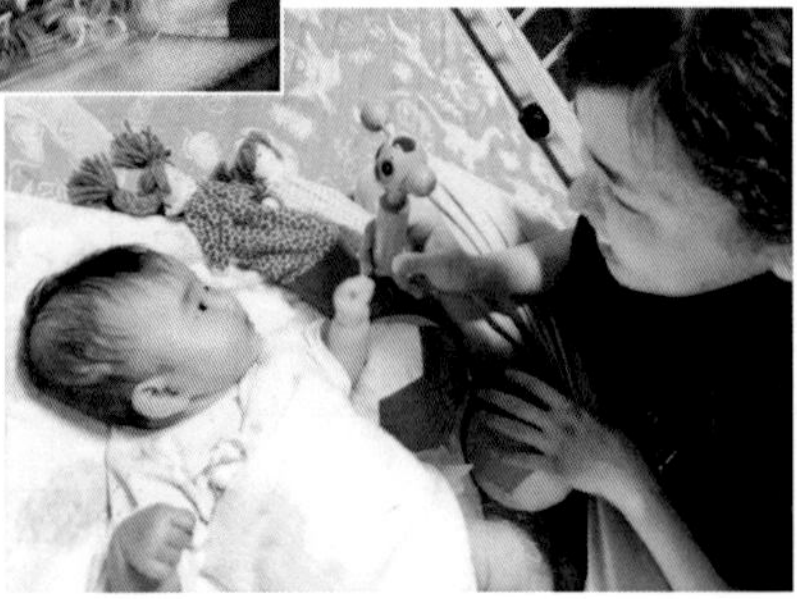

すいせんの言葉

元奄美文化財保護対策連絡協議会会長　徳富重成（一〜四巻）

あまみ民話絵本シリーズが刊行されることになりました。発行は奄美民話の会です。まさに壮挙というほかはありません。はじめて奄美の民話が、奄美の人々の手で、奄美の地から、絵本として出版されます。第一巻の校正刷りをみせていただきました。おどろきました。退潮の一途をたどる奄美の民話の復活であり、新しい展開です。

かつて奄美の民話は他地域にさきがけて発掘されました。戦前は昔話研究の先駆者岩倉市郎を輩出し、戦後はいちはやく田畑英勝によって採集がすすめられました。また、草創期に民俗学を側面からささえた『旅と伝説』が奄美出身の萩原正徳によって刊行されていたことも忘れられません。

しかし、昭和の高度成長は歴史上類をみないほど大きく人々の生活環境をかえました。祖先からの伝承の絆は危機にひんしています。昔話もその例にもれるはずはなく、もうかつてのようなかたちで聞くことはできなくなってしまいました。だが、監修者の田畑千秋氏が言うように、人々の生活があるかぎり、話の世界は不滅でしょう。それは今でもさまざまな場で、かたちをかえ、よそおいをかえて話されていることからもわかります。おそらく田畑氏の言うことは正しいのです。

　このあまみ民話絵本シリーズが完結し、全巻がそろったとき、それは奄美にとって、なにものにもかえられない大きな財産になると思います。私はここにあまみ民話絵本シリーズの刊行を心から祝福します。

元奄美郷土研究会顧問　楠田豊春（五〜八巻）

　奄美民話の会は、奄美に昔から伝わるムンガタリ（昔話）をテーマに、継続して「あまみ民話絵本シリーズ」を出版しており八巻目になります。

「あまみ民話絵本シリーズ」は、毎回奄美の子どもたちによるちぎり絵で描かれ、子どもたちをはじめ、多くの親たちにも深い感銘を与えてまいりました。

　このたびの『あまみ民話絵本』の上梓にあたり、奄美民話の会代表の嘉原カヲリさん、そしてスタッフの皆さん、なかでも特に絵を担当した「奄美の子どもたち」に敬意を表し、お喜び申し上げます。

　さて、奄美はかつて昔話研究の大先達岩倉市郎先生（喜界町出身）を生み、戦後は田畑英勝先生（奄美市名瀬出身）が出て、常に日本の昔話研究をリードしてきた土地です。『旅と伝説』を刊行して民俗学をささえた萩原正徳先生が奄美市笠利町出身であったことも忘れられません。しかし、昔話の宝庫として全国的に有名であった奄美も、生活環境の変化やシマユムタ（奄美方言）の衰微により、昔話の伝承がほとんどなくなってきました。このような折に「あまみ民話絵本シリーズ」の八作が出版されたことは、何にもましてうれしいことです。

文明がすすみ、全てが電波によって左右されるＩＴ時代になりましたが、今こそ未来を担う子どもたちには、昔から語り継がれている夢のある民話を、絵本をとおして語り伝え、人格形成の糧にすることが肝要だと思います。

この「あまみ民話絵本シリーズ」が多くの人々に愛読され、それぞれが心の中に奄美の文化を感じることができるようになることを念じています。

※一九九三〜二〇〇三年にあまみ民話絵本シリーズを八巻刊行したときにいただいた言葉です。１７８〜２１３ページにも収録しております。

もくじ

奄美民話の伝承と実践

一、はじめに

1、今、子どもたちは

現代の子どもをめぐる問題はますます深刻です。それは、社会的なものであっても、個人的なものであっても、また、精神的なストレスに起因するものであっても、肉体的なストレスに起因するものであっても、もうこれ以上この問題を拡大深化させるわけにはいきません。そして、この現代社会の問題の具体的例をみると、あまりにその表れ方が多種多様であることに驚かされます。たとえば、乳幼児においては人とうまく関われない子どもが目立っています。特徴として、「視線が合わない、呼んでも振り向かない、表情がない、言葉がおそい、いっときもじっとしていない、テレビを消すといやがる」（子どもとメディア研究会）などが指摘されました。すでに日本小児科医会が二〇〇四年に警告したにもかかわらず、メディア漬けの子どもたちはますますふえています。

奄美市の乳児健診をお手伝いする機会があり、母乳やミルクをあげながらテレビ・スマートフォン(スマホ)を見ている母親が八割を超えていて驚きました。メディア社会の中でどっぷり育ってきた親たちです。サイレントベビー世代が親になっていて、メディアの接触の怖さを気づかないのです。

幼児においては、登園しても無表情な子、笑わない子、泣かない子など無気力、無感動、無関心、そして、自主性に乏しい子どもがふえてきました。基本的な生活習慣も身につかないままです。幼児期が不在になるまま成長している子どもたちが、今の学校教育やさらに社会の中に投げ出されるときの問題は日々深刻さを増しているように思います。また、青少年においては、家庭内暴力、不登校、いじめ、ひきこもり、自殺などの問題行動が起きています。こうした中で乳幼児が犠牲にされる残虐な事件も相ついでいます。それはその家庭環境、社会環境に責任があり、背景には、親の過保護、過干渉、子ども虐待、育児放棄などによる精神的子捨てがあります。ここで、子どもたちの精神がむしばまれている事実に目を向けて少し現代の問題ということを考えてみると、現代の過熱化した教育、すなわち進学競争のもとでの教育のあり方がその原因の一つであることがわかります。今、大きな社会問題になっている教育の格差もそうです。それは、子どもたちをとりまく社会情勢とも深い関係があるでしょう。当然、現代の私たちのたずさわる幼児教育のあり方も原因となっています。子育ての結果は思春期に表れるといわれています。青年期の問題行動は、幼児期における親と子の精神的つながりの中にその根源を見いだすことができるからです。つまり家庭における就学前教育のあり方に関係しているように思うのです。二つ目に二十世紀後半から二十一世紀にかけて、テレビ、スマホ、テレビゲーム、携帯電話など電子映像メディアが急速に普及し、それにともなって子どもたちの生活も大きく様変わりしました。その結果、メディア漬けの子どもがふえ、子どもたちの心と体に弊害をもたらしています。

現代は、衣食住が豊かになり、子どもたちのほしいものはすべて手に入る時代になりました。一見豊かに見える現代ですが、子どもにとってはかつてないほど何かが失われてしまった時ではないでしょうか。豊かな生活の背景となっている社会のしくみが子どもたちの暮らしをゆがめています。子どもたちは物や機械に囲まれすぎています。河合隼雄氏（臨床心理学者）も「親が忙しいときは、子どもの本当のふれあいが必要なのに、物でそれを代えてしまっている」と指摘していますが、全く同感です。

本当に、今、子どもたちは幸せなのでしょうか。子どもたちは物の豊かさを心の豊かさと取り違えながら成長してきています。そしてやさしさ、思いやりが薄れて、物に対する執着心が限りなく膨らんでいます。子どもたちの問題行動は、何らかの形で私たちにサインを送っているのです。このような子どもたちの行動は、〝大人たちよ考えてください〟という強い意志表示なのです。私たちはそのサインをキャッチしなければなりません。子どもたちにとって最も大切なものは何かということです。つまり私たち大人に問われているのは、「価値観」です。自分の人生観、保育理念をしっかりもって子どもたちに接していくことです。子どもの人生をどう考え、どう援助していったらいいのか、本気になって考えなければなりません。

今の子どもたちは、基本的なことを教えてくれる大人に恵まれておりません。つまりお手本になる大人が身近に少なくなったのです。

宇検村田検保育所・阿室へき地保育所のおはなし会

今、心の教育の大切さが叫ばれています。だからこそ子どもたちがよりよく生きるためにも豊かな環境のもとで子育てができるようにしなければなりません。今、子育てに熱心な親たちの中には、子育ての目標や目的がおかしくなってきている人々も多くいます。「デキル」「ハヤクスル」ことが目標であった効果効率、つまり効果重視のずさんな保育環境を大切な乳幼児期に与えたり、大人が子どもの育ちに先回りしたりしています。自信をもって生き生きと輝いて子育てをしているお母さんが少なくなりました。「日曜日も預かってほしい、疲れた、疲れた」「子どもの世話でなんにもできない」ともらす親たちを見ると残念でなりません。大人にとってもストレス社会になっています。

共働きの家庭の母親は子どもを迎えてから夕食の支度、そして食事の世話、お風呂や洗濯と息つくひまもなく過ごしています。その中でつい子どもたちはテレビやテレビゲーム、スマホ漬けになります。中には遅くまで親といっしょに起きている子どももいます。そのようにして生活習慣がみだれてくるのです。また、食生活も便利になりインスタント食品、レトルト食品、冷凍食品、パック詰めの食品に目がむくのです。ファミリーレストラン、コンビニエンスストア、ファストフード店などで、手軽にたべものが手に入る時代になりました。こうして子育てに手抜きをしたり、興味を示さなくなった親がふえてくるのです。このように豊かになった環境の中で、私たちは真の乳幼児教育を見つめ直す時代に直面しています。制度的な支援ではなく、子どもにとって本当の支援をしてあげることです。親も育つ、子どもも育つ支援のあり方を園も家庭もそして、行政も考えてほしいと思います。これからは社会がいっしょに子どもを育てていかなければいけない時代になったと思います。

そのためには、子どもたちに本当の豊かな体験をさせることです。その一つとして保育の中に民話をとりいれてみました。

2、今、なぜ民話か

今、子どもたちの遊びに対する課題は深刻です。かつては、まわりに子どもを見守る大人がいたので放っておけば育っていました。お兄ちゃんお姉ちゃんがいて、赤ん坊を背負っていっしょに遊んでいました。人々の生活環境や様式が様変わりするにともない、子どもたちの遊び文化も変化してきました。その原因のひとつとして、子どもたちの遊び場が奪われ、自然とのふれあいが薄れてきたことがあげられます。こうした中で伝承遊びもしだいに途絶え、プラスチック製の市販のおもちゃが氾濫してきました。玩具をみずから手作りすることもなくなり、ほとんどの子どもたちは与えられたものだけで遊ぶようになりました。早期教育、英才教育が叫ばれている中で、商業主義の先行した玩具が満ちあふれ、高学歴志向と消費社会の価値観は「商品」として売り出され、早期教育という名前に何の抵抗もなく子どもたちに買い与える形で拡大しています。離島の奄美でさえも豊かな自然と文化の中に住みながら、そのあふれる恵みを十分に子どもたちに受け継ぐこともなく、自然の中に飛び込むこともなく、テレビやスマホなどで過ごしています。

また、親たちも忙しさの中で、子どもと向きあう時間がとれない状況が広がってきていま す。親子の大切なコミニュケーションの場である夕食さえも、家族みんなでとれない家庭もふえています。そしてテレビやテレビゲーム、スマホなどのメディア漬けの育児が横行し、大きな問題になっています。

今では、ほんとうに身近な存在になってしまったスマホが発売されてわずか十年あまりで地球上のあらゆる場所でスマホを手に日々生活する「スマホ社会」が出現しました。私たちの生活を便利にする半面、特に子どもたちの心と体の弊害をもたらしています。

一万人広場でフッシュ（川畑豊忠さん）の語り

今、遊べない子がふえています。かつての子どもたちは、川でタナガ（手長エビ）を捕ったり、フナを釣ったり、サンゴ礁の干瀬で蟹をつかまえたり、トンボ、カマキリ、オケラなどの小動物と遊んだりしていました。また、アダンの葉でカジャモシャ（風車）、トケイ、カゴなどを作ったり、ソテツの実で笛などを作って遊びました。カジュマルの木に登り鬼ごっこもしました。生活の身近な場所が絶好の遊び場でした。その中で近所のおじさんおばさんからもケンムン話を聞いていていました。

今の子どもたちは常に、テレビをはじめ映像と音の洪水に囲まれて、自分に発せられる物語の世界を感じるのはとても困難な状況にあるといえます。しかし、大人が子どもによりそう時と場があり、肉声で語りかける民話はとても大切です。

それぞれの土地でしかできないことを、子ども時代にたっぷりと体験することが、大人になった時にどれほど大きな意味を持つことかと痛感しています。その土地の味、言葉、気候、風習などに加え、一昔前までは昔話も語られていたはずです。幸いに保育所の子どもたちはすばらしい語り部の川畑豊忠さん（大和村名音《なおん》出身）に出会うことができたのです。子どもたちは川畑さんのことをフッシュ（奄美方言でおじいさんの意）と呼んでいます。

昔話も、川畑豊忠さんが育ったところを舞台にして生まれたものがたくさんあります。川畑さんは、動物昔話の「マガンとさる」「けんむんとこうみにゃ」「さるのいきぎも」「けんむんのがぶとり」など約四十話ほど語ってくれました。

たとえば「けんむんとこうみにゃ」（ケンムン（奄美の代表的な妖怪）と川貝）のかけくらべのお話しは、川遊びを舞台にしています。子どもたちは、川の中を走りまわったり、はしゃいだり、お話しの舞台が遊びの中で体験でき、想像力やイメージがきちんと描きこまれています。しかし今、ほとんどの子どもたちは身近な人に奄美の民話を語ってもらう機会がありません。親たちも民話を知らないで育っています。

私たちの島にはケンムンのお話しがあるの……

私たちの島には民話やわらべ歌が残っているの……

私たちの森にはたくさんの生き物がすんでいるの……

私たちの身近には亜熱帯の植物があり、おもちゃがたくさん作れるの……

と、奄美に生まれ育った喜びを感じる機会に恵まれておりません。だからこそ、民話をとおして郷土に誇りがもてる、祖父母に誇りがもてる、親に誇りがもてる人になってほしいのです。子どもたちに心のふるさとを育てるためにも民話の語り聞かせは大切です。

3、奄美の民話を子どもたちに

子どもたちに豊かな体験をさせるためにはまず環境づくりが大切です。その環境づくりの一つとして伝承文化の継承ということが今、最も求められていると思います。

保育所では伝承文化や自然とのふれあいなども積極的にとりいれた郷土教育を試みました。手づくり玩具、伝承遊び、わらべ歌や民話、シマ歌や八月踊りなど祖父母世代との交わりの中で保育に位置づけております。

核家族が進む現在、多くの子どもたちはおじいさん、おばあさんの存在を身近に感じることが少なくなり、また子育ての知恵が祖父母から伝承されなくなりました。また、近隣との人間関係も薄れ、生活様式も人々の心も変わり、子どもをとりまく環境も変わってきました。

さらにお祝いごとやお祭り、四季折々の行事などもすべて変化してきました。

奄美の代表的な行事と昔話の「正月（ウラジロとユズル）」「三月節句（蛇婿入り）」「五月節句（食わず女房）」「七夕（天人女房）」「二十三夜のお月待ち」なども知らないで育っていきます。だから殺伐とした今の時代に、まわりの大人が意識して伝承文化を考えていかなければ、子どもたちに大切な文化とは何かということを伝えていくのは難しいのです。教育の成果は十年、二十年先でないとわかりません。というのは、人間の心の成長にはさまざまな経験と時間が必要だからです。大切なことは、奄美のすばらしい自然と文化を生かした保育実践です。伝承文化の中には、その根源で子どもたちの心を揺さぶり、かきたてる要素がしっかりと組みこまれています。それが子どもの心の中に深く刻みこまれて、心のふるさとを育てるのです。

また、心を育てるには、肉声をとおして、直接子どもに語り伝えることが大切です。私たちはその大切な幼児期に民話をとおして豊かな心を育てる保育を試みました。

奄美には数多くの昔話や伝説がありますが、今では民話を語れるお年寄りも少なくなり、身近なお父さん、お母さんからも聞けなくなりました。これも時代の推移で仕方のないことかも知れませんが、残念なことです。子どもたちはお話しを聞くという機会が持てなくなったのです。しかし全く民話を語れる人がいなくなったわけではありません。さがしてみるとまだまだ身近にいます。それは、民話が全く消滅してしまったのではないということです。

高倉の下でフッシュ（川畑豊忠さん）の語り

今まで私たちが気づかなかったり、意識していなかったということなのです。実はテレビっ子といわれる今の子どもたちも、お話しを直接聞きたいという欲求をもっているのです。子どもたちは肉声をとおした民話の語りが大好きなのです。そして民話には子どもたちがすんなりと入っていける要素が多くあるのです。

保育所では動物昔話、ケンムン話など、おりにふれて語り聞かせています。たとえば昼寝前のゆったりした時間に、またある時は野原や川原、木陰などで自然に語っています。そして、時々、奄美民話のすぐれた話し手、川畑豊忠さんに来ていただいて語ってもらっています。子どもたちは川畑さんの目を見て、口元を見てくいいるように熱心に聞き、その身ぶり手ぶりのお話しに胸おどらせ、身を乗り出して聞いています。中には他の遊びに夢中になっている子もいますが、それでも回を重ねるごとに民話のストーリーも理解でき興味

民家でフッシュ（川畑豊忠さん）の語り

をもつようになります。

今では川畑さんが保育所にみえると子どもたちは、「フッシュ（奄美方言でおじいさんの意。川畑さんのことを子どもたちはいつもこう呼んでいます）待ってたのよ」と飛びついていきます。それほど川畑さんの来訪を待ち、喜ぶのです。川畑さんは、聞いてくれる年齢によって語り口調、リズム、イントネーション、方言などを変えています。また、シマ歌の名人の坪山豊さん（宇検村生勝《いけがち》出身）もシマ歌遊びや子守歌遊びをしながら、奄美の代表的な妖怪であるケンムン話をしてくれました。

今、家庭や地域において世代間の断絶がいわれます。それを是正する役目を民話が果たし、そして、地域の異世代との交流をもはかっているのです。そこには心のふれあいが生まれます。乳幼児期からのお年寄りとのかかわりは、やさしい心、思いやりの心を育みます。

4、民話をとおして豊かな心を

民話の直接の語りは想像力を大きく膨らませることができます。つまり想像力（創造性につながる）を価値とみる私たちの、幼児教育の原点を民話の中にもみるのです。民話は親から子へ、子から孫へと語りつがれてきました。民話をとおしてお年寄りとふれあうということは、子どもたちにとってすばらしいことです。私はお話しを聞くことにより子どもたちの心が優しくなっていくのを感じます。子どもたちはお話しに吸いこまれ、その時、その目が輝くのです。きっと川畑豊忠さんの語りに心がこもっているからでしょう。川畑豊忠さんからやさしい心、強い心などたくさんの心を子どもたちはもらっているのです。

民話は話のすじが明瞭で、語り口がわかりやすく、自然に子どもの心の中に入っていきます。民話にはそういった性質があります。そしてお話しは人間にとって本質的なものです。ごはんを食べたり、眠ったりするのと同じくらいあたりまえなものです。しかし、それにもかかわらず今は、テレビ、テレビゲーム、スマホの普及で家庭での直接的な会話が少なくなっているように思えます。

今の子どもたちはお話しを聞かなくなったという声をよく耳にします。でもそれは子どもの責任ではなく、お話しの世界の楽しさを子どもたちに体験させせない大人たちの責任なのです。大人たちの生活が忙しくなり、時間的、精神的ゆとりが失われ、その果てにテレビ等に子守をさせることが多くなったからです。「今の子どもたちは外で遊ぶ機会が減り、テレビやゲームなどに夢中になり遊ばされている」と川畑豊忠さんが常々言っていますが、その言葉はあまりにも本質をとらえています。こういう社会状況であるからこそ家庭で、保育の場で、自然とのふれあい、絵本の読み聞かせやわらべ歌、そして民話の語り聞かせなどをすることが大事になるのです。

保育所では今、保育の場に民話をということで、子どもが身近に感じるケンムン話など、おもしろおかしく語り聞かせ、失われつつある民話を少しずつよみがえらせています。また、私たちは語り聞かせを続ける中で民話のすばらしさを逆に子どもから気づかされ、学ばされることもあります。そうした中で保育士たちの意識も変わってきました。

子どもたちは民話の中に夢や冒険を求めます。そして同じ話を何度もせがみ、特にことばのリズムやイントネーション、くり返しがおもしろくそれをまねて楽しんでいます。子どもたちは民話を語ってもらうのが大好きです。民話を語ってもらうことによって心のやすらぎをおぼえるようです。お互いの信頼感もその中に芽生えてくるように思えます。民話には「親孝行しなさいよ」「欲ばったらいけないよ」「人のものはとるなよ」「人のまねはするなよ」「人をだましたらだめだよ」「夜、口笛をふいてはいけないよ」「夜は魔物の世界だから外に出るなよ」などたくさんの教えがあります。教訓的なこともありますが、それよりも私たちは、

ガジュマルの木陰でユタカウジ(坪山豊さん)のケンムン話

子どもの心が解放されればそれだけでも十分なのです。肉声から伝わる心をいっぱい感じとって想像力(夢、希望へとつづく)が育つからです。もちろん奄美の民話だけでなく日本の昔話やグリム童話、北欧の昔話、アジアの昔話など世界のさまざまな民話も大切にしています。

今、家庭から民話の語りは消えてしまいました。お話しをしてやれる母親はほとんどいません。母親自身も親から昔話をしてもらった経験がない世代となっています。だからこそ、せめて保育の場において、民話の語り聞かせが大切なのです。現代社会が失いつつある子どもの豊かな心を育てるためにも、民話の語り聞かせは続けていかなければなりません。

二、民話を子育てに―保育所における実践から―

奄美はかつては民話の宝庫でした。そして数多くの民話がありましたが、その伝承がとぎれようとしています。そして最近は、民話を語れる古老も少なくなり、民話を聞いて育ったという人もめっきり少なくなってきました。だからこそ私たちは急いで民話を採集し、次代の子どもたちに残していかなければなりません。

民家で児童文学作家（宮川ひろさん）の語り

古老たちのおかげで奄美の民話にふれる機会を得ました。奄美民話の会で民話が残っている地域に出かけ、古老から最初に聞いたときの感動は忘れられません。私たちは、各集落を回りたくさんの民話に出合いました。民話との出合いは、また人との出会いでもありました。

語る人だけでなく、語りの中の人々の心をも体で感じることができました。奄美民話の会では奄美市（名瀬、笠利）、龍郷町、大和村、宇検村、瀬戸内町、喜界町、徳之島町、知名町、和泊町、与論町へも足を運び、集落の伝説、昔話、妖怪（ケンムン）話など数多く聞いています。時には集落によって違う方言に苦労しました。特に喜界島、沖永良部島、与論島ではアクセントやイントネーションが違い、聞き取ることが難しかったです。

民家で児童文学作家（岩崎京子さん）の語り

また、奄美民話の会の勉強会で民話の背景にある歴史的な要素などについても、あらたな認識を深めることができました。奄美民話の会主催の夏季セミナーや講演会などで専門的に学ぶ機会がありました。民俗学の田畑千秋先生から「奄美民話の位置づけ～民話の再話の方法」「奄美の民話と民俗」「奄美の伝承」、山梨大学の松本泰丈先生から「奄美のことばと文化」、児童文学者の松谷みよ子先生から「幼い子の文学について」、松居友先生から「子どもと絵本」「昔話に見る子育ての知恵」、松居直先生から「絵本とは何か」「保育と絵本」「絵本の人間学」、岩崎京子先生から「子どもの可能性、本の可能性」「自作を語る—なぜ書くのか、何を書くのか、どう書くのか」、宮川ひろ先生から「作品育ては自分育て～字のない絵本から～」「民話の語り」、水谷章三先生から「民話を伝える楽しみ」、斎藤惇夫先生から「子ども、メディア、物語」など学ばせていただきました。

そして、このような経験を重ねるにつれて、自分たちが見たもの聞いたものを子どもたちに、わかりやすく再話し、語り聞かせようという気持ちが出てきたのです。川畑さんの数多くのお話しの中から子どもたちが折々楽しんだもの『五―1子どもたちと楽しむ奄美の民話』を選びました。ただ一話でもいい。子どもたちの心にのこるお話しに出合えれば幸いです。

1、子どもたちに語り聞かせを

奄美に伝承されていた数多くの民話が失われつつあるということは前述しました。それと同時に、昔の遊びも時代の波とともにテレビやスマホ、テレビゲームなどに関心が高まり、失われつつあります。民話に子どもたちが自ら出合うのは難しい時代といえましょう。私たち大人が積極的に民話を語っていかなければ次代に民話が生きて伝わることは無理でしょう。せめて保育所の中では意識してとり入れていかなければならないと思っています。

私たちは、このような民話をとりまく環境を考え、保育の場に民話を積極的にとり入れてみました。私たちは奄美の民話（昔話、伝説、世間話）を川畑豊忠さんを招いて聞いています。川畑さんは百五十話あまりを語る島の語り部です。川畑さんの語りは、ゆったりしたリズムを持ち奄美の方言などもおりませています。川畑さんは擬声語、擬態語、それにくり返しなどを大切にしながら語っています。子どもたちはそのリズミカルな語りに魅力があるようです。これまでに子どもたちに動物昔話の四十話を語ってくださいました。それ以来、子どもたちはお話しに登場する身近な奄美の生き物に興味をもってきました。

三歳までは、「あまがく」など♪あんまがながれてがーくがくと、子守歌を歌いながら語ったり、身近な小動物が登場する「ミミズのはなし」「ぶたのはなし」などおもしろおかしく語ってくれました。内容は理解できなくても、そのくり返しを喜んでまねたりします。三歳頃になると、やさしい動物昔話「びっきゃとがらしぶのはなし」(かえるとへび)、ケンムンの「口をひねるはなし」「おにぎりをたべるはなし」など、語ってくれる人のやさしさを感じながら異年齢の子どもたちといっしょに楽しみました。

特にカラスやアカショウビンの登場する「カラスとコーロ」、キツツキやスズメの登場する「ゆむんどぅりときちきゃ」のお話しは気にいっていました。きっと毎日のように裏山から聞こえてくるリュウキュウアカショウビンの〝コロロロロロー〟のなき声やオオストンオオアカゲラが木をたたく〝コンコンコンコン〟と、ドラミングの音を聞いているからでしょう。このように民話は、小さい子から大きい子まで話を聞ける年齢に幅があり、同じ民話でもそれぞれの年齢で楽しむポイントが違うのです。子どもたちは何度もくり返し聞いているうちにまた、簡単な筋を追ってお話しを理解することができます。特にこの三歳の時期の子どもは、奄美の妖怪「ケンムン」などにとても興味をもちます。ケンムン話は、ストーリーも短く、単純でおもしろく理解しやすいからでしょう。この年齢は言葉も発達し、お話しを覚えるのがはやく「ウーイ、ウーイ」「キョッ、キョッ」と語り口調をまねています。子どもたちはユーモラスなケンムンの話が大好きで、ケンムンのまねをして耳や口をひねられたりするのをよろこびます。ますますおもしろがって「フッシュ　もっとして、もっとして」と足元にしがみつきます。それほどケンムン話が大好きなのです。

四歳頃になると子どもたちは長い民話も聞けるようになり、好みも少しずつはっきりしてきます。奄美の民話「おおきなはなし」「マガンとさる」や、いたずらですもうが好きなケンムン話などに興味を示します。というのは、その語りの中にユーモア、不思議さがあるからです。「カラスとコーロ」では、目の覚めるような赤いカラスが一瞬にして黒い姿になる様子、「マガンとさる」では、力強いくり返しの問答と、思いがけないマガンの逆転を喜んでいます。また「おおきなはなし」では、つぎつぎに登場する海の生き物といっしょに、子どもたちの夢が大きく広がっていくようです。不思議な世界にすっぽり入りこんで登場する動物たちと、旅を楽しんでいるようです。

五歳頃になると、「うみどりとせみ」「さるのいきぎも」や長い話の動物昔話「けんむんとこうみにゃ」、人間が登場する動物昔話の「けんむんのがぶとり」や怖いケンムン話などに興味をもってきます。この頃になると、ストーリーを楽しめるようになります。話の内容を自分で想像し、イメージを膨らませることができます。もちろん個人差はあります。それまでお話しに親しんでいない子どもの場合には、単純なくり返しの言葉「ぴりぱり　ぴりぱり　ぴりぱり」「こんにゃ　こんにゃ」などにとても興味を示しています。というのは子どもたちが川遊びを体験しながら発した言葉だからです。

5歳児のケンムン遊び　♪かんかんみち

そして、ケンムンは日々の遊びにも登場し人気があります。子どもたちはケンムンごっこ遊びが大好きで、鬼遊びの♪かんかんみちぐゎを歌いながら一列縦隊になって左手をうしろ背にまわし、右手で杖をつく動作をしながら小道を歩く仕草をします。やりとりをした後、木の陰に隠れていたケンムン役の子が飛び出し、逃げる子どもたちを追いかけます。子どもたちはワーワー、キャーキャー叫びながら走り回り夢中になります。ハラハラドキドキワクワクの連続です。こうしてごっこ遊びがひろがっていきます。さまざまな体験をした子どもたちはお話しの世界で遊ぶことができるのです。

ケンムン話の語り聞かせをとおして、子どもたちは想像力を膨らませているので遊びに夢中になれるのです。そして、楽しい体験がいっぱいあれば心も体も満たされるのです。

保育所での民話の語りは主に、昼寝の前やおやつの後にしますが、時には散歩をしながら、遠足のバスの中で、園庭の木陰、ある時は野原や川原などですることもあります。語り聞かせの最初の頃は他の遊びへ移っていったりしていた子どもたちも、回を重ねるごとに集中してくるようになりました。長い時間じっと飽きることなく聞き入るようになってきたのです。そして子どもたちは、くり返し聞いているうちに、しだいに興味をもち、いい顔になります。きっと語っているおじいさんがやさしい気持ちで語っているからだと思います。語りおさめに「チョウガッサ（これで終わり）」というと「ヘェへェー」とあいづちを打ちます。このとき語り手と聞き手が一体になっているのを感じます。語り手のお話しを真剣に聞き、うなづいたり、あいづちを入れるのはとても大切なことです。子どもたちにただ、民話を聞かせるのではなく、語り手のお話しに意識を集中させ、聞こうとする姿勢をつくるのは、あいづちの中から生まれるようです。そして、お話しが終わったとき子どもたちは「ああ、おもしろかった」とおもわずいいます。「ああ、おもしろかった」のその一言が感動なのです。この感動が何十年も子どもの心の中に残ってゆくのです。そして子どもたちはいいます。「フッシュ（おじいさんの奄美の方言）また、もっと話して」と。フッシュ（川畑さん）はにこにこと何度も語ります。そのたびに子どもたちは、新たな感動をおぼえ、民話の世界にひたっていきます。民話のひとつひとつの語りに川畑さんの人生が出ているように思えることもあります。

川畑さんからは、民話やわらべ歌、伝承遊びや伝承玩具などを教えてもらうだけではなく、子どもたちの関わり方の基本を教えられる気もします。私たちはややもすると、子どもたちの視線をあつめようと大声を出したり、お口にチャック、手はおひざなど注意をしたりしますが、川畑さんはたんたんとして語り、そういうことはしません。また、じっくり待つことも教えられました。川畑さんはやさしく見守り、じっと待っていれば時期が来た時に花が咲き、やがて実るのだと常に言っています。

子どもたちのこの大切な時期に、奄美の豊かな文化にふれる必要性を感じます。これからも郷土奄美の民話を保育の場に位置づけたいと思っています。そして奄美の民話が心豊かな子育ての一助となればと考えています。

このようなさまざまな経験をして、子どもたちといっしょに川畑さんから聞いた数々の民話を紙芝居にしようと思い、実践をはじめました。

2、民話を紙芝居に

奄美の民話の語り聞かせをとおして、紙芝居づくりを試みました。民話の語り聞かせをした後に実際に民話に出てくる動物や場面を見て、自然に思いきりふれるというたくさんの生活体験をとおし、絵を描き紙芝居づくりを子どもたちがしていくのです。子どもたちが目を輝かして生き生きとして絵を描くのは、絵の指導だけではありません。絵を表現する以前に環境を変えたり発想源となる生活体験を豊富にさせることが大切なのです。というのは今の子どもたちは、体験が不足しているのです。それは小さい生きものたちとふれたり遊んだりする機会が少ないのです。子どもたちは、驚いたり、恐れたり、不思議に思ったりする中で、さわってみたいな、おもしろそうだな、やってみようという意欲が育ってくるのです。私たちは意識して少々無理をしても野外活動を積極的にとりいれる必要性を感じました。

紙芝居ができるまでに子どもたちはいろいろな体験をします。野山へ出かけて野鳥観察や植物採集をしたり、海で遊んだり、川で遊んだりの体験などもします。また博物館見学、さる見学などにも行きます。小動物の飼育もします。子どもたちは、野山で蝶やトンボ、川魚を追いかけたり、草花を育てたりする中で自然の不思議さに出合います。カマキリを平気でつかまえ、♪イシトバンヤ　ミバンジャ　ワイトゥティ　ミシロ（カマキリよ　芸をしてみせろ）と棒を動かして歌いかけています。「なんで」「どうして」「これ、なに」「きれーい」「おもしろーい」などと、子どもたちはいろんな言葉を投げかけながら夢中になって遊びます。そして目を輝かせて喜びます。その中で物事に興味や関心を持ち、驚いたり、感動したりして（よし、やってみよう）と意欲も育ってきます。このような活動をとおして子どもの心の中に感じたものをイメージ化して絵で表現します。さまざまな感動体験をした子どもたちは自分の絵に集中します。そしてお話しのイメージをすなおに表現するのです。子どもたちは、野や山や川や海など自然とかかわることによって、物事をじっくり観察し表現する力を身につけます。

子どもたちの感動の度合いは、絵の表現で読みとれます。感動がなければ絵は描けません。感動体験をした絵にはひとつひとつの絵に動きがあり生き生きしています。子どもたちは書きたい時に好きな時間に何枚も何枚も描きます。そのためには、紙と鉛筆を惜しまずにたっぷりと与えれば集中し、びっくりするほどすばらしい力を出してきます。紙をたっぷり与えるために印刷所や新聞社から四つ切サイズの不用紙をもらってきて利用します。不用紙は子どもにとって宝物に変わります。こうしてたっぷり描かせることも可能なのです。

また、子どもたちは図鑑などと照らし合わせながら小動物、昆虫の生態などを調べることもできます。「あった、あった」「これちがう」「おんなじだ」などと自分で調べ、考える力が育ってきます。私たち保育士も子どもたちといっしょに学び合い、ひとつひとつ知るたびにうれしくなります。

お話しに出てくる野鳥の観察

紙芝居は、一九九〇年に「カラスとコーロ」、一九九一年に「おおきなはなし」、一九九二年に「マガンとさる」、一九九四年に「けんむんとこうみにゃ」、一九九七年に「ゆむんどぅりときちきゃ」、一九九八年に「うみどりとせみ」、一九九九年に「さるのいきぎも」、二〇〇二年に「けんむんのがぶとり」が完成しました。

私たちは四月当初から何度も民話の語り聞かせをします。ストーリーが理解できた頃に海や川、山や野原などに出かけ生活体験を始めます。そして絵かき遊びを始めるのです。一年をとおして、さまざまな体験をし、紙芝居を仕上げます。紙芝居の一作は、一貫した活動の中から生まれるのです。

できあがった大型のちぎり絵紙芝居は、保育所でお誕生会や生活発表会、お年寄りとのふれあい活動で紹介し喜ばれています。また、地域の親子読書会、子育て支援センターなどにも貸し出しています。

紙芝居づくりをとおして、小さな生きものへの興味、関心そして自然とかかわる力など子どもの能力が驚くほど発揮されることを感じました。工夫次第で保育環境を変えていけることも実感しております。私たち自身が環境づくりのため、足元を見つめ直すことが大切なのです。

一九九〇年の実践
―「カラスとコーロ」の大型紙芝居の製作―

（むかし、カラスは目の覚めるような赤い美しい着物を着ていました。ある日、きたない、まっ黒いコーロ（リュウキュウアカショウビン）に着物をうばわれ、まっ黒いカラスになりました。今でもカラスはコーロを見ると、『着物を返せ、着物を返せ』といって追いかけているのですよ）という奄美の民話を紙芝居にしました。これは奄美の民話の中で広く語られる話です。そして、子どもたちにも理解しやすい話で、喜んで聞いています。子どもたちは「カラスとコーロ」の民話が大好きです。それはカラスが子どもたちにとって親しみやすく、一番身近にいるからでしょうか。カラスを見ると「カラスさん、かわいそう」とか、「あっ、カラスがコーロを追っかけてる」と叫びます。

実はこの民話を紙芝居にしようとする時に、私たちは困りました。ほとんどの子どもたちがカラスはよく知っていますが、コーロは見たことがありません。もちろん私たちも、奄美の野鳥についてよく知らなかったのです。そこでさっそく奄美の野鳥を展示してある博物館の見学を計画しました。子どもたちは野鳥のパネル写真を見たり、はく製にふれたりして実際に確かめました。展示してあるリュウキュウアカショウビンを見て、「きれい、これがコーロだね」「カラスより小さい」「口もまっ赤だ」などと特徴をとらえていました。

また、常田守さん（環境省自然公園指導員）が保護しているアカショウビンを段ボールにいれて保育所に見せにきてくれました。常田さんは「アカショウビンはね、昆虫やトカゲ、カニ、カタツムリなど食べるんだよ」「元気になったら森へ返してあげようね」と話しています。子どもたちは「ワーきれい、まっ赤だ」と、口ぐちに叫び、目の前で見ることができ大喜びでした。それから奄美の野鳥や昆虫類、小動物などにも興味をもち始めたのです。子どもたちには見るものすべてが驚きであり、また不思議なことのようです。野山や川にも出かけたくさんの自然にもふれました。こうして民話の語り聞かせやお話しにまつわる体験を十分にしてから、五歳の子どもたちが共同で紙芝居づくりを始めました。

子どもたちの絵は森の中から、川のほとりから生まれてくるのです、自然とふれあうことによって想像し、イメージが膨らんでくるのです。コーロの鳴き声も確認しました。その鳴き声を聞いて、「コロロロロローと鳴くからコーロと言うんだね」と、納得していました。

紙芝居製作の子どもたち「カラスとコーロ」

こうして子どもたちは感動した心を、何日もかけて、何枚も何枚も描くのです。その後、子どもたちみんなの作品をとりまとめて子どもたちとともに、大型の馬ふん紙に描きます。

紙芝居づくりははじめての試みでしたので、私たちも試行錯誤の中でとりくみました。まず、八つの場面に分けて、下絵は子どもたちの絵を保育士が写します。その下絵に子どもたちが好きな色紙を思う存分使ってちぎり絵を始めます。八つの場面の中に一人一人の絵を必ず入れるように配慮しました。子どもたちから思いがけない言葉がとびかいます。子どもたちは「山の色はたくさんあった」「この色もあった」とか「コーロは赤かったね」「ちがう色もあったよ」など一人一人の感じ方が違うところがおもしろいのです。私はそういうやりとりを聞きながら、子どもたちの想像力の豊かさに驚かされました。子どもの発想だからこそ絵が生きてくるのを感じました。子どもたちはみんなで根気よく力を合わせることの楽しさを紙芝居づくりで経験しました。その中から意欲と自信が育ってきたのです。

紙芝居づくりは、子どもたち一人一人の心を大切にしてとりくんでいます。また、保育士が個々の子どもに精いっぱいかかわっているのを感じます。子どもたちの絵の指導は「これは何を描いたの」「この色は違うね」「もっとこうした方がいい」とかではなく、その子の感じたままを描かせるようにしています。絵を描くときには紙をたっぷり使わせ、ちぎり絵は全員が参加できるようにグループに分け、また「とってもおもしろいね、すごいすごい」と喜びの言葉をともにもったのです。子どもたちが興味をもった時に自由に描かせています。だからこそ子どもたちは意欲を持って何枚も描きました。そしてのびのびと絵を描くのです。

子どもが喜ぶ、保育士も喜ぶ、また描くの連続です。この時、子どもたちと保育士の心はつながります。このことはあたりまえのことですが大切なことです。保育士の声かけによって子どもの感受性と想像力が増幅していくのを感じます。

紙芝居づくりから、バラバラの保育ではなく、総合的な保育の大切さがよくわかります。

一九九一年の実践

―「おおきなはなし」の大型紙芝居の製作―

（むかしむかし、ホーノ鳥は世界でいちばん自分が大きいと思っていました。水平線のかなたに何があるのだろうと夢をもって旅に出ました。海老、ヒラメ、たこもつぎつぎにホーノ鳥の夢を継いで旅に出ました。ところが世界にはもっともっと大きいものがいたのです）という奄美の民話です。

この話しが始まると子どもたちは胸をワクワクさせます。きっとお話しを聞いた子どもたちもホーノ鳥といっしょに世界をとんでいるのでしょう。水平線のむこうにつぎつぎといろいろなものがあらわれるのを期待しているのでしょう。ストーリーは分かっていても何度聞いても、嬉しいのです。リズミカルな流れにだんだんおもしろさが増し、身を乗り出します。「ああ、おもしろかった」「またして！」と何度も要求します。「おもしろかった」をいっぱい心にひめ、子どもたちの心に夢が広がります。「おおきなはなし」は子どもたちの心に夢と希望をもたせてくれました。

さて、「おおきなはなし」になると民話の語り聞かせも二年目になり集中して聞けるようになりました。子どもたちは目を輝かせて「ウン、ウン」とあいづちを打ちながら聞いています。何度も語り聞かせをしているうちにストーリーをすっかりおぼえ、おもしろい場面に

干瀬遊び、サンゴ礁を走りまわる５歳児（龍郷町加世間）

なるといっしょに声を出します。「こらこら、お前はどうして私のつのにとまっているのか」「私は、この世の中でいちばん大きいホーノ鳥という鳥でございます」と、子どもたちの声はリズミカルでおどるような響きを感じさせます。また、子どもには少し難しいと思われた表現「千里におよぶ」「日に夜をついで」もお話しを聞いているうちに理解できるようになります。こうして紙芝居づくりに意欲が出てきました。この「おおきなはなし」の紙芝居は、五歳の子どもたちが中心になって製作しました。

さっそく自然体験が始まります。川遊びや貝ガラ採集、野鳥観察、博物館見学、干瀬遊びなどたくさんの体験をしました。

干瀬遊びは海の生き物に詳しい有馬三雄先生の案内で龍郷町の加世間《かしけん》にいきました。子どもたちはサンゴ礁を平気で走りまわります。サンゴ礁の干瀬を歩いていると、波の音や海鳥のさえずり、風の音などいろいろな音が聞こえてきます。子どもたちは「海が怒っている」と自然の不思議さを感じとっているようでした。また、子どもたちはヒトデに平気でふれています。「このヒトデ顔と手がある人間みたい」とおもしろがっています。他にウニ、カニ、エビ、熱帯魚など歓声をあげながらのぞきこみ、ふれたりしています。こうして子どもたちは潮だまりの小さな水族館に夢中になります。「ナマコがおしっこしている、まるで竜宮城だ、きれい」潮だまりの熱帯魚をみて「ぼく、さかなと遊びたい」などいろんな言葉がとびかいます。子どもたちにとって人工化された環境ではなく、自然の中での遊びが心を解放し、生き生きと輝くのです。有馬先生は、「大人が意識して子ども時代に楽しい体験をさせてやること、遊びに熱中しているときに生きた喜びを感じるのだよ」と話されました。まさに「センス・オブ・ワンダー＝神秘さや不思議さに目を見はる感性」の世界を幼ければ幼いほど身につけさせていかければいけないのを感じました。後日、子どもたちは博物館で有馬先生のご指導で拾った貝の名付け会をして、標本箱をつくりました。

子どもたちは「これはぼくが採ったんだ」「これはハナビラタカラガイだね」「ブトゥとテラザ（貝の名前）だ」と、奄美のわらべ歌に登場する貝に喜んでいました。

また、博物館でシイラのはく製を見て「ギザギザしてのこぎりみたい」とか「クジラの歯はもっと大きいからのこぎりになるよ」といろんなことばがとびかいます。太陽や水、土、虫や動物、野山にふれることは子どもの発達に大切なことです。子どもたちは水遊びをしたり、虫をつかまえたり、動物の世話をしたり、野の花をつんだり、青空や雲の動きを見たりして感動し、友だちといっぱい遊んで育ちます。

このような生活の中からすばらしい絵も生まれてきます。B君は家庭でも十分遊び、自然にふれて育ちました。指先も十分に発達しています。のびのびと楽しみながら描きました。そして表現意欲も旺盛で、しっかりした線で自分の思うように指先を動かします。どんどん描いているうちにいろんな言葉がとびかいます。「海老は、どんなにして泳ぐの？」「この魚、お父さんがとってきたのより大きい」とか「せんせー、海の中から太陽が見える？」「魚は太陽を見てまぶしいかな？」と保育士と会話を楽しみながら紙芝居づくりをしています。子どもたちはいろいろ発想を広げます。空の色、海の色、魚の色が目に入ります。いちばん大事なことは、描いている時にその子が心をおどらせていることです。まるで龍宮の世界に入っているように話します。そして、豊かなイメージを膨らませた子どもは、のびのびと絵を描きます。こうして「おおきなはなし」の紙芝居ができあがりました。紙芝居ができあがった時の喜びやみんなに発表した時の喜びは、自信に満ちあふれていました。紙芝居づくりをとおして、子どもたちがこれほどまでに深く感じ、深く思い、深く考えることができるものかと感心しました。子どもたちがのびるのは、知識を詰めこまれた時ではなく「これは、おもしろい！」と思った時だということがよくわかります。この時目が生き生きと輝いているのです。私たちは、この目の輝く瞬間を受け止めることが大切なのです。子どもの感動を感動するのです。子どもに接する人の感覚がしらずしらずのうちに子どもたちに大きな影響を与えるのです。担任の保育士もダイビングの経験があり、子どもたちは海の中の魚たちのお話しに目を輝かせて聞いていました。

私自身、幼いころ野山や川で遊び、海や空をみて育ちました。「おおきなはなし」に出合うたびに幼いころの体験が何十年たってもよみがえってきます。海辺でおにぎりをつくって砂山からころがして遊んだこと、棒切れを持って浅瀬でハリセンボンを追いかけたこと、潮干がりをしたことなどひとつひとつ思い出されてくるのです。幼児期の環境が人間の形成に大きな影響をおよぼすのは確実です。

一九九二年の実践
―「マガンとさる」の大型紙芝居の製作―

（奄美大島では秋が深まると、山のふもとはいちめん黄色いツワブキの花でおおわれます。そのころマガン（モクズガニ）は川をくだっていきます。ある日マガンとさるはもちをつくことになりました。さるはそのもちをひとりじめしようとしました……）という奄美の民話です。

子どもたちに民話を語り始めて三年目になります。川畑豊忠さんは川原やガジュマルの木陰などで「マガンとさる」の話を何度も語ってくれました。子どもたちは素朴な語りかけにだんだん耳を傾けるようになりました。日々の保育の中でも「むかしむかしのおはなしして！」の要求に悩まされます。そこで私たちなりに民話の再話を試みました。

川を下ってきたマガン（モクズガニ）を手にして

再話のときの擬態語、擬声語はすべて子どもたちの発した言葉を入れました。さるがもちを食べる音「コンニャコンニャ」や、かにのハサミを鳴らす音「ショキショキ」などです。「さるかに」の話というのは、あちこちの地方にいろいろな形で残っています。奄美の民話は、さるのしっぽの毛が、かににひっつくというのが特徴です。子どもたちにとってもかにのふさふさした毛が何とも不思議で不気味な感じを受けるようです。

四月から六月にかけて、毎日のように「マガンとさる」の語り聞かせをしました（マガンというのは冬に産卵のため川を下る姿がよくみられる大型の川がに（モクズガニ）のことです）。夏になると川畑さんの案内で何度も川遊びを体験しました。夏の川遊びでは小さなかにを追いかけたり、川海老をとったり、水とたわむれて遊びました。秋になると小さなかにたちもマガンといって大きなかにに成長していました。マガンが川を下る十一月は、水も冷たく川原は風が強く肌寒い日でした。B君は「風がおこっている」と強風にむかっていいます。それでも寒さも忘れ夢中になって子どもたちは川の中で遊んでいます。マガン捕りはなんと魅力のある遊びでしょう。子どもたちは、マガンとたわむれているうちに夢をはぐくむのです。また大きなマガンを見て「すごい、すごい」「あっほんとだ、毛がいっぱいある」「これがさるの毛だ」「背中を持てばいいよ」などと歓声をあげています。マガンをおそるおそるさわる子、平気でさわる子さまざまです。川畑さんはその様子をやさしく見つめています。一人ひとりの表情を温かく見守る川畑さんのまなざしに、子どもたちを自然の中に解放することができる幸せを感じました。川原で川畑さんの語ってくれた民話は、この瞬間から子どもたちといっしょに息をしているのです。

またバスで龍郷町大勝の奄美野生動物研究所に行き、さる見学もしました。カニクイざる、日本ざる、ブタオざるなどいろいろな種類のさるを見て「あっ、これがマガンのさるだ」「おしりが赤くなっている」などと自分の想像していたさるのイメージを重ねながら見て歩きました。さるの動きや表情などに興味があるようでした。おそらく子どもたちなりに何か感じとっていたのでしょう。このように、楽しかったこと、おもしろかったことの印象が強かったからでしょうか、例によってすぐ絵かき遊びへと発展しました。

「マガンとさる」に登場するさる見学（龍郷町大勝）

そして共同で大型のちぎり絵の紙芝居づくりが始まりました。八枚の馬ふん紙にみんなで手分けして絵を描きます。かにの表情はひとりひとり個性が出ていたので一枚の馬ふん紙に思い思いに描きました。子どもの絵にはさまざまなマガンが描かれます。足が三本あったり四本あったりしても保育士は子どもの自由な発想にまかせ見守っているだけです。それぞれ表情があり今にも動きだしそうです。好奇心旺盛なA君の絵は、今にもはいだしそうです。A君の絵に刺激され他の子どもたちもそれぞれに描きます。集団の中に意欲をもつ子どもがひとりいると、全体が違ってきます。すべての子どもたちが積極的に描けるようにA君がリーダー役を果たしてくれます。こうした集団作業をとおして、意欲をもって生き生きとした絵が描けるようになります。子どもたちの観察力は

紙芝居製作中の子どもたち「マガンとさる」

鋭く、本物を見たり、ふれたりすることにより表現が生き生きしてきます。ちぎり絵の時には年中組の子どもたちにも手伝ってもらいました。「マガンの毛ここにもあった」「この爪はもっと大きかった」「水に入れたら毛がいっぱいでた」「おとうさんの手とおんなじだ」とか、庭にあるガジュマルの木やツワブキを何度も確認したり、それはそれは大騒ぎが続きました。子どもたちは何日もかけて根気よくちぎり絵をしました。こまかい作業もできるようになりました。三年目のとりくみになると何よりも子どもたち自身が興味をもち積極的にかかわってくるのが印象的でした。子どもたちがくり返し話を聞き、そして実際に見たりふれたりして、イメージを膨らませ

ていくのが感じられました。

子どもたちは「マガンとさる」のお話しに大変興味をもち、家庭でお母さんにせがんで困らせたそうです。それで保護者には絵本だよりをとおして、そのお話しを紹介して活用してもらいました。

こうして川畑豊忠さんの民話の語りが、子どもたちにすばらしい想像力と夢をもたせ、紙芝居になっていったのです。

一九九四年の実践
―「けんむんとこうみにゃ」の大型紙芝居の製作―

（あるとき、ケンムンと川貝（こうみにゃ）が自慢くらべをします。ふたりはかけくらべをすることになり、川貝は仲間と協力して草、小石、岩にかくれます。ケンムンは気づかずに走ります。頂上についたケンムンは川貝の姿を捜して振り返ると川貝はとっくに来ていました）という奄美の民話です。からだの小さいこうみにゃが大きいケンムンに勝つ話は子どもたちに親しまれています。

川畑さんが民話を語り始めて五年になります。子どもたちは民話を語ってくれる川畑さんをお年寄りと意識していません。自分たちの仲間だと思いつつも「フッシュ」と、親しく呼びかけています。川畑さんは子どもたちをよく見ています。川蟹や川貝をとりに行ったときも私たちはかにや貝とりに夢中なってしまいますが、川畑さんは子どもたちの安全面の気配りから、心の動き、気持ちまでつかんでいるのです。

というのは、C君がかにをこわがりつかむことができずにすねていました。すると、川畑さんはその子の手を引いて「だいじょうぶ、だいじょうぶ、こわくないから」とやさしく声をかけています。C君はおそるおそるかにに近寄り、とうとうつかめるようになり、つかめた喜びを全身であらわしています。川畑さんは子どもたちの心をよくとらえていると思いました。そういう子どもたちへの接し方と見守り方を、私たちは学ばされるのです。

また、知名瀬川での川遊びの帰り道、五歳児のC君が「ここが保育所の庭だったらいいね！」と、思わずつぶやき、C君の感性の豊さに驚きました。まさに〝森の保育園〟を想像したのでしょう。川や森

知名瀬川でコーミニャ（川貝）捕りを楽しむ５歳児

そのものが保育園で、少々のリスクがあっても、子どもたちを川に連れていくのです。寒くても、冷たくても、ひざ小僧まで水につかりながらも川を渡り、「ピリパリ、ピリパリ」と叫びながら川原ではしゃぐことができる環境が大切なのです。子どもたちが川原で走りまわっても川畑さんはいつも、だいじょうぶと声をかけてくれ、子どもたちの遊びを見守っています。この時子どもたちは危険を察知する能力を身につけるのです。また、子どもたちは木の枝や竹を拾って遊びに夢中になります。水に竹をたたきつける単純な行為をあきずにくり返しています。自然の中で子どもが感じるものの大きさを頭ではわかっていても、「ここが保育所の庭だったらいいね！」と言った子どもの声に、自然に寄せる思いの深さを知ることができました。子どもたちにとって自由に自然にふれることが最高の環境なのです。このように保育士は同行するお年寄りからたくさんの知恵を学ぶのです。環境や個性を大切にする保育です。この体験から保育士の子どもへのかかわり方にも変化がでてきました。

永田川でコーミニャ（川貝）捕りを楽しむ３歳児

川遊びに歓声をあげる子どもたち

また、夏になると三歳の子どもたちもいっしょに、保育所の近くの永田川に出かけます。子どもたちは手長エビやハゼ、カニ、コーミニャ（川貝）などさまざま生きものにふれ、はしゃいでいます。「小ちゃいコーミニャも頭がはげている」「ほんとだ、ケンムンが食べたんだね」とさまざまな声がとびかいます。それを園に持ち帰って水槽で飼い小さい子どもたちにも見せています。身近にある小川は、子どもたちにとってかけがえのない遊び場でした。

また、坪山さんも山仕事をしながら子どもたちにケンムンに出会った話をしてくれました。最近はケンムンを想像できなくなったり、見られる人が少なくなりましたが、しかし、坪山さんはケンムンの恐ろしさ、神々の恐ろしさを信じています。人間よりももっと強いものがいるということを知っています。鳥や木とも話ができるのです。だから自然を大切にする心、民話や子守歌、シマ歌を大切にする心があるのです。ケンムン話が始まると、子どもたちは「ユタカウジ(坪山さん)もっと怖い話して」と足元にしがみついてはなしません。坪山さんは「じゃ、もうひとつしよう」と言って語りはじめます。子どもたちは怖いけど聞きたい気持ちでハラハラドキドキしながら聞いています。それほどケンムン話が大好きなのです。その体験談は『五―3子どもたちと楽しむケンムン話（ケンムン体験談）』に掲載しています。

子どもたちは保育所でケンムンのお話しを聞いたり、それにまつわるさまざまな体験をして、イメージをふくらませます。そして、好きなように絵を描き紙芝居づくりをしました。

一九九七年の実践

―「ゆむんどぅりときちきゃ」の大型紙芝居の製作―

（むかし、キッツキと雀は姉妹で、親の危篤の知らせをうけた妹の雀は機織りをやめ、急いで親のところにかけつけたので死に目に会うことができました。姉のキッツキは機を織り終え、きれいな着物を着て親のところにかけつけましたが死に目に会えなかったそうです。それで親孝行な雀は人の作った米を食べ、親不孝なキッツキは奥山で硬い木をつついて虫を捜して食べているんですよ）という奄美の民話です。

「ゆむんどぅりときちきゃ」の民話をたっぷり聞いた子どもたちは、さっそく常田さんや博物館の職員の協力で鳥を呼び寄せる試みをはじめました。園庭にいつでも野鳥がくるようにと春には巣箱、秋には冬のえづけにそなえバードテーブルを取りつけました。子どもたち

バードテーブルにエサをおく5歳児

野鳥がやってくるように巣箱を設置

は、バードテーブルのペンキ塗りの手伝いもします。好奇心旺盛なK君は巣箱を取りつける様子をジャングルジムに登って見学していました。

夏になると、巣箱周辺にはシジュウカラが飛びかう姿が見られ、雛がかえり親鳥がせっせとえさを運ぶ様子や、やがて雛が巣立っていく様子を確認することもできました。

秋になると、野鳥がやってくるようにとバードテーブルにえさをおくのは子どもたちの役目です。裏山から野鳥のさえずりが聞こえ、鳥が訪れるたびに保育や食事が中断されることもしばしばあります。保育室の窓からバードテーブルが見え、えさ台にはメジロやヒヨドリ、シロハラ、ヤマガラなどの野鳥が訪れるようになりました。子どもたちはえさ台にミカンやリンゴなどを置いて鳥が近づいてくるのを胸おどらせながら待っています。子どもたちは、鳥がえさを食べているのを目の前で見て「ご飯いっぱい食べてね」「あ、おしっこをした」と歓声をあげています。

こうして子どもたちと野鳥との出合いが始まり、小鳥がえさを食べる様子を何度も確認しています。鳥の種類やどの鳥が何のえさを食べるかを自分で感じとっているようです。私たちはないないといいながら、身近にすばらしい自然があることを知り、工夫次第で環境を変えていけることを実感しました。それまで光のあたらないやぶだった裏庭がいつの間にか鳥のミニサンクチュアリ(聖域)に変わりました。環境づくりには、まず足元を見つめ直す大切さを気づかされた貴重な体験となりました。

スライド試写会（常田守さん）

また、スライド試写会でも常田さんは野鳥やイシカワガエル、オットンガエルなどの小動物の鳴きまねをしながら紹介してくれました。子どもたちは、常田さんのお話しにじっと耳を傾けています。常田さんは「ただ野鳥の名前を覚えるのが目的でなく、まず鳥を見たり自然にふれることが大事なんだよ」とフィールドへ出ることの大切さも教えてくれました。

春になると親子で小湊集落の田園地帯で観察会をしました。子どもたちは、回を重ねるたびに興味、関心も深まり双眼鏡や望遠鏡を無心にのぞいています。

「チュチュ、チュチュ」と鳴き声が空高く響くセッカ、警戒心がとても強いダイサギやアマサギ、山々からはリュウキュウアカショウビンやアカヒゲの美しい声が響きわたります。ほほえましいカルガモの親子づれなど約三十種の野鳥に出合いました。鳥の名前がわかったときのうれしさ、また初めて鳥を見る楽しみを知ったという親もいました。

子どもたちは一年をとおして、野山へ出かけさまざまな野鳥に出合いました。このような体験をして子どもたちは好きなように絵を描き、紙芝居をつくります。紙芝居の一作は、うれしかった、楽しかった活動の中から生まれました。

一九九八年の実践
―「うみどりとせみ」の大型紙芝居の製作―

（あるとき、海鳥とせみは自慢比べをしました。せみが海鳥にイノシシのごちそうをしたので、今度は海鳥がせみにごちそうをしようと招待します。欲ばった海鳥は魚を捕ろうとして股が裂けてしまった）という奄美の民話です。

私たちは再話したお話しを覚えて語りました。お話しをたっぷり聞いた子どもたちは、奄美市（笠利町）の大瀬海岸で海鳥の観察会をしました。大瀬海岸では太陽の照りつける干潟で約二十種の野鳥を観察しました。岩礁に打ち寄せる波は白く波立ち、さまざまな表情をみせます。子どもたちは岩場に波が打ち消される様子をみて「波がけんかしている」「鳥さん大丈夫かな」と心配している子もいました。

ヒトデに平気でふれる（龍郷町加世間）

チドリやアジサシなど水辺を歩いてえさを求めたり、水上を飛んでいる様は見事であり、身近で本物の海鳥がみられ感動します。そして、サンゴ礁の干瀬を歩いていると、波の音や海鳥のさえずり、風の音などいろいろな音が聞こえてきます。子どもたちは「海が怒っている」と自然の不思議さを感じとっているようでした。ここで出合った鳥たちは紙芝居に登場します。

また、干潟での遊びでは龍郷町の加世間海岸にも行きました。子どもたちの活動は「おおきなはなし」でも前述しましたが、サンゴ礁を平気で走りまわります。ヒトデにも平気でふれています。他にウニ、カニ、エビ、熱帯魚などを歓声をあげながらのぞき込んでいます。こうして、子どもたちは潮だまりの小さな水族館に夢中になります。ナマコをつついて

「雨がふるー」とおもしろがったり、ウニを見て「ウジャウジャ（たくさん）いる」とさけんだり、潮だまりの熱帯魚を見て「ぼく、さかなとおよぎたい」などといろんな言葉がとびかいます。磯での子どもたちは、目が生き生きしてきます。川ではカワセミが水にもぐる様子を見て、♪カンカンドゥリッグヮ、スミイッチミシリ（カワセミよ　もぐって見せよ）と歌いかけます。さらに、お話しに出てくる場面や小動物にふれさせるため、近隣の高千穂神社にオオシマゼミの鳴き声を聞きに行ったり、奄美博物館に出かけイノシシのはく製や奄美の森に生息している動植物も見学しました。知名瀬川へ行った時もイノシシの足跡を見つけ「こんなところにも来るんだね」「足跡大きいな」と指さし、自分の手と比べていました。

イノシシの足跡を見つける

子どもたちにとって人工化された環境ではなく、自然は自由な遊びの舞台です。このような活動をとおして子どもたち一人一人の心の中に生命の尊さ、小さな生き物へのいたわりや、やさしさが確実に育っていきます。子どもたちは野鳥やさまざまな生き物とふれあうことにより、自然を大切にする心が芽生え育つのです。自然におもいきりふれることによってお話しのイメージを膨らませ表現するのです。そして、子どもたちは野や山や川や海などと直接かかわることによって観察する力を身につけ絵を描き始めます。まさに「大自然が先生」を実感しました。常田さんは「大人になってからでは遅い。小さい時に出合わせることが大切だよ」「多様な自然があっての奄美大島、チャンスがあればどんどん子どもたちをフィールドに出してほしい。子どものころから自然にふれていれば大人になってから奄美の自然を大切にできるようになる」と話しています。

このように子どもたちは何度も野山や海辺に出かけ、お話しに登場する動物や鳥に会いに行きました。そしてせみやイノシシ、海鳥などを観察し想像力をふくらませ表現する力を身につけました。子どもたちが森や川や海に解放された時、思い切り絵を描き、紙芝居が生まれました。

一九九九年の実践

—「さるのいきぎも」の大型紙芝居の製作—

（むかし、竜宮の姫がおもい病気になり、猿の生き肝がきくというので、亀が使いに出さ

奄美博物館で海の生き物の見学をする

れました。亀は猿をだまして竜宮につれていきます。ところがひらめと蛸が猿に生き肝をとるのだとつげます。それを聞いた猿は知恵をはたらかせて難をのがれます。それで亀は猿にがけからつきおとされて甲羅にひびが入ったという）奄美の民話です。

川畑さんが保育所にみえると、子どもたちは「フッシュ」といって、とびついたり、抱きついたりします。子どもたちにお話しをする時私たちは「ちゃんと聞いて」「しっ、静かにして」と声をかけることが多々あります。しかし、川畑さんは「聞いて」「静かにして」とも言わず、小さな声でもの静かに話すのですが、子どもたちはしっかり耳を傾けています。

お話しを聞いたあと、子どもたちは園外保育でさる見学にいったり、奄美博物館へ何度も出かけ大きなカメや生き物の展示を見ました。奄美市の大浜海岸でふ化したアカウミガメの放流に参加した時、奄美海洋博物館の職員から「アカウミガメはアメリカの西海岸のメキシコまで行って、大人になったら奄美の海へ卵を産みに帰ってくるんだよ」という話を聞いて子どもたちは、子ガメを放流しながら「おおきくなったら帰っておいでー」「また会おうねー」と、海を目指して懸命に歩く子ガメを見送っていました。実際に亀にふれたり、さるを見たりした子どもたちの絵は、亀やさるの目がいき、体がいき、シッポがいきていて画面いっぱいに躍動しているのです。絵は描かせるのではなく、子どもの心の表現なのです

大浜海岸でカメの放流に参加する

保育園や幼稚園、学童クラブなどで、ぬり絵をコピーして与えたり、お絵かき帳を使ったりしているところもあります。ぬり絵は一時的に安定した絵描き遊びに誘ってくれますが、子どもの創造を無視して自分の描きたいものを描けない子どもたちをふやしています。たとえば五月には、鯉のぼりや母の日、六月には、あじさいや父の日、七月になるとあさがおや七夕、夏になるとひまわりの花などと一年をとおして画一的な絵の指導があり残念でなりません。そして子どもたちが描いた絵を壁いっぱいに飾っています。絵を描かせたりすることが保育であるような錯覚に陥っています。多くの子どもたちはア

ニメのキャラクターやテレビゲームのイラストなどを描いています。絵を描くとは子ども自身がおもしろいと感じている時、自分の中にあるイメージをもっている時、興味をもっている時なのです。これまでの絵画活動の反省から実体験をした時に想像力がふくらんでくるのが理解できました。私たちは、絵の指導のあり方も子どもたちから学ばされました。

このように子どもたちは「おもしろかった」「楽しかった」「また、行きたい」の体験をして、自由に絵を描き紙芝居を仕上げます。紙芝居の一作は、海や山や川や森の中から生まれるのです。

二〇〇二年の実践
—「けんむんのがぶとり」の大型紙芝居の製作—

（昔、あるところに顔にがぶ（瘤）のあるいしょしゃ（漁師）が魚釣りに行き、釣りをしているところにケンムンがやってきます。その日の大漁は、「がぶのおかげ」と言ういしょしゃの言葉を信じたケンムンは、がぶをもぎ取って魚釣りにいきます。それを聞いた隣のがぶいしょしゃもまねて魚釣りに行きます。ところがケンムンは魚が釣れないのでだまされたと怒り、もうひとつのがぶを隣の漁師にくっつけました。隣の漁師は二つのがぶになり、とうとう山羊になった）という奄美の民話です。

一万人広場でアンマ（おばあさん）の語り

あまみ子どもライブラリー（奄美民話の会の会員の子どもたちを中心に併設している文庫）の子どもたちが製作しました。三歳児から小学四年生までかかわりました。異年齢の子どもたちでしたので、フッシュの語りはところどころ方言をまじえたり、話の内容をすこしずつ変えて語っていました。少しの年齢の差があっても子どもたちはお話しに入っていけました。

川畑さんは、奄美博物館の民家や一万人広場のガジュマルの木陰などで語ってくれました。語り始めは「ムカシ、アタンチュカナ（むかし、あったそうな）」から始まります。川畑さんの語り口は聞きやすく親しみがあり、語り納めに「ニャガッサ」（これでおしまい）というと子どもたちは「へへー」とあいづちをうちます。この時、お話しは語り手と聞き手の共同でなりたっているのです。まさに川畑さんの子どもたちに対する愛情を感じられました。

また、森や川に何度も出かけ、お話しにまつわる体験もしました。金作原の散策ではイタジイの板根、ルリカケスの子育て、湯湾岳の散策では美しい木々のグラデーションや生きた化石のイボイモリ、フユイチゴ、ユワンツチトリモチ、ヤッコウソウの花も見ました。

金作原の早朝の森からは鳥たちのさえずりがうるさいくらいよく聞こえ、まるで森のオーケストラのようでした。行くたびになんとも言えない感動に包まれます。

お話に登場するヤギに触れる

夜の森でも多くの生き物に出合うことができました。ほとんどの哺乳類（ヘビ、カエル）は夜行性ですが、リュウキュウアカショウビン、リュウキュウコノハズクなど色とりどりの鳥に出合いました。耳を澄ますと、生きた化石といわれているアマミノクロウサギの「スィーッスィーッ」という鳴き声も聞きました。なんとケナガネズミにも遭遇することができました。龍郷町の自然観察の森ではキイロスジボタルやイシカワガエル、オットンガエルにも出合えました。また、光るキノコの一種シイノトモシビダケが森の闇にほのかな緑色の光を放ち幻想的な世界が広がり、子どもたちは「白雪姫の小人だ」、オットンガエルの「キョーキョー」の鳴き声を聞いて「あっ、ケンムンの声だ」

と驚いていました。子どもたちは、夜の森で神秘さや不思議さに出合い、さらに美しいもの、畏敬すべきものを直接的に感じることができる世界も体験しました。

夏になると「おおきなはなし」で前述しましたが、奄美市（笠利町）の大瀬海岸で海鳥の観察や加計呂麻島を一周しながら岩場にいるベニアジサシの群れも観察しました。また、住用村のマングローブ林ではオキナワハクセンシオマネキが白いはさみを振っている様子を見て、♪ナガヅィミの歌を歌いかけたり、体が青く前に歩くミナミコメツキガニやトビハゼにふれたり、干潟の泥に苦戦しながらも「もぐりがはやい」「足がムズムズする」と泥の感触も楽しんでいました。

大瀬海岸で海鳥の観察会

冬になると大瀬海岸の林ではリュウキュウアサギマダラが集団で越冬し、春の訪れを待って身を寄せ合ってぶらさがっている姿も見られました。常田さんは子どもたちに観察会をとおしていろいろ語りかけます。「鳥はふんをして体重を軽くしてから飛ぶんだよ」「森がないと海は育たないし魚はとれないよ」「花や鳥や昆虫もみんなとってもかわいいよ」と直接的で熱っぽい語りかけに、子どもたちは目をかがやかせます。また、水生生物の宝庫である住用川ではリュウキュウアユをはじめ多くの生き物にふれました。数多い観察会の中でもペットボトル水中メガネは人気があり、たっぷり楽しめました。こうして子どもたちは自然やすべての生き物に対する深い思いとやさしさが育まれます。

こうして、あまみ子どもライブラリーの子どもたちは、親子で幼いころから奄美の森の達人常田さんに案内していただき四季折々、夜も早朝も楽しみました。常田さんは本物の自然をかぎわける能力をもち、島のほんとうの豊かさを知る数少ない一人です。子どもたちはなんと贅沢な体験をしたことでしょう。さまざまな体験をとおして五感も六感も養うことができました。

さらに民話を語ってくださった川畑豊忠さんは、子どもたちにすばらしい想像力と夢を与えてくださいました。紙芝居の絵はおもに小学生が描き、ちぎり絵はかなり根気のいる作業でしたので親たちもいっしょに参加しました。この紙芝居の背景には子どもたちのこのような体験があるのです。

3、大型紙芝居を絵本に

私たちは、子どもたちが民話と出合うことを願って、保育の場に民話をとり入れたのです。

しかし、今なお試行錯誤の連続で、力不足を感じる日が続いています。非力ではありますがこれまで民話の語り聞かせ、パネルシアター、布シアター、民話劇、そして子どもたちの修了記念として大型紙芝居を残すこともできました。

私たちはこうしたとりくみをとおして、まず実践することの大切さを教わりました。また、川畑豊忠さんからは民話だけではなく、子どもとのかかわり方の基本を教えられた気がします。子どもたちはお年寄りとのふれあいによって、思いやりとやさしさの心をつちかったようです。民話をとおした保育の実践から保育ということを深く考え直す機会をあたえられた私たちは、今子どもたちに民話を語ることができる幸せをかみしめています。

望遠鏡をのぞく子どもたち

そして、奄美民話の会の仲間たちでこの大型のちぎり絵紙芝居を子どもたちへのプレゼントにしたいという思いで「カレンダーにしたらどうか?」「いやそれなら絵本の方がいいのでは?」といった意見が出ました。こうして仲間たちのアイデアで奄美民話の会から

『あまみ民話絵本』を出版することになりました。奄美の民話を再話し、子どもたちがちぎり絵をして作った大型紙芝居の八作を絵本にしました。

民話を絵本にするのはとても難しいと思っています。しかし、このままでは子どもたちは奄美の民話になかなか出合うことはありません。せめて身近な子どもたちに出合わせたいという思いで再話を試みました。再話は小澤俊夫先生が主催する「昔話大学」や奄美民話の会が主催する「夏季セミナー」などで民俗学の専門の先生方から学びました。それは、古老による昔語りにはじまり、再話、語り聞かせ、そして野、山、川、海などで子どもたちの体験をとおして作られたものです。そして、大型紙芝居を絵本として出版することができました。

あまみ民話絵本（奄美民話の会発行）

第一巻『マガンとさる』一九九三年六月一日発行。第二巻『カラスとコーロ』一九九四年四月一日発行。第三巻『おおきなはなし』一九九五年一月一日発行。第四巻『けんむんとこうみにゃ』一九九五年十二月一日発行。第五巻『ゆむんどぅりときちきゃ』一九九八年六月一日発行。第六巻『うみどりとせみ』一九九九年六月一日発行。第七巻『さるのいきぎも』二〇〇〇年六月一日発行。第八巻『けんむんのがぶとり』二〇〇三年三月一日発行。

「あまみ民話絵本」シリーズ（『五―1　子どもたちと楽しむ奄美の民話』）は奄美の人々

の手で、奄美の地から、その伝承を再生しようという試みです。伝承文化の中には、その根源で子どもたちの心をゆさぶり、かきたてる要素がしっかりと組み込まれています。奄美に伝わる数々の民話を多くの子どもたちに出合わせたいと願っています。

4、民話をパネルシアター・布シアター・エプロンシアター・しかけ絵本・人形劇に

「マガンとさる」のパネルシアターを演じる

パネルシアター。この言葉を初めて知ったのは保育士になって間もないころです。私はパネルの台の絵人形が歌って、踊って、お話しをしているのを見て驚きました。この時から私は、パネルシアターの世界にすっかり魅せられてしまいました。そのうちに製作にとりくむようになり、「いないいないばあ」「おおきなかぶ」「てぶくろ」「三びきのやぎのがらがらどん」などのアイデアも生まれるようになりました。奄美の民話の紙芝居ができたのを機に、パネルのおもしろさを生かした「マガンとさる」「けんむんとこうみにゃ」「おおきなはなし」「ゆむんどぅりときちきゃ」など製作しました。今、子どもたちといっしょに楽しく演じて

います。お誕生会はもちろん、入園式や卒園式に紹介し、とても喜ばれています。

パネルシアターは、毛ばだった布（綿ネルまたはパネル布）をはった板に、Pペーパー（パネルシアター専用の不織布）で作った絵人形をはったり、とったりしながら演じます。また子どもたちといっしょに、お話しや歌などをとりいれながらもできます。絵を動かしたり、回転させたり、裏返したりしていろいろな表現が楽しめます。また絵が重なったり、隠れたり、とび出したりするので子どもたちはびっくりする時もあります。奄美のガジュマルの根の特徴や木のゆれ方をパネルならではの表現ができます。

「マガンとさる」のお話しをしながら子どもたちもいっしょに「ペッタンコ、ペッタンコ、ソレペッタンコ、おもちをつきましょ、ペッタンコ」と臼からもちを出しながら歌ったりします。また、ガジュマルの木をゆする時は、「ヨイショ、ヨイショ」とかけ声をかけたりして楽しく演じます。子どもたちも夢中になっていっしょに体を動かしている姿がなんともほほえましく感じます。さらに見る人と演じる人の間に親近感が生まれてきます。そこからお互いに肌と肌をふれあい、心と心をかよわせ、ことばを交わし合いながらゆったりとしたやさしい心を育みます。パネルシアターにはこういった不思議な魅力があるのです。

お米がだんだん減っていく場面や、さるが驚いた時の目の動き、手足の動きの場面に仕かけをしました。この時子どもたちは、手をたたいて喜びます。仕かけを入れると紙芝居のように固定されたものでないから、子どもたちがより身近に感じるようです。楽器がなくても、動きや声だけで音楽的に表現できます。これが手づくりのよさでもあり、あたたかさでもあるのです。

また、子どもたちの反応によって演じ方を変えたりすることもできます。こういったパネルシアターの独自の手法が、おもしろさを増します。またパネルシアターは、赤ちゃんから六歳の子どもたちもいっしょに楽しむことができます。

子どもたちは「おもしろい」「もういっかい」「ぼくにもさせて！」と何度もせがみます。また、絵本の部屋にやってきて子ども同士で楽しんでいます。子どもたちはパネルシアターを演じることができ、そこに独自の世界が生まれます。パネルシアターは、動かし方に少し技術を要しますが、何度もくり返し演じているうちに上手になります。子どもたちはストーリーもすっかり覚え、絵や人形と一体となって遊んでいます。このようにパネルシアターは子どもたちにとって手軽で、いつでもどこでもできるので便利です。そして十分お話しを語ることができ、小さな語り手として成長します。パネルの前にすわった子どもたちは、胸をときめかせ、瞳を輝かせながらパネルシアターの始まりを待っています。いっしょに歌ったり自分たちもさわったりして遊べるのでとても親しみを持っています。

パネルシアターの動きは単純ですが、お話しに興味を示さない子どもたちにも興味を持たせます。このようにどの子どもたちも十分楽しみ、喜びをみんなでわかち合うことができます。

布シアターは絵巻物のようにお話しが展開できる「けんむんとこうみにゃ」「さるのいきぎも」を製作しました。「けんむんとこうみにゃ」の布シアターはくるくる巻いた布をほどきながら演じます。演じることで動きが出て、物語本来のおもしろさが増してきます。絵巻物に似ていて、縦六十センチ幅の布を水平方向につないで幅五メートルの布に情景やお話しを連続して表現したものです。ケンムンが川下から川上までずっと走ってゆく連続性の中にドラマがあり、こうみにゃ（川貝）が小道具（草、小石、大岩）からつぎつぎに登場する場面など工夫しました。

子どもたちはけんむんがいきなり飛び出す場面で驚いたり、長い足が動いたりするのでとても喜びます。特にけんむんとこうみにゃの掛け合いで「わんな、くぅまどー（私は、ここだぞー）」の方言がおもしろく語り

「けんむんとこうみにゃ」の布シアターを演じる
（東城小中学校で）

手といっしょに声を出して参加しています。「さるのいきぎも」もストーリーに合わせ縦長に製作しました（布シアターは257ページに掲載しております）。

このように布シアターはコミュニケーションをとりながら、布の持つ柔らかさ、温かさなどが伝わり、視覚的にも触覚的にも幼い子どもたちをひきつけ楽しませてくれます。親たちから「ひと針ひと針、心を込めて仕上げる布シアターは布のもつやさしさと作った人の温もりが感じられ、心いやされました」「絵巻物のようにお話しが工夫されおもしろいです」と、感想が寄せられました。

テーブルシアターは「マガンとさる」、エプロンシアターは「カラスとコーロ」、しかけ絵本は「おおきなはなし」、人形劇は「けんむんのがぶとり」、手ぶくろ人形は「カラスとコーロ」など製作しました。

これらの作品はキャラクター的にならないように気をつけ、パネルの魅力を生かし、あくまでもエスカレートしないようにしています。メインは絵本なので作品はおはなし会の導入として楽しんでいます。

5、民話を劇に

子どもたちは民話が大好きです。中でも奄美の妖怪であるケンムン話が大好きです。子どもたちはケンムンという得体の知れないモノに興味、関心をもっているようです。奄美では今なおケンムンの存在を思わせる話が絶えず聞けます。若いお父さんたちからも体験談が聞けます。「いざりに行った時波がざわついて、漁ができなかった」「山で迷わされた」「夜、金作原でケンムンの声が聞こえたのでほうほうのていで帰ってきた」など、私たちの身近な生活の中にケンムンが生きているのです。ケンムン話は山師や漁師、砂糖小屋で働いている人、田や畑で土を耕しているおじいさん、おばあさんたちによって話されます。私たちはいろんな人にケンムンの話を聞きましたが、話す人によってケンムンの姿や性格はまちまちです。ケンムンは人に危害を加え、恐れられたりしていますが、時には人間と相撲をとったりして遊んだりもします。私は、これらのさまざまなおもしろいケンムンの話を子どもたちに語っています。子どもたちはケンムン話をお昼寝前のゆったりした時間に、布団に入りながら聞くのを楽しみにするようになりました。「ケンムンとやつでまる」「ケンムンのがぶとり」「ケンムンとこうみにゃのかけくらべ」「ケンムンのすもうとり」「ケンムンに海に突き落とされた話」「ケンムンに漁をじゃまされた話」「ケンムンにばかされた話」「ケンムンに口をひねられる話」などなど語っています。これらの話を子どもたちは身をのり出して聞きます。そして例のごとく何度も聞いた話をせがみます。子どもたちがこれほどまでにケンムン話に興味があったのかと驚かされます。私自身幼いころ布団の中で父から何度もケンムン話を聞きました。そしてその時のこわさとおもしろさのないまぜになった気持ちが忘れられません。

　ケンムンの姿を想像することはとてもおもしろいことです。ケンムンは、ざんばらの赤ちゃけた髪、全身毛でおおわれた姿でとがった耳、頭やひざがしらに皿があり、手と足が細長く、子どもの背丈ぐらいだといわれます。また、ケンムンはホウ木（アコウの木）やガジュマルの木にすんでいるといわれます。かつて奄美の幼い子どもたちは、大きなガジュマルの木で一日中遊びました。ガジュマルの木での遊びは豪快です。根にぶら下がり「アーアーアー」と叫びながら木から木へ飛び移ったりもします。ターザン遊びです。この時心も体も解放されるのです。子どもたちは遊びの天才です。しかし今、それを発揮できる環境が少なくなりました。大人である私たちがそれを自覚しなければなりません。

ガジュマルの木に登ってケンムン遊び

　子どもたちは「ケンムンはほんとうにいるの？」と不思議そうに尋ねます。子どもたちはいつの間にかケンムンの世界にひきこまれていきます。私の目、口元をじっと見て息をのんでいます。少しでも物音がすると「あっ、ケンムンだ」とびっくりして布団の中にもぐりこんだり、しがみついてきたりします。

このケンムンの話の世界でおもしろいことは、子どもたちの笑いが絶えないということです。子どもたちはケンムンのまねをしてふざけたり、追いかけっこをしています。子どもたちはさわぎながら木の陰にかくれたり、保育士に助けを求めたりします。園庭のガジュマルの木もケンムンのすみかに変わります。ケンムンに変身した子どもは、ひざがしらを立ててひっそりとガジュマルの木にひそんでいます。「オーイ、ここだここだ」「ケンムンを見つけたぞー」「ケンムンをやっつけろ」とケンムン退治が始まります。子どものしぐさや言動からユーモアを感じ、ほほえまされることもたびたびあります。このように子どもたちの明るいにぎやかな声が庭いっぱい響きわたります。また、園外保育で裏山に出かけ、途中で林の中の洞穴を見て「あっ、ケンムンの家だ」と叫んだり、「キョッキョッ」「ウーウーウー」とオットンガエルや野鳥の鳴き声を聞いて「ケンムンの声が聞こえてくる」などと自分のイメージを発言します。こうして子どもたちのケンムン遊びが始まり、これらを経験してケンムンのわらべ歌遊びや劇遊びへと発展していくのです。さまざまな体験をした後に子どもたちのすばらしい表現が生まれてくるのです。

民話劇には日ごろの保育の遊びの様子をとり入れました。楽しい出合いとあたたかいふれ

「ケンムンとやつでまる」の民話劇

あいの手作り発表です。子どもたちはお話しをすっかり覚え、初めから終わりまでみごとに語り、劇遊びもスムーズに入っていけます。

今までにした子どもたちによる民話劇は「カラスとコーロ」「ガジュマルとケンムン」「おおきなはなし」「ケンムンとこうみにゃ」「ケンムンのがぶとり」などです。保育士たちによる民話劇は「ケンムンとやつでまる」「ススキの茎の赤いわけ」「マガンとさる」「たなばた」などです。それをお誕生会や生活発表会、お年寄りとのふれあい活動で演じ楽しんでいます。おじいさんやおばあさん、おとうさんやおかあさんたちは保育士や子どもたちの手作りの方言をまじえた演技に魅せられます。おじいさんやおばあさんは昔をなつかしがり喜んでくれました。特に「ケンムンとこうみにゃ」

の「わんな、くぅまどー（私は、ここだぞー）」の場面は孫と会話を楽しんでいるようです。そして、「ハゲェー、マガヌ、シマグチ　ティコティ　ホーラシャヤー（まあ、孫が　方言つかって、うれしいねえ）」といって喜んでいます。今まで、民話にふれることがなかったおとうさんやおかあさんも、民話に出合う機会をつくることができました。民話劇をとおして子どもたちが親たちへ、奄美の心を伝える大きな役割を果たしてくれたのです。あらためて民話を語り継ぐ大切さを感じました。

お年寄りの方々を保育園に招く

今、行事の見直しが叫ばれています。ややもすると行事自体が見せるための行事、競い合う行事になってしまいがちです。しかしみんなでつくる行事、楽しむ行事へと工夫する必要があるでしょう。「がんばれ、がんばれ」といいつづけたり、子ども自身が楽しむことなく、連日練習におわれるような行事ではどうすることもできません。今までは上手にすること、華やかにすることがよいことだと保育士も保護者も思い込んでいたところがありました。それでは行事が子どものためではなく、大人のためになってしまいます。見せるための行事より、その日一日の生活を共にする、共に楽しく過ごすという自然な保育のスタイルが工夫されて当然でしょう。保育の場では毎日のなにげない生活の中で、子どものふとした瞬間の目の輝きや驚きが伝わります。その時の保育士たちの子どもを見る目、熱意、感動が大切です。ともすればこうした成長を子どもたちの父母は気づかずに時が過ぎています。だからこそ親たちに子どもたちの普段の遊びを見てもらいたいと思うのです。

各幼稚園や保育園には、園独自の特徴があります。それは、園によって大きな差があり、保育観や子ども観など、保育のあり方にも大きな違いがあります。子どもの保育を考えていくと、園独自の特徴を見直さなければならないことに出合うことがあります。たとえば、「とんとんまえ」（真っすぐ並ぶときの方法）、「背中ぺったん」「壁ぺったん」（きちんと並ぶときの声かけ）、「お口にチャック」「手はおひざ」（静かにさせるとき）などの合図です。聞こえはかわいいけれど、まるで軍隊のように規律に従わされる子どもたちです。いつしか、表情は乏しくなり、大人から注意をうけたと思うと、機械的に「ごめんなさい」と口にするようになっています。これでいいのかと思います。また、お弁当や給食を食べる時の唱えうた、お当番のあいさつの仕方やクラスでのかけ声、お片付けの時の合図などです。しつけを重んじると子どもへの対応などに柔軟性が欠けることもあります。

さらに、運動会シーズンになると、空に「万国旗」が張り巡らされます。しかし、私たちは子どもたちの描いた絵を「運動会飾り」にしようと考えました。ケンムンの絵なども空中のロープにはためき、子どもたちの絵を見上げながらの運動会はいっそう楽しいものになりました。

私たちは、子どもたちの生き生きしたありのままの姿を大切にし、子どもたちのためのあたらしい行事が生まれてくることを願っています。

6、実践を終えて

私たちは、子どもたちが奄美の民話と出合うことを願って、保育の場に民話をとり入れました。民話を絵本にするのはとても難しいことです。しかしこのままでは奄美の数多い民話も子どもたちには届きません。そこで民俗学の専門の先生方のご指導をいただきながら再話を試みました。私たちはこうしたとりくみをとおして、まず実践することと継続することの大切さを教わりました。また、川畑豊忠さんからは民話やわらべ歌、伝承玩具作りだけではなく、子どもとのかかわり方の基本を教えられた気がします。坪山豊さんからはケンムン話だけでなくシマ歌や子守歌、ちぢん（太鼓）のたたき方も見よう見まねで伝えることの大切さを教わりました。なによりもお話しにまつわる体験を野外で思う存分活動でき、子どもたちはフィールドへ出かけることの大切さも教わりました。

紙芝居製作に関わった保育士は「自分は田舎で育ったが、子どもたちと活動する中で昔の遊びを思いだした。今までこうした保育ができなかったことを悔やむ。今、私たちが教えていかないと伝承文化は途絶えてしまう」と危機意識をもっていました。子育ての世界は自然から遠ざかり感動を分かち合う大人が少なくなってきています。意識してとりくんでいくことの大切さを学んでいました。古老や地域の祖父母たちと関わる中で私が感じたことは、子どもたちを見守る保育士たちの目線でした。保育士たちも子どもたちに、「やめなさい」「早くしなさい」「ダメ」など禁止や指示や命令することが少なくなりました。一斉指導の保育ではなく、子どもたちが自ら考え、自主的に行動するように温かい声かけが多くなりました。改めて保育士たちの根気よく子どもたちと向き合う姿勢に感動しました。これも祖父母世代のまじわりの中で無意識に学ばせていただいた子育てでした。「子育ても古い時代でもいいものは残す」と伝承していくことの大切さを感じることができました。

今、家庭に帰るとほとんどが核家族です。おじいさんおばあさんと同居していない家族が多いです。けれども保育所にお年寄りの方々を招いて子どもたちといっしょにふれあうことも十分にできます。民話をとおしても地域に根ざした保育が実践できます。核家族ではできないけれども保育所が核になれば保育所を媒体として、おじいさんおばあさんに来てもらい、

常田守さんの案内で大瀬海岸で海鳥の観察会

孫の世代とのふれあいができ心豊かになっていくのです。

この活動から子どもたちはお年寄りや地域の方々とのふれ合いによって思いやりとやさしさの心を培ったようです。民話をとおした保育実践から地域に根ざした保育ということを深く考え直す機会をあたえられた私たちは、今子どもたちに民話を語ることができる幸せをかみしめています。

子どもたちのいちばん身近にいる私たちが、奄美に伝わる民話に光をあてていかなければならないのです。私たちは奄美の豊かな文化の中で生きていることと、奄美に生まれた誇りを持って次代の子どもたちにしっかりと語り継いでいきたいと思います。奄美の民話を子どもたちへのすてきなおくりものにしたいのです。

子どもの感性について、アメリカの海洋生物学者レイチェル・カーソンは著著『センス・オブ・ワンダー』（新潮社）の中できれいだな、ふしぎだな、すごい、なぜだろうと子どもが神秘さや不思議さを感じることの大切さについて述べています。

「子どもにとっても、どのようにして子どもを教育すべきか頭をなやませている親にとっても、「知る」ことは「感じる」ことの半分も重要でないと固く信じています」と述べています。また、「子どもたちの世界は、いつも生き生きとして驚きと感激にみちあふれています。残念なことに私たちの多くは大人になるまえに澄みきった洞察力や美しいもの、畏敬すべきものへの直感力をにぶらせ、あるときはまったく失ってしまいます。生まれつきそなわっている子どもの「センス・オブ・ワンダー」をいつも新鮮にたもちつづけるためには、私たちがすんでいる世界のよろこび、感激、神秘などを子どもといっしょに再発見し、感動を分かち合ってくれる大人が、すくなくともひとり、そばにいる必要があります」とメッセージをおくっています。子どもとともにいる保育者自身がそのひとりになってほしいと願っています。

三、民話を地域に―地域における実践から―

私たちは、ややもすると本土の子育てに目を向けがちでした。「地域に根ざした子育てを」という声が高まり、奄美民話の会の仲間たちで研究をすすめていきました。

奄美には民話やわらべ歌、伝承遊び、伝承玩具、自然体験その他あらゆる面で人間味あふれる豊かな宝物があることに気づき、これらを子どもたちに少しでも継承していこうという気運が高まってきました。そして、各地域の方々の協力を得て『奄美の民話』を刊行すると同時に『あまみ民話絵本』も刊行しました。これらは保育園や幼稚園、小中学校、図書館などで活用されています。

奄美図書館でおはなし会（奄美新聞社提供）

奄美の民話を子育てに

戦後七十余年、奄美の言葉は大きく変わりました。それにつれて語りの場、遊びの場、子ども集団、村社会も失われてきています。生活環境が変わって民話を聞く機会がなくなり、子育てをテレビやゲーム、スマホなど電子映像メディアに任せています。そのような環境で奄美の民話は衰退し、伝承もほとんどとぎれました。しかし、このような現状だからこそ郷土の民話を少しでも語り継いでいこうと、子育ての場で実践しています。

子どもたちは古老の奄美独特の言葉やリズムに胸おどらせ、身をのりだして聞いています。

絵本の読み聞かせに聴き入る子どもたち
（南海日日新聞社提供）

祖父母世代とのまじわりの中から奄美の民話を聞き、その話しにまつわる体験もします。そして、子どもたちといっしょに紙芝居や絵本づくりをしています。

日々の暮らしの中で、子どもたちと季節の移ろいを身体で感じ、さまざまな生き物たちとの出合いでたくさんのふしぎを発見し、一冊の民話絵本が生まれました。古老の民話を聞き、奄美の自然を舞台にし、そこにすむ生き物たちを主人公にした『あまみ民話絵本』は、身のまわりの自然と子どもたちから発信されたものです。子どもたちは、山に入って山のふしぎさを感じ、海に入って海のふしぎさを感じました。奄美の民話をとおして子どもたちは、大自然の中で楽しく、たくましく育っています。

民話の語り手たち

近年、各地の図書館や公民館、小学校、親子読書会などでさまざまな〝おはなし会〟が開かれるようになりました。かつては〝絵本の読み聞かせ〟などが主流でした。最近は、民話や物語を覚えて語り（ストーリーテリング）をする人がふえてきました。ところが、私たちの身近に奄美の民話のすばらしい語り手である川畑豊忠さんや、坪山豊さんに出会うことができました。また、ケンムン話を語る地域の人たちにも出会うことができました。そして、子どもたちに「ケンムン（奄美の妖怪）らが登場する民話を語ってもらいました。

名瀬公民館でおはなし会
（あまみ子どもライブラリーの子どもたち）

子どもの目の前で語ってもらったお話しこそが子どもの想像力を生みます。子どもたちにとって、川畑さんや坪山さんの心のこもった生の声を聞くことはもっとうれしいことなのです。フッシュ（おじいちゃん）が見えると子どもたちはとびつき、ケンムン話をせがみます。ふるさとの「語り部」は子どもたちの人気者なのです。

そして、私たちは聞いた話を、子どもたちといっしょに新しい展開を試みながらがら楽しんでいます。

1、子育てセミナー・子育て支援・子育て講座・民話講座

子どもの読書活動を推進するために全国で、さまざまなとりくみが行われています。赤ちゃんのための「ブックスタート事業」、乳幼児からの「読み聞かせ活動」、学校教育の場で「朝の十分間読書運動」、地域の「読書グループ」、学校の「親子読書会」などです。また、行政側からの働きかけも盛んになり、私たちも一九九〇年からお手伝いをさせていただいています。奄美市の四カ月健診、子育て支援事業、子育て講座、母親学級、保育園や幼稚園、小・中・高校などで民話や絵本やわらべ歌を届けていく機会も年々ふえています。

龍郷町子育て教室（0歳児親子）

子どもが子どもとして育ちにくいといわれる社会状況の中で、親は悩みながら子育てをしています。少子化・核家族化・共働き・家庭の教育力・保育力の低下などさまざまな要因が複合的に絡み合い、今ほど子育て支援が必要なときはありません。

子育てというものは手間と時間がかかります。どんなハイテクな時代になっても、子育てはローテクです。いつの時代でも、どんな社会でも大切にしなければならないもの

があるのです。幼い子どもたちの三年後、五年後、十年後、そして将来すばらしい人生を送れる根っこは幼児期、とりわけ乳児期です。だからこそ絵本の読み聞かせやわらべ歌遊びをすることがなによりの子育て支援であり、次世代育成支援になるのです。

前述しましたが、子育て講座で出会うお母さんたちもメディア漬けの乳幼児期を過ごしてきた子どもが大人になり、そして親になっているのが今の時代です。中にはわが子に子守歌やわらべ歌をうたったり絵本であそんだことがないという人もいます。赤ちゃんはお母さんを求めて、お母さんの顔や表情を見ておっぱいを飲んでいますが、お母さんはテレビやスマホを見て授乳しています。親たちが子どもと同じようにスマホやアニメの世界で遊んでいるのです。親の世代の子育て能力が低下し、多くの課題を残したままです。子育てのあり方をもっと深いところでとらえ直さなければいけないということを感じています。

保育を学ぶ養成校の学生も、最近の傾向として心配なのが、場を乱す学生に他の学生たちがすぐに同調してしまう点です。学生たちの根幹が危うくなっていて自分を立て直す力が弱くなっているような気がしてなりません。中には「わらべ歌や子守歌をうたえない、聞いたことがない」といいます。その存在を知らない学生が、年々ふえているのを実感しています。さらに、これまでの育ちの中で言葉や実体験の貧しさも気になります。それは乳幼児期の育ちの中で、お手本になる大人に出会っていないのではと思います。乳幼児の子育ての中でていねいに関わっていない私たち大人の責任だと思います。

核家族が進み、子育ての責任が母親一人の肩に重くのしかかっているようです。そのような中で祖父母世代と交わる機会が減り、子育ての伝承がとぎれ、子育ての知恵や技術が身につきにくくなったのです。そして、親も子もコミニュケーション力が弱くなってきているようです。子どもたちにとっても親にとっても生きにくい時代だからこそ、お話しやわらべ歌が必要だと実感しています。乳幼児期にこそ親子遊びをとおして、いっしょにふれあうことで、やさしさをもらうのです。そして、やさしさをいっぱいもらった子どもは、自然に子育てを学ぶのです。大人の表情、しぐさ、まなざしを見ることをとおして伝承されていくのです。高校生や保育学科の学生たちも子育て講座の感想を寄せてくれました。少し紹介しましょう。

お父さんの読み聞かせ
おはなし会（こども・かいご福祉学科の学生も参加）

• 方言やちぎり絵の温かさが心地よく目や耳に入りこんできました。方言も私たちが、意識しなければ残らないことを感じました。（高校生）
• 絵本の読み聞かせやわらべ歌遊びなど、子どもが笑顔で応えてくれてうれしかった。保育

土になったときに生かしていきたいです。（保育学科学生）
●方言にふれる機会がないので難しかったけれど、これからはわらべ歌や民話を学びながら、少しでも子どもたちに届けていきたいです。（保育学科学生）
●集落で方言が異なり、特色があっておもしろいです。昔話といっしょにその土地の文化も感じられました。（天城町）
●読み継がれた絵本の良さをしりました。実体験が大切ということ、メディアとの付き合い方をもう一度考えて、生活を見直そうと思います。（奄美市）
●保育所ではテレビを見せないというのに驚きました。家庭でももっと絵本や地域の民話も聞かせたいと思いました。（大和村）
●子どもたちに身近な自然にふれさせながら子育てをしていくことの大切さを学びました。「科学絵本」いいですね。カマキリの卵のうを今度見つけたら、子どもといっしょに卵のうを破って赤ちゃんカマキリを見たいと思います。わらべ歌も伝えたいです。（大和村）
●テレビ、ビデオや早期教育よりも奄美の自然の中で親子で関わることの大切さや、絵本の選び方など参考になりました。（徳之島町）
●同世代ではシマ口を話していますが、孫たちとも日常の会話の中でシマ口を話したいです。豊かに生きるとは、ほんとうの豊かさとは何か気づかされました。（龍郷町）

・長い時間をかけて、祖先から語り伝えられてきた民話だからこそ心に響くんですね。シマの文化を大切にしたいです。(喜界町)

2、おはなし会活動

民話の中ではみな平等です。ハブ、ウサギ、サル、ケンムン(奄美の妖怪)、こうみにゃ(川貝)、カラス、おじいさん、おばあさんなどあらゆる動物や生き物、鳥などが出てきます。民話は身近な登場人物をとおして人生のさまざまな姿を描いているのです。教訓的な面もありますが、どの話もいろいろなメッセージがあり、生きる知恵を学んでいます。

瀬戸内町阿木名小学校でおはなし会

また、ここ数年で気がかりなのは放課後クラブ、学童保育の子どもたちが長い話が聞けなくなっています。子どもたちの聞く力が弱くなっているのを感じます。今、多くの子どもたちの放課後生活の場である学童保育にも管理主義の強まり、さらには市場化の波が押し寄せています。狭い部屋で四十人から五十人の子どもたちがゲームをしたり、タブレットを使ってリズムダンスをしたり、思い思いに遊んでいます。「サービス提供の商業圏」

に至ってしまっている学童保育はまだ一部かもしれませんが、保育条件の劣悪さに子どもたちの保育が保障されているか気になります。そんな中で私たちは、親たちには「小学校低学年までは、アニメやテレビでなくお父さんお母さんの声で、昔話や絵本を読んであげてほしい」とお願いしています。

このように子どもたちは多様化したメディアを楽しむ時代になってきました。しかし、その情報の源である自然にふれたり、鳥の声を聞いたり、草木のにおいを感じたり、土を触ったり、太陽のまぶしさを感じたり、暗闇の世界を体験させることです。子どもたちが五感をとぎすまし、心が震えるようなことを、子ども時代にいっぱい経験させてやることです。

奄美市名瀬小学校（6年生）でおはなし会

また、お話しを楽しむのは、幼児や低学年の子どもという先入観がありますが、実は中学生も楽しめるし、大人も楽しむことができます。それは、ケンムン話です。

奄美の妖怪でいちばん話題になるのはケンムンです。ふしぎで、ぶきみで、それでいてどこかひょうきんでもあるケンムンは人気があり、小さい子どもから大人まで楽しむことができます。ケンムンが化けるなんて、少し大きくなった子は信じないかもしれません。月へ人間が行く時代ですから、しかたがないといえばそれまでですが、しかし、今でもケンムンがいることを信じている人もいるのです。近所のおじいさんは、「ついこの間ね、ケンムンに漁のじゃまをされたよ」「金作原でね、真っ暗闇の山中でケンムンの声を聞いたよ」と語ってくれました。〝そんなこと、あるはずがない〟と思うかもしれません。でも、それを信じている人々が、今でもいるのだということは事実です。

奄美市宇宿小学校親子読書会でおはなし会

　自然や山の動植物を敬い、人間も自然の一部分として、みごとに調和させて暮らしていた私たちの先祖の心のありようが、こうしたケンムンを想像させたのでしょう。その先祖の思いを、たんなる迷信話とかたずけてしまってはならないと思います。

　たくさんの子どもたちから感想を寄せていただきました。一部を紹介しましょう。

・「カラスとコーロ」のおはなしがたのしかったです。あまみのいろいろなおはなしがもっとしりたいです。（名瀬

小一年）

・「けんむんとこうみにゃ」の話が心にのこっています。こうみにゃ（川貝）がなかまをあつめて、「わんな　くぅまどー（おれは、ここだぞー）」と言わせたところが頭がいいなあと思いました。（崎原小二年）

・たくさん民話があって、ずっと笑っていました。「おおきなはなし」のしかけ絵本が楽しかったです。（亀津小四年）

・奄美のおはなしおもしろかったです。ぼくは、カラスは最初は赤かったと初めて知りました。カラスがアカショウビンを追いかけているところを見てみたいです。（知根小四年）

・おどろきました。私がすんでいる奄美は、鳥や生き物がたくさんいて、すばらしいところだということがわかりました。（屋仁小六年）

・けんむんは風と共にやってきて、風とともに去って行くんだね。けんむんといしょしゃ（漁師）のやりとりがとても楽しいです。（名瀬小六年）

・けんむんの「うーい、うーい」の声や「ぴりぱり、ぴりぱり」の走り方を擬声語で表現していておもしろいです。（名瀬中一年）

・文化祭の「けんむんとこうみにゃ」の劇で舞台下を「ぴりぱり、ぴりぱり」と叫びながら、走り回ったことが心に残っています。シマの文化にふれるとてもいい機会でした。中学生

になってから、地域の民話を知ることができ感動しました。（朝日中三年）

・奄美の魅力を思い出させてくれました。これを機会に山や川、海などで遊び、奄美の自然を体で感じようと思います。（赤木名中二年）

・シマ口は奄美の島の文化であり心です。方言でしか表現できないことも多々あります。一家団欒しながら少しでもシマ口を話したいです。（高校生）

おはなし会
（瀬戸内町網野子老人クラブと子どもたち）

・奄美の文化にふれることはすごいことだと思いました。私はすこし方言がわかるので誇りをもてるようになりました。今、祖母といっしょに暮らしていることも大切に思います。祖母から昔のことをもっと聞きたいです。（高校生）

・何回も何回も、笑ったり喜んだりしながらたっぷり遊べました。親子のコミュニケーションの取り方や、絵本の読み聞かせなどを学びました。（保育学科学生）

・郷土の言葉にふれながら知らず知らずのうちにその良さを体得し、自分の住んでいる町に誇りをもつ人に育っていくきっかけになると感じました。（小学校教師）

・ところどころ方言がまじったお話しに会場の親子づれはじっと耳を傾けていました。おそらくほとんどの人が、けんむんの民話が残る奄美の方言になじみがないだろうに、なんの違和感もなく、話の世界にひきつけられていました。(かごしまメルヘン館)

・いずれの学年も、子どもたちが全身で絵本や民話、おはなしに聞き入りその世界に浸ってくれているのが感じられ、とても充実した時間を過ごすことができました。(赤徳小保護者)

・瀬戸内老人クラブ連合会と七カ所の小中学校で異世代の交流を開催しました。島の宝である子や孫世代といっしょに、シマ口や島料理を楽しみながら伝えることができ、貴重な体験でした。(網野子老人クラブ)

・遊びの中でシマ口を伝えていくことで子どもたちも楽しそうに学ぶことができたと思います。私たち会員にとっても貴重な文化を見直すいい機会でした。(手安老人クラブ)

・子どもたちとふれていると心なごみます。この活動を機会に島の文化を少しでも伝承していきたいです。(西阿室老人クラブ)

3、原画展(かごしま近代文学館・メルヘン館、徳之島町立図書館、瀬戸内町立図書館)の開催

「あまみ民話絵本」や大型紙芝居の原画に出合うことで、子どもたちがいつまでも心に残

り楽しみと喜びを味わっていただきたいと思っていました。そんな折、かごしま近代文学館・メルヘン館、徳之島町立図書館、瀬戸内町立図書館などのご厚意で原画展を開催することができました。原画に出合うことで子どもと大人が共有し、ふるさとへの思いを育んでほしいと思います。図書館のスタッフの皆さんには心温まる展示をしていただき感謝いたします。来館した子どもたちや親、教師たちの声を取りあげてみました。たくさんの方々から原画展の感想を寄せていただきました。少し紹介しましょう。

かごしま近代文学館・メルヘン館で原画展開催

- 心をこめて作ってくれた人にうれしく思いました。(二年生)
- いろいろな鳥や生き物がいて、特にちぎり絵を工夫しているところがあってすごいとおもいました。私もちぎり絵を作ってみたいです。(五年生)
- ちぎり絵の一つ一つが細かくできていてすごいなあと思いました。私もこの絵のようにいきいきした絵を描きたいです。(六年生)
- 子どもたちの絵が見られてとても楽しかったです。生き物たちへのやさしい気持ちが伝わりました。(中学生)

・故郷のムンバナシ（物語）が語り継がれているのは何と心温まることでしょう。自然と文化を継承しつつ育まれた園児たちの感性は、奇想天外な創造性を培うのでしょう。やがてこの小さな芸術家たちが豊かに育っていくことを願っています。（保育園園長）

・主人公の動物たちがすんでいる場所につれていって、直接出合ってから描くということを心がけていること、実体験をもつことで感動がふくらんでくるんですね。（保育士）

・先人が創り伝えてきたその土地の文化をどう次世代の子どもたちに伝え、彼らにつなげていくかということの大切さを改めて気づかされました。（幼稚園教諭）

・子どもが夜の森で学ぶというのは、すごいと思いました。暗闇のさまざまな音の中を冒険したり、怖い思いをすることで、想像力が豊かに育つのだと思いました。そして命の源を会得するのではないかと思い、森の大切さを痛感しました。（父親）

・自然の中での保育に感銘を受けました。今は、川や海など近くにあっても危険だからと禁止する事を選ぶ時代です。下見と十分な配慮、その手間をおしまず、自然の中に入り体験させる。そのうえでわらべ歌や民話を味わう。なんて深い世界なのだろうと思いました。（鹿児島県青年会館艸舎）

・会場は親子づれや遠足で訪れた園児や小学生でにぎわい、子どもならではの自由な発想や色づかいのちぎり絵と奄美独特の民話の世界を満喫しました。（かごしまメルヘン館）

- 作品を完成させるまでの子どもたちの活動がすばらしいです。一日平均二百人が見学に訪れ、特に幼稚園児の団体が多く幼児期の情操教育などに役立ちました。奄美の心（民話）が次代の子どもたちに届いていきますよう願っています。（かごしまメルヘン館）
- 縁あって民話絵本はみんな手元にあります。原画は少し色が明るい感じがして、味わいがありすばらしいでした。自然にたっぷりふれる世界に子どもの声が聞こえてくるようです。奄美がぐっと近く感じました。（かごしまメルヘン館にて母親）
- 奄美独自のお話が新鮮でした。絵の表現がおもしろく、子どもたちの想像力に任せたところも魅力です。（かごしまメルヘン館にて母親）
- 子どもたちの生き生きした生命あふれる力が感じられすばらしかったです。地域の方言、民話には先人の知恵と生きる力がたくさんつまっています。どうぞ広め伝えてくださることを望みます。（かごしまメルヘン館にて父親）
- 奄美のお話は自然や生き物が出てきておもしろいと思いました。おはなし会での布シアターがとても美しく驚きました。また見たいです。（かごしまメルヘン館にて母親）
- 子どもの感性に驚かされうれしくなりました。とてもうらやましく思い、奄美のすばらしさが生き生きと表現されていました。（鹿児島市小学校教師）
- 一枚の原画の中に奄美の自然、歴史、民話などたくさんの時間とかかわってくださった大

人や、なによりもいきいきした子どもたちの顔が見えました。郷里の誇りだと思います。（かごしまおはなしの森）

・山や森や川など明るくあふれるような自然をバックに、カラスとコーロの表情がユーモラスに描かれていて見飽きることはありません。（徳之島町立図書館）

・子どもたちが、絵本やお話しの中に登場する動植物に実際にふれあうことができ、すばらしいと思います。私たちも製作したいです。（徳之島町立図書館）

原画展の見学をする保育園児（鹿児島市内）

・太陽と水と土の恩恵をうけ、野山を駆けめぐる子どもたちの自然とのふれあいが、ちぎり絵の中にそのまま映しだされているような気がします。（瀬戸内町立図書館）

・一つひとつの言葉が紡ぎだす民話の世界が快いひびきと語りのリズムをそなえているのは、古老から何度も話を聞いているからでしょう。心地よいです。（瀬戸内町立図書館）

原画展にいらしてくださったおおくの子どもたちや保護者、学校関係者の皆様に心から感謝いたします。

四、奄美の伝説

奄美の情報誌「ホライゾン」によせて

本書におさめられた民話は、少し教訓的なものを感じさせる話が多いです。奄美の民話の先祖の人々の願い、笑い、悲しみ、出会い、別れ、欲などの人間くさい話に引かれました。例えば、「あもろうなぐ（羽衣伝説）」などには美しい出会いと幸せがありながら、最後ははかなく美しい結末となります。「塩道長浜」や「カンツメ」には愛の強さがある故に醜く、愛する者の死で終わります。善と悪とを同時に持ち合わせているのが人間なのだと思います。そういうメッセージを送っているのでしょう。いくつか紹介しましょう。

1　アマミノクロウサギとハブのお話

奄美の森はおもしろい。深い森の中はどこまでも幻想のような世界が続く。イタジイの巨木や板根にこもれ日がさしこむ。小川のせせらぎがここちよい。谷間にはハブやクロウサギが息をひそめている。枯葉の下にはクワガタやカエルがうずくまる。ルリカケス、アカショウビン、オオストンオオアカゲラなどのいろとりどりの鳥たちがとびかい、にぎやかな歌が森にひびきわたる。

奄美の森は安堵の境地。平和の世界。森は人間にもやさしく語りかける。森は人々の豊かな発想や想像力をはぐくむ。そして、そこに民話が生まれる。民話には人々が自然とともに生きていくための深い知恵が内蔵されている。たとえば人々は、ガジュマルの木を切ったりすると山の神のたたりにふれると恐れた。

ハブも当然神の使いであった。人々は動植物のすべてに神を感じ、崇拝し、尊敬し、愛した。この崇拝と愛の心は、親から子へ子から孫へと語り継がれていく。

奄美の森を舞台にした民話を紹介してみよう。

「アマミノクロウサギとハブ」

むかしあったそうな、ある村にそれはそれはすごい毒をもった恐ろしいハブがいて、いつも村人たちを苦しめていた。村人たちはこのままでは大変なことになると対策をねった。

「なんとかハブを退治しよう」と、人々はひそやかに話し合った。ところがこの話をものかげで聞いていたウサギが、「これは大変なことになった」と、あわててハブに知らせに走った。おどろいたハブは、山奥の岩穴へ隠れ入ったという。

あくる日、村人たちはハブ狩りに出かけた。ところが村人は、いくらさがしてもハブを見つけることができない。

夜の森の林道で餌を食べている
アマミノクロウサギ

「不思議なこともあるものだ。どこにいったのだろう…」。

やがて、ハブに人間たちの行動をもらしたのが、ウサギだとわかった。村人たちはいかり、ウサギの耳と後ろ足を短く切り、体にはなべ墨をぬって、山深く追いやってしまった。ウサギは深い森の中で、心ぼそさにどうしようと泣いていた。すると、岩穴からハブが出てきて、ウサギをなぐさめ、自分のねぐらへさそったそうな。

いまでも、ウサギとハブは岩穴の中でなかよく暮らしているという。そして、ウサギの耳や後ろ足や尾が短く体がまっ黒いのは、人間たちにやられたからだそうな。

2　稲と生きる―米の由来―

かつて村の背後に広がっていた田は、子どもたちのかっこうの遊び場であった。子どもたちは夕暮れのあぜ道で無数のとんぼを追いかけまわしていた。また、村の田袋は、秋には金色にかがやく稲穂の波と化した。

その昔、奄美の人々がこぞって米を作っていたころ、人々は海のかなたの神のましします国ネリヤカナヤから稲霊《いなだま》を招き寄せ、西東の神々に米の豊作を願った。そして、収穫の秋がくると人々は、一年に一度の遊び日（神遊びの日で仕事をしない日）として、七月七夜八月踊りに興じた。ミャー（広場）で打ち出された太鼓にあわせての踊りは、村の家々を一軒残らず祝福してまわった。

今、奄美中から田がなくなり、古風な祭りもすたれているが、その中で、奄美大島秋名の集落は、昔ながらに海のかなたから神を招き、踊りの輪を絶やさない。国の重要無形民俗文化財に指定されているショチョガマと平瀬マンカイがそれである。

米のはじまりについては奄美ではいろいろな伝承があるが、ここに田畑英勝採集龍郷町秋名の昔話を紹介しよう。

米の由来が伝えられている龍郷町秋名の田袋

西東の稲霊を招き寄せる豊作祈願の祭り
（平瀬マンカイ）

「米の由来」

昔、島くだまるという人の子どもが、田を作ろうと思って、たんぼの形を作りはしたが、作っても作っても大雨が降って、みんな流し、流しして田の形が作れなかった。島くだまるの子どもは働いても働いても、働きがいがないので、がっかりして毎日天をながめていたところが、天から福神という神様がおりていらっしゃって、

「おまえは何をながめているのか」とおたずねになった。

「私がたんぼを作ろうと思いアブシ（田のあぜ）を立てると、雨が降っては流し流しして、どうしてもアブシが立てられず困っているのです」というと、

「ああ、そうか、それなら自分がアブシを立て、グユ（草の名）の種をやろう」とおっしゃって、天へ上がりやがてグユという草の種をもってきてくださった。

「これをアブシを作るところにまいておけば立派なアブシができるのだよ」と教えてくださった。

それから立派なたんぼができた。ところが、たんぼでつくる米の種がないので、あちこち米の種をさがして掘ってみたが、どこを掘ってみても米の種がないので困っていると、また福神様が、

「お前はそんなにあちこち堀りあさっているが、何を捜しているのか」とおたずねになった。

「たんぼはできましたが、植える米の種がなくて困っているのです」というと、「それなら自分が捜してきてやろう」とおっしゃって、荒神様という神様が、『ネリヤから、自分が盗んできてやろう』といって、盗んできたものを、島くだまるの子どもに渡してくれた。それをたんぼに植えたところ、大変立派な米ができたそうな。

3　奄美のわらべ歌

奄美の多くの村々は、背後に深い森を背負い、一方を海にひらいて生活してきた。村の中には聖なる泉があり、畑があり、そして小川のせせらぎがあった。子どもたちは、その中でかけまわっていた。特に神祭りのミャやアシャゲの空間は子どもたちのかっこうの遊び場であった。ここでは夏のミハチガツという季節になるとたき火がたかれ、八月踊りがにぎやかに行われ、夜どおし太鼓の音がつづいた。また、この日は子どもたちにとって夜遊びのできる楽しみな季節でもあった。

この季節、昼間も子どもたちにとってうれしい季節であった。子どもたちは無数にとんでいる赤トンボを追いかけながら「ヤンマーヤーンマ　オニヤーンマ」と歌いかけ、夕暮れのあぜ道をはしりまわった。また、カボチャの雄花をつんで石垣にかけ「ミャンミャンコーヨアーレリヨ」と語りかけ、虫が入ってくるまでじっと息をひそめて待っていた。

鳥や虫などの小動物は、子どもたちの最も身近な友だちであった。子どもたちは遊びの中でその生態にふれ、観察し、学んでいた。

高倉のまわりも子どもたちの遊び場であった。そこで男の子はカッタ（メンコ）や、めだま（ビー玉）遊びに興じた。女の子は縄とび、ゴムとびに興じた。その中の幾人かの子の背中には幼い妹や弟がさらし帯でくくりつけられるように背おわされていた。そして、子どもたちのひざやおしりや手はいつも土にまみれていた。それでも平気で遊んでいた。

♪　いっちょが　ヨーイ
　にちょが　ヨーイ
　さんちょが　ヨーイ
　よんちょが　ヨーイ
　ごちょが　ヨーイ
（以下続く）

これは私の生まれ育った嘉鉄（現瀬戸内町）のおはじき歌である。

昭和二十年代、三十年代までシマ（村）の女の子たちはこんな歌を歌いながらおはじきをして遊んでいた。子どもたちは、指で線をひくとき、おはじきを散らばらせるとき胸がたかなる。子どもたちは、ゲームが終わった後自分が獲得したおはじきを「にぃ　しぃ　ろっ

ぱぁ　とぉ」などといって競って数えた。また、あるときは子どもどうしからかったり、はしゃいだり悪口をいったり、ふざけたりした。子どもたちの手指の器用さ、しなやかさはおはじき（タカラガイ）をはじきながら、みがかれていった。

瀬戸内町嘉鉄の全景

子どもたちの遊びは夜明けから日没まで飽きることなくつづいた。おそらくこうして子どもたちは遊びながら自然にリズムを学び始めるのであろう。遊びながら楽しみながら身につけたものは一生忘れることはないだろう。幼い子どもたちから中学生までいっしょになって遊ぶ最後の時代だったのかもしれない。まさに異年齢集団の遊びであった。子どもたちは村社会の中でどっぷりと、そして生き生きと遊んでいた。その中では人と人とのつながりが、また、過去と現在と未来がつながっていた。

わらべ歌を介したのどかな遊びの中に、奄美の方言が、習慣が、しつけが、自然に子どもたちに伝わっていく。まさに、奄美の生活がその素朴なわらべ歌にもあったのである。

4　あもろうなぐ（天降り女）

子どもの頃、七夕の季節になると夜ごとに数えきれないほどの星を、空いっぱいあおいで過ごしていた。今は七夕の風習がすたれたが私の子ども時代は、旧暦の七月七日の前夜に、家族でいろいろな飾り物を作った。五色の色紙で三角つなぎ、四角つなぎ、輪つなぎなど、姉や兄から教わって、私も幼い弟たちも懸命に作った。夜も更ける頃には飾りを入れたサンバラ（竹かご）はいっぱいになった。家族がひとつになっての作業であった。こより作りは父の仕事で、和紙を破ってまるめていく。最後に家族みな一枚ずつ願い事を短冊に書いた。

七夕の早朝は、隣の家よりも立派なものをと、競って七夕竿を空高くかざした。しかし、その日は七夕切らし雨といって、きまって雨が降るものであった。弟たちは七夕の飾りが散るといって泣いた。それでも雨の後、子どもたちは集落をかけまわり、散った七夕飾りを拾い集めて楽しんだ。その七夕様も、盆の迎え日にはずされ、太く強い部分は物干し竿に、細い部分は線香立てになった。子ども時代の時間は、まことにゆったりと流れており、また、温もりも感じられるものであった。

七夕飾りを作りながら、父が七夕の由来を語ってくれたのを思い出す。「あもろうなぐのはなし（天降り女の話）」といっていた。この話はいわゆる羽衣伝説で、野越え、山越え、海越えて、東アジア全域で語られているという。奄美の話も国際的なのだ。

むかし、あたんちゅかな（昔、あったとさ）。天女が降りて来て、川で浴びていた。そこに男が通りかかり、かたわらの木にかけてある飛衣《とびぎぬ》を隠してしまった。そして自分の妻になったら返してやると言うので、天女は仕方なしに男の妻になった。やがて七年がたち、三人の子どもが生まれた。ある日のこと、一番上の子が末の子をおぶって、こんな歌をうたっていた。

♪ ヨイホーラ　ヨイホーラ
泣くな　坊ぐゎ
六つまた倉ぐゎや　突きあけてぃ
母が飛衣や　取てぃくれぃろ

喜界町中央公民館に展示されている天女の羽衣

ところが、それを聞いた天女は大喜びで倉に上がり、籾俵《もみだわら》の中に隠してある飛衣を見つけだした。天女はそれを着て上の子は右の脇に、中の子は左脇に、下の子は背中におぶって、天へ昇っていった。

さて、家には天女が「千足のわらじを作って、きん竹《ちく》を植えて天に昇って来なさい」と、置き手紙をしてあった。男はさっそく天に昇っていった。ところがわらじが九百九十九足しかなく天にとどかなかった。するとちょうどその時、天女は機織りをしていたので、ヒジキ（おさ）を差し出して、それにつかまらせて昇らせた。しかし、天女の親は男が気にいらない。それで男に仕事を言いつけた。それに対して、天女はつぎつぎに知恵を与えた。

まず、天女の親は七町歩の木をみんな切って来いと言いつけた。すると、天女は木を三本切って寝ていなさいと教え、そのとおりにすると翌朝木はみんな切られていた。

次に天女の親は木を切ったところをみんな耕して来いと言いつけた。すると、天女は三回耕して寝ていなさいと教えた。そのとおりにすると翌朝みんな耕されていた。

その次に天女の親はそこにシブリ（冬瓜）を植えて来いと言いつけた。天女は種を三つ植えて寝ていなさいと教えた。そのとおりにすると翌朝みんな植えられていた。

それから次に天女の親はそれをみんな取って来いと言いつけた。すると、天女は三つ取って寝ていなさいと教えた。そのとおりにするとみんな取れていた。

最後に天女の親がそれをみんな縦に切りなさいと言いつけた。すると、天女は横に切りなさいと教えた。

しかし、男はせめて今度はと、親の言うとおりに縦に切った。そうしたら、そのシブリから大水が出て、男は流されてしまった。なんとこれが天の川の始まりちゅかな（だとさ）。そのとき、天女は流される夫に月に一度会いましょうと叫んだのに、男は年に一度会いましょうと聞き違えてしまった。ちょうどその日がほら七月七日で、二人はそれからは年に一度、七月七日の夜にだけ会うようになったちどー。なあーじゃー（おしまい）

5　塩道長浜（しゅみちながはま）

喜界島は塩道の長浜に立っていると、童の泣き声が聞こえてくるようだ。かつての物語がよみがえり、塩道長浜の歌が思い出される。

♪　塩道長浜に
童泣きしゅすや
うりやたるがゆい
けさまつゆい
塩道長浜に
馬つなじうかば

（訳）塩道長浜に
若者の泣き声がするが
それはだれのせいであろうか
それは（あの美貌の）けさまつのせいだ
塩道の長浜に
馬がつないであっても

いきゃだるさあても　　　　どんなにだるくても
うりやとて乗るな　　　　　それをとって乗ってはいけない

この歌には悲しい物語が伝わっている。

むかし、あたんちゅかな（あったそうな）。喜界島の塩道（村名）にけさまつという、それはそれは村一番の美しい娘がうたんちゅかな（いたそうな）。彼女は村の青年たちのあこがれのまとあたんちゅかな。村の若者たちは、なんとかしてその娘を自分の嫁さんにしようと、いっしょうけんめいあたんちゅかな。ところが、長嶺（ながみね・村名）の盛里《むいざと》というひとりの青年が、けさまつにおもいをよせ、くる日もくる日も彼女のところへ通い続けたんちゅかな。それなのに、けさまつはまったく気にかけようとしなかったたち、それでも彼はけさまつのことがどうしても忘れられなかったたちゅかな。

ある日のこと、盛里は、

「結婚してくれ」ち、けさまつにしつこくせまったんちゅかな。とうとう困りはてたけさまつは、

「あなたが私のいうことをききいれてくれたら、あなたのいうとおりにしましょう…」ち、いちゃんちゅかな（いったそうな）。けさまつはしかたなく浜辺であう約束ばしゃんち（したっ

かつては美しい長浜でした（喜界島の塩道）

て）。

さて、約束の日、そこには彼の馬がつないであたんちゅかな。そしてけさまつは、

「馬が逃げてはいけないから…」ちいって、馬の手綱をしっかりと彼の足にくくりつけたんち。そのとたん、けさまつは、「ビシャッ」と、馬の尻にむちをあてたんち。驚いた馬は長浜を一気にかけだしたんち。彼は馬にひきずられ、泣き叫んだがどうすることもできなかったち。馬は長い砂浜をなんどもなんども行ったり来たりしゃんちゅかな。いつしか彼の泣き声も聞こえなくなり、とうとう息がたえてしまったち。

うりいんはら、塩道長浜では、夜な夜な童の泣き声がききゃるんちどー。それはけさまつに恋した青年盛里のうらみの声であるちどー。ほら、塩道長浜につないである馬は、どんなに疲れていても乗ってはいかんちいうろがー。それにはあわれ盛里の恨みがこもっているからだちいうことどー。

くぅんはなしや、うんぶんどー（このはなしは、それだけだよ）。

この伝説を背景にもつ塩道長浜節は哀愁に富み、青年の魂の叫びが伝わってくるようである。

それは、遠い波のうねりをきくような悲しい旋律である。

6 アージンチェー（按司ニッチェー）

与論島朝戸（あさと・村名）のアージンチェーは、母が太陽を感じて生んだ、奄美でも特筆される大英雄である。

今から千五百年ほど前…

むかし、あてぃてゅーさ（あったそうな）。

与論島のニッチェーというところに、畑に精を出している若い女がうてぃてゅーさ。ところが急に空に黒雲がおおい、雨とともに稲光りがし、雷が落ちてゅーさ、女は驚き、くわをほうり投げ、近くの山すその洞穴の中に入ってぷるとぅたん（ふるえていた）。そしてあまりの恐ろしさに洞穴の中で気を失っててぃてゅぅさ。どのくらいたったであろうか。女が目を覚ますと、白髪の老人が立っちうわーち（いたそうな）。女が驚いて見入っていると、老人はすっと消えてうわーちてゅーさ。それから女は、その時のことを気にもとめずにこれまでどおり暮らちゅてぃてゅーさ。しかし、月日がたつにつれ女は身重になり、やがて大きな男の子が生まりてぃてゅーさ。生まれたとき目が大きく、すでに歯も生えそろい、髪も黒々としゅてぃてゅーさ。「この子は鬼の子だ。こんな子を育てたらとんでもないことになる」と、村人たちは驚き、たんがてぃてゅーさ（恐れたそうな）。ある日のこと、村人は女にだまって男の子をこっそり墓に埋めてぃてゅーさ。すると墓から毎晩のように泣き声が聞かりてぃてゅーさ。恐ろしくなった村人がとうとう七日目に墓をあけてみちゃくたー。

なんとその子は大声で泣き、まるまる太り、元気にぷどぅいとぅたんてゅーさ（育っていたそうな）。村人はこれこそ神の子だと信じてぃてゅーさ。

これがアージンチェーの誕生であんてゅーさ。アージンチェーは幼いころからすべてにすぐれ、青年になると武芸百般に通じ、弓をひいては並ぶ者がいらんてぃてゅーさ。その弓の強さは与論島の沖を通るマーラン船も大金久をさけ、遠く西の海をもうてぃてゅーさ（回ったという）。

やがてかれは琉球の王に任え、按司《あじ》の位を授かったが琉球王と戦うことになてぃてゅーさ。そして、琉球軍の再度の襲来で矢を頭に受け、悲壮な最後をとぅげてぃてゅーさ。現在も彼が岩の上に立ってふんばった足跡が与論島にはぬっこうてぃゅーさ（残っているそうな）。

また、茶花から城（ぐすく・村名）に通ずる県道沿いに、アージンチェーが血の刀を洗ったというところがあんてゅーさ。茶花港の海岸端の古い蘇鉄の生えているところが彼の最後の地で琉球軍は彼の口から白いうじがわいているのを見て御飯を食べているかと思い、恐ろしくなってあわてて逃げ出してぃてゅーさ。そして、琉球軍は逃げる途中大風が吹いて船は残らず沈没してぃてゅーさ。

…この英雄アージンチェーの活躍はいまだに与論島の人々に語り伝えられている。

7　やちゃ坊

♪　やちゃぼちば　やちゃぼ　（訳）やちゃ坊といえば　やちゃ坊よ
しまぬねん　やちゃぼ　島のない　やちゃ坊よ
ゆるや　さとうれぃてぃ　夜は　里におりてきて
ひるや　やまぬそだち　昼は　山の育ち

父は幼い私を膝の上にのせ、月を眺めながら口ずさんでいた。父のやわらかい声が今も心の中に響いている。父の思い出と重なって…。

素朴な時代は、四十年も前のことである。

黒々としずもる山に月の光がさし、さざ波の音のうしろに、闇の中からコノハズクが鳴き始める。二十三夜の月の光がすべてのものをシルエットに映し出す。魂がすいこまれてしまいそうな静けさであった。その静けさの中で父はやちゃ坊の歌とその逸話を語ってくれた。私は幼心にも想像力たくましく、縁側から見える山々を、今やちゃ坊が走り回っているのでは…と思っていた。

私の故郷、瀬戸内町嘉鉄にはこんなはなしが伝わっている。

ムカシ、アタンチスカー（むかし、あったそうな）スファル（瀬戸内町蘇刈）にやちゃ坊は生まれたンチ。やちゃ坊はちょうど三歳のとき、山あがり（山にあがってしまうこと）したまま、村に帰ってこなくなったチ。七歳になったある日、母親が死んでしまったチ。その時、初めてやちゃ坊は村に姿を見せたンチ。土だらけの大きなからだ、ざんばら髪で目はひかり、ぼろぼろの着物を着ていたンチ。村人が驚き警戒していると、いつの間にかやちゃ坊はどこへ消えたか、いなくなってしまったチ。昼間は海辺の洞窟や山奥にかくれ、すみかを変えていたンチ。ガシシ（そして）、夜になると村におりて悪さをして、村人を困らせたンチ。

ある夜、やちゃ坊が村にあらわれ、芋や野菜など盗んで食べたンチ。腹をたてた村人たちは、やちゃ坊狩りをしたチ。しかし彼はすばしっこく、尾根づたいを自由自在に走り回り、どうしても捕まえることができなかったチ。

マタ、アントゥキン（また、ある時）、漁師たちが魚をとって、舟を浜に引きあげていたンチ。手伝いを頼まれたやちゃ坊は、様子をうかがいながらいちばん大きなヤチャ（カワハギ）

住用の山中のやちゃ坊の岩屋（やちゃ坊ごもり）

を盗み、歩きながら足で砂の中に埋めておいたチ。そして、漁師たちが帰った後それを掘り出し持ち帰ったチ。ウガシシ（そして）、それを貧しい家に投げ入れて、分けたんチ。マタ、アントゥキン、大和浜の人で山歩き（山での作業）をしていた人がやちゃ坊に出会ったチ。「自分に会ったことはだれにも話さないように」と、かたく口止めされたのに、何かのひょうしにこれを人に話したチ。シャットゥ（すると）、その人も、その人の家族もみなとり殺されてしまったチ。やちゃ坊はウトゥシャムンドー（こわいものですよ）。

憎むに憎めないいたずら者、やちゃ坊。いつも弱者の味方、やちゃ坊。ときにはおそろしく野蛮なやちゃ坊。やちゃ坊にはいくつものエピソードと顔がある。

話はかわるが、笠利町（現奄美市）の当原ミツヨさんが「やちゃ坊節」を歌って日本一になり、その歌は全国でも紹介された。また、新民謡「やちゃ坊」も一世をふうびした。それは恩師甲東哲《きのえとうてつ》先生の詩で、先生の思い出とともになつかしい。甲先生はやちゃ坊を

♪
親がない身は　山育ち
月が呼ぶのか　なな山越えて
七つ谷間を　また帰る
やちゃ坊　やちゃ坊
ざんばら　乱れ髪

と、歌っている。

やちゃ坊は赤尾木にあらわれたと思うと、一夜のうちに宇検までいったり、大島本島のあちこちをかけ回っていたという。ある時は喜界島にも渡ったという。やちゃ坊は時には妖怪としての魔力を発揮し、時には神として語られたりもしているが、今ではだれもが身近に感じ、慕われている。これも時代のせいであろう。

きっと、山と海と空にめぐまれ、そのすばらしい自然を恐れながらも敬っていた島の人々の心が、やちゃ坊を生みだしたのだろう。

山で生まれ、山で育ったやちゃ坊。定かではないが今も、やちゃ坊は奄美の各地に出没するという。

8　龍宮の嫁（奄美の龍宮伝説）

むかし、貧乏な花売りの若者がぅたんち（いた）。ある日のこと、若者は売れない花をかかえて浜辺を歩とぅたんち。若者は寄せる波をみているうちにその花をネリヤ（龍宮）の神様にあげようと思いついて、花束を海に投ぎいりたんち。すると、海の中から亀があらわれ、「花のお礼にネリヤに連れていちぇーろう（いきましょう）」と、若者をネリヤに連れていじゃんち（連れていった）。途中、亀は「ネリヤの神様が何が欲しいのかと聞いたら、神様の娘がほしいといいよー（いいなさい）」と、若者にうしてぃくりたんち（教えてくれた）。ネリヤの神様はたいそう喜んで若者をもてなしてくりたんち（くれた）。楽しい夢のような三日が過ぎ、若者は神様の娘といっしょに、もとの浜辺にもどぅてぃちゃんち（帰ってきた）。ところが、たった三日と思っていたのは、この世では三年の月日あたんち（であった）。母親は食べるものもなく、石にもたれて死じゅぅたんち（死んでいた）。龍宮の嫁はもってきた生きむちで母親をなで、いちむどぅらちゃんち（生きかえらせた）。また、嫁は打ち出の小づちで家、倉、米を出し、みるみるうちに分限者となって、親子三人幸せに暮らちゃんち。

さて、ネリヤからやってきた嫁の評判は、殿様の耳にまで届ちゃんち。これを知った殿様は、この嫁を自分の嫁にしようとうむぅたんち（思った）。そして、殿様は若者を呼びよせ、「千石の米を出せ、できなければおまえの嫁をとぅりんどう（とるぞ）」。と、言ちゃんち。若者は頭をかかえてもどぅてぃちゃんち。話を聞いて嫁は、浜辺へ出て、海に向かって、てぃまんちゃんち（手招きした）。すると、海の彼方から米をつんだ馬が何百頭といじてぃちゃんち（出てきた）。若者はその千石の米を殿様に、えーしたんち（さし出した）。殿様は、また若者を呼びよせて「千尋の縄をさし出せ、六百九十九人分の料理と酒七十七つぼ用意しり（しろ）」。と命じたんち。それらの難題はいずれも嫁の知恵で解決したんち。さいごに殿様が「細糸をいじゃし（出せ）」。と命じると、小さな箱をいじゃちゃんち（出した）。そして、そこからは小さな侍たちが何百人も刀をもってとび出して、殿様と家来に切りつけたんち。とみるみるうちに大川ができ、一人残らず海に流ちしまたんちどぅ（流してしまったと）。

さて、龍宮伝説は奄美各地に伝承されているが、この話は、喜界島のさんご礁や白い砂浜、青い海を舞台にした、美しくも悲しい物語である。島の人たちは長い歴史の中でこの話を語り継ぎ、海の彼方ネリヤカナヤからの幸福のおとずれを願っていたのである。

今にも波間からポッと亀があらわれ、ネリヤへ案内してくれそうな…。

9　ケンムンばなし（奄美の妖怪）

夜は魔物の世界

子どものころの楽しみは、薄暗いランプの下でムンガタリ（昔話）を聞くことであった。

心静かに思いおこせば、幼い私に数々の昔話を語ってくれた父の声や、ふるさとの風景が時間、空間をこえてよみがえってくる。父の語りは想像力をかきたて、ふしぎな世界へとさそってくれた。縁側からみえる海辺のガジュマルやアコウの木は、四方に巨大な根をはり、夜になるとシルエットとして月の光にてらし出された。幼いころは、その木にケンムンがひそんでいると、近づくことさえもおそれていた。そして、こんもりとしげる木々の間を息をひそめるように、歩き走った。昼間は子どもたちの遊び場である空間が、夜になると魔物の世界になるのを肌で感じた。

「夜、縁側から下げ足をしてはいけない」とか、「夜、口笛をふいてはいけない」とかいうのも夜のおそろしさゆえであり、魔物の世界であるからである。

このように少し前までの時代の人々は、魔物をおそれ、つつしみ、神を信じ、自然に対しても畏敬の念をもった。その代表的な妖怪が奄美のケンムンである。

すもう好きのケンムン

ケンムンの話は奄美群島の大島本島と徳之島に語られている。ケンムンは、ガジュマルやアコウの木などにすみついている。そして何のことわりもなしにその木を切れば、かならずケンムンのたたりがあるといわれている。

ケンムンがすみついているガジュマルの大木
（龍郷町久場）

またケンムンは、すもうが好きで人間によくいどんだりするという。そのひとつ「ケンムンにすもうで投げられた話」を紹介しよう。

口の悪い男の子がある日、母親につれられて山に木を拾いにいった。山に入ったらケンムンの話はけっしてしてはいけないと言われていた。ちょうどガジュマルの木がうっそうとしげっている場所にきたとき、その子は「ケンムン、でてこい。おれとすもうをとろう」と、大声でさけんだ。

その晩のこと、村の広場から「おーい、でてこい。でてこい」と声がした。あんまり呼ばれたのでその男の子はでていった。でていったとたん五、六匹のケンムンが交互にかかってきて、何度も何度も投げられて、いたいめにあった。夜明けになってやっとケンムンは引きあげていったが、その途中、男の子の家の砂糖小屋により、砂糖のしぼり汁の入っている鍋をひっくりかえしていった。

けんむんのがぶとり

また、昔話としては「けんむんのがぶとり」「けんむんとこうみにゃ（川貝）」などが有名である。昔話の中でケンムンは、山や川や海などに自由自在にあらわれる。ケンムンが昔話の主人公として活躍しはじめたとき、ケンムンは人間があそれおののくものから、人間の友人になったのである。「けんむんのがぶとり」を紹介しよう。

むかし、あたんちゅかな（昔、あったそうな）。あごに大きなガブ（瘤）をもっているイショシャ（漁師）がふたりいた。

ある日、ひとりのイショシャ（漁師）が魚つりにいって、たき火にあたっていた。すると、そこにケンムンがやってきて、「そのガブは何をするものか」と、たずねた。イショシャが「このガブがあると、魚でも何でもいっぱいとれるのだ」と、いったらケンムンは感心し、それをくれといった。ところがもうひとりのイショシャがこれを聞いてうらやましがり、自分も魚つりにいった。そして、火をたいていると、また、ケンムンがやってきた。すると、そのイショシャの顔をみるなり「やい、うそつきめ、何もとれないこんなガブはいらんから返す」といって、イショシャのあごにガブをつけていってしまった。それでそのイショシャは、とうとう山羊になったちゅかな（そうな）。

ほら、山羊はふたつガブをぶらさげとぅろがー。あれはイショシャからなったち、いうはなしどー。

全国の妖怪

ケンムンに近い妖怪として、沖永良部島・与論島のヒーヌムン、沖縄のキジムナーなどはよく知られている。キジムナーの話は、沖縄本島を中心に数多くある。たとえば、キジムナーのとってくれた魚で金持ちになった人が、わずらわしくなってそのすみかを伐採すると、急に貧乏になったという話などは、遠く東北の座敷わらしとも似たところがある。

これらは共通して子どものような小さい体で、顔や髪が赤く、全身毛でおおわれている。また、人をだましたり、魚をとるのが上手であるなどと、容姿や性格が似ている。本土の妖怪の中で、親類筋にあたるのは、やはりガラッパ、カッパ（河童）であろう。

ケンムンは奄美の人々の心のおくの想像力が生み出した一大妖怪である。

奄美の島には、ケンムンの姿をみた人はおおぜいいるが、いまだにケンムンの正体はつかめていない。

島の人々の心の中に、ケンムンがいつまでも生きつづけてほしいと願うのは私だけであろうか。

10 太陽神《テダクムガナシ》の子、カネノマタラベ

太陽が人間の女性に子どもを生ませるという話が、奄美の島々に伝わっている。それはオモイマツガネの神話として、奄美のユタ神の祭りの中で、最も重要な伝承でもある。ここでは昔話化した、太陽神（テダクムガナシ）の話を紹介しよう。

むかし、あたんちゅかな（あったそうな）。

奄美の島に、それはそれは世にも美しい女性がいた。名をオモイマツガネという。島の男たちはそのあまりにもかがやくような美しさにいいよる勇気もなかった。オモイマツガネは年ごろになったが、恋人の一人もいなかった。

ある日、オモイマツガネが照りつける太陽の下で畑を耕していると、急に空に閃光がはしり、オモイマツガネの体の中に入ってきた。そのショックのためにオモイマツガネは、その場にどっとたおれてしまった。

どれほどたっただろうか、オモイマツガネが目をさますと、自分の家に寝かされていた。どうしたのか、と親たちは聞くが、オモイマツガネは、「急に不思議な太陽の光にあたった」とだけいった。そして日がたつにつれ、オモイマツガネのお腹は少しずつ大きくなっていった。皆はだれの子かと心配するが、オモイマツガネ自身にもおぼえがなかった。

さて、人の子は十月十日《とつきとおか》で生まれるのに、オモイマツガネの腹の子は、十一カ月を過ぎても生まれず、十二カ月になってやっと男の子が生まれた。その子はカネノマタラベと名づけられ、すくすくと大きくなった。

「思い松金」の伝説が伝えられている新田権現
（伊仙町喜念）

七歳になったある日、村の子たちと遊んでいると、弓競争しよう、舟競争しようということになった。カネノマタラベはすべてにすぐれていたので、村の子たちにはなにをしても負けなかった。またある日、村の子たちがこんどは、父親競争をしようといった。カネノマタラベは母オモイマツガネから、父は生まれながらにしていないと聞いていたので、それには負けてしまった。村の子たちはカネノマタラベを、「てなしご、てなしご」と、はやしたてて笑った。

母親は、「おまえは、ほんとうはテダクムガナシ（太陽神）の子なんだよ」と、今までかくしていたことを打ちあけた。カネノマタラベはそれを聞いて、

「それなら、自分はぜひ天に上がって、父のテダクムガナシにあってこなければならない」と、天に上がっ

ていった。

それからカネノマタラベは、テダクムガナシのところへいったが、テダクムガナシはたいへんおこって、

「わしは、地上に子どもを生ませたおぼえはない。その子をつれていって鬼に食わせろ」と、命じた。

家来たちはカネノマタラベを鬼のところにつれていった。鬼は喜んでカネノマタラベを一口に食べようとしたが、カネノマタラベがあまりにまぶしくて、近よることができなかった。鬼はとうとうひざまずいて、手をあわせてカネノマタラベをおがんだ。家来たちはこのようすをみておどろき、さっそくこのことをテダクムガナシに報告した。それで、テダクムガナシもはじめて自分の子であることがわかった。そして、テダクムガナシはカネノマタラベにむかって、

「おまえたち親子に食べ物をあたえよう。しかし、今は地上におりて待っておれ」と、いった。

それから、カネノマタラベは地上に帰り、牛飼いをしていた。ある日のこと、カネノマタラベが牛をつれて野原で草を食べさせていると、天から御草子《おそうし》（占いの書物）がおりてきたが、いきなり牛がその御草子を食べてしまった。おどろいたカネノマタラベが、牛のお腹を思いきりけりつけると、牛は一度食べた御草子を吐きだした。

それから、奄美の人々は、牛が御草子を食べて吐きだしたお腹を、ソウシワタ（草子腹・牛の第一胃袋のこと）というようになった。

そして、テダクムガナシの命令で、カネノマタラベは御草子をあやつる易者の始まりとなり、母親はユタ（巫女）の始まりとなったそうな。

くぅんはなしやぅんぶんどー（このはなしはおしまい）

この話は太陽の光を感じて身ごもった子どもが、ノロ・ユタの祖先になったという神話であり、対語対句仕立ての長い神話が、奄美のユタ神によって今も伝承されている。

11　世之主がなし

むかし、あたぬくとぅ（あったそうな）。沖縄がまだ北山《ほくざん》、中山《ちゅうざん》、南山《なんざん》という三つの国々にわかれていた頃の話どぅや（だよ）。

沖永良部はその頃は北山王のもとにあったので、祝女《ヌル》も毎年、あいさつをするため沖縄にのぼってうたむでぃいぅさ（いたそうな）。

あぬとき（あるとき）、北山へのあいさつに、西目祝女《ヌル》はウキヌルというそれはそれは美しい十四歳の姪《めい》を連れて行じゃむでぃいぅさ（行ったんだって）。祝女は神の妻で結婚できないものだから、あとつぎは姪《めい》がすることになてぃうたむでぃどぅ（なっているんだよ）。
それで、西目祝女《ヌル》は自分のあとつぎとして、姪《めい》のウキヌルを紹介するために連れていったんだろね。だけど北山王がウキヌルに懸想《けそう》してね、三年もひきとぅみぃたむぅでぃいぅさ（ひきとめたんだって）。

うりからよ（そのあとね）、ウキヌルは永良部に戻ったんだがね、おなかには王様の子を宿していたんだって。がんしよ（そして）、お産を田皆《たみな》の新城《みーぐすく》でしようとしたができなくて、西目の中殿地《なかとのち》でもできなくて、やっとニューマ屋敷でしゃむでぃいぅさ（したんだって）。どうしてかというと、お産の日が祭りの日と重なっていたからだよ。祭りは白血の不浄を嫌うてぃよ（嫌うからね）。

産まれた子は男の子でね、すくすく育って、沖縄の北山王に会いに行じゃむでぃいぅさ（行ったんだって）。だけど、北山王はそのワラビ（子ども）が自分の子とはなかなか信じることができなくてね、水鏡《みずかがみ》の裁きをすることにしゃむでぃいぅさ（したんだって）。それはほんとうに王子であるかどうかをみる裁きだよ。王の川水の玉水の井戸の側に正妻の王子に冠をかぶらせてすわらせ、ワラビには無冠で井戸のまわりをまわらせたところが、井戸の水鏡には王子の冠をかぶったワラビが映ったそうな。その水鏡は本当の姿を映す鏡だから、王様もそのワラビが自分の子であると認めたむでぃいぅさ（認めたそうな）。

ワラビは十七歳になった時、また北山王のもとに行き、正式に沖永良部島の王、世之主に任じられたむでぃいぅさ（任ぜられたそうな）。

やー（ほら）、世之主は北山王の王子で、とってもすばらしい王様になったのに、その後、父親の北山王は中三王にほろぼされて、中三王が琉球王になったんだよね。うりはら（それから）琉球は永良部にも使節の船を出したんだよ。その時、世之主と四天王は、「使節が軍艦なら赤旗を、新善戦なら白旗を振るように」と打ち合わせをしておいて、四天王を使節団の着いた屋泊《やどまり》にむこらちゃむでぃどぅ（むかわせたそうな）。

四天王が行ってみると、その船は親善使節団の船で、大歓待を受けたんだがね、打ち合わせとは逆に、まちがって赤旗を振てぃしもたんどぅ（振ってしまったんだって）。世之主はね、その赤旗をみて、勝ちめのない戦いはいたずらに血を流すだけ、自分が降伏すれば島の人々の血も流れないだろうとね。妻や子ども、側近とともにイチノクビ山で自害しゃむぅでぃどぅ（したんだよ）。

な、うりししまいどー（もう、これでおしまいだよ）

♪　ぐらるまごはちぬ　つみゃげるぐすく
　えらぶみそのろぬ　あそびどころ

さて、この歌は、「後蘭係八《ぐらるまごはち》がお作りになった城は、永良部三十祝女《みそのろ》の、遊び所だ」という意味で、沖永良部島の王、世之主の居城をほめたたえ、その偉大さをうたいあげたものである。後蘭係八《ぐらるまごはち》は世之主の家来の中でも屋者真三郎、西目国内兵衛佐、国頭弥太郎とともに世之主四天王といわれ、人々の尊敬を集めた人である。築城家として有名で、この歌にうたわれた城は、現在の和泊町内城にあった。豪壮な城で、そこでおこなわれる神遊び（神事）には沖永良部中の祝女が参集してみごとであったと伝えている。当時は祭政一致《さいせいいっち》で男性の祭《まつ》り事を、女性が祭り事によって背後から守護し支えていたのである。

12 雁股の泉（かりまたのいずみ）

今から八百三十年ほど前の話である。

むかし、あたそーよ（あったたって）。

「保元《ほうげん》の乱《らん》（一一五六年）で平家に敗れた源為朝《みなもとのためとも》は、伊豆の大島に流され、身をかくして暮らしていたチ。

しかし、そうした生活の中にも、為朝は再起を期して、嘉応二年（一一七〇年）、手勢とともにひそかに琉球へとむかったチ。

ところが為朝一行の船は、途中嵐にまきこまれ、大海原をさまよい、さすがの武士たちも疲労の色が見えはじめてきたチ。

そんなある日のこと、洋上はるかかなたに島影がみえたチ。

「島が見えるぞー」、見張り役が大声で叫んだチ。目を凝らすと遠くの方に平たい島が浮いているように見えるチ。為朝は、さっそくあの浮き島に人が住んでいるかどうかを確かめるため、雁股の矢（二またにひらいた矢）をつがえて、船中より放ったチ。弓矢の名人為朝の放った矢は、勢いよく飛んでいったチ。

清水が湧き出ている雁股の泉（喜界町小野津）

しばらくして、為朝は、

「てごたえがあった。あの島には人が住んでいる。船を向けよ」といったチ。一行は、島に上陸したチ。あしし（そして）、さきに為朝の射かけた矢の行方を探ってみると、その雁股の矢は、人里近くの林の中に突き立っていたチ。為朝が近づいてその矢を抜くと、なんと清水がこんこんと湧き出てきたチ。それからこの湧き水を雁股の泉とよぶようになったチ。

その後、一行はふもとの村に入ったチ。しかし、村には人影はなかったチ。村人たちは鎧を着、弓矢を持った、今までに見たこともない人々に恐れをなし、山深く逃げて行ったチ。為朝の一段は村の家々を一軒残らず調べることにしたチ。あししば（すると）、村はずれの一軒から、

「カラカラ、バッタン、カラカラ、バッタン」と布を織る音がするチ。武士たちが、その音にひきつけられるように入っていくと、美しい娘が羽機を織っていたチ。

為朝が近づくとその娘は、まるで以前から知っていたように、

「あなたは源為朝様ではございませんか」とたずねたチ。為朝はこんな島で自分の名前を知っているとは、ふしぎな思いで、

「そなたは…」と聞いたチ。娘は、

「お待ちいたしておりました。実は昨夜の夢に、都の方から源為朝様という弓矢の名人がここへやってくる。わけあって八丈島に流され、琉球にお渡りになる途中である。ていねいにおもてなしをするように、という神様のおつげがあったのです」といったチ。為朝はこれを聞き、神様がお守りしてくださったのだと知って喜んだチ。あしし（そして）娘に、

「水を一杯所望《しょもう》したい」と言うと、娘はすぐにあたたかいお茶をさし出し、ていねいにもてなしたチ。その日から娘は為朝の世話にあけくれたチ。いつの日からか、為朝は娘に恋心

をいだくようになり、夫婦となって島で暮らすようになったチ。うりから（それから）三年の月日が過ぎたある日、為朝は西の方角にさらに大きな島影を発見してその島（大島本島）に渡ったチ。あしし（そして）加計呂麻島、徳之島、沖永良部島、与論島と次々に南下し、ついに目的の本琉球（沖縄）へとたどりつき、琉球王朝の始祖となったチ。

うりじおわり（これでおしまい）

さて、為朝の伝説は、奄美、沖縄の各地に伝承されているが、この話は喜界島の伝説である。為朝が矢を放って発見したという雁股の泉は今も小野津の集落で清水をたたえている。

13　カンツメ伝説

昔、奄美にはヤンチュと呼ばれる人々がいました。漢字で書くと家人（ヤンチュ）となるのでしょうが、富裕な家に所属する、いわゆる農奴です。そのヤンチュたちは金銭で売買されて、主家のためにこきつかわれたといいます。

ヤンチュにまつわる話はいろいろありますが、その中でもっとも島人の涙をさそって語りつがれてきたカンツメの話をしてみましょう。

ナマヌ（今の）名柄《ながら》の村に、カンツメというそれはそれは美しい女がいたそうな。だけどそのカンツメはヤンチュだったそうな。ヤンチュは主家のために一生働かなくてはならない運命だったが、若いカンツメはそんなことにぐちひとつこぼさず、朝早くから夜遅くまで、かげひなたなく働いたそうな。それで主人夫婦の信頼もあつかったそうな。だけど、その主人がカンツメの若さと美しさに心ひかれるようになったそうな。

そんなとき、名柄の村から山一つ越えた久慈《くじ》の村にたいへん三味線の上手なイワカナという青年がいたそうな。歌がなにより好きなカンツメは、いつしかイワカナと恋仲になり、人目を忍んで佐念の山小屋で歌遊びを楽しむようになったそうな。

やがて、二人の仲は周囲の家人たちにも知れわたるようになったそうな。ただでさえカンツメの美しさにやっかんでいた他のヤンチュたちは、りっぱな青年を恋人にもつカンツメに憎しみさえももつようになったそうな。そして、しっと心にかられたヤンチュたちは、主人に二人のことを告げ口したそうな。主人は、心ひかれているカンツメがイワカナと会っていることを知り、激しく怒ったそうな。

ある日のこと、明け方までイワカナと歌をうたい合って遊んでいたカンツメは、その帰り道に主人に見つかってしまったそうな。主人夫婦は、今までの思いが怒りへとかわり、なにかにつけてカンツメにつらくあたるようになったそうな。そして、ついに日ごろのいじめがこうじて、主人夫婦はカンツメの体に焼火ばしをあてたそうな。主人夫婦のあまりにむごい仕打ちにカンツメは気を失ったそうな。見ていたヤンチュたちはおそれおののいたそうな。
やがて、目を覚ましたカンツメは、変わりはてた自分の姿に生きる気力を失ったそうな。そして、やっとの思いでイワカナと楽しく過ごした思い出の佐念の山小屋にたどりついたそうな。そしてそこでカンツメは自ら命を絶ち、短い生涯を終えたそうな。

♪ 昨夜《ゆぶぃ》がでぃ遊だる
カツメあごぐゎ
明日《あちゃ》が夜《ゆる》なれば
後生《ごしょう》が道に
御袖振りゅり
カンツメあごぐゎが
明日死《あちゃし》のしゃん夜《ゆる》や
久慈《くじ》うれぃ口《ぐち》ぬ
佐念《さねん》ぬ山《やま》なんてぃ
（訳）夕べまで遊んだ
カンツメ姉さん
明日の夜になれば
後生（あの世）の道で
御袖を振っているよ
カンツメ姉さんが
明日死のうとした夜は
久慈の村の降り口の
佐念の山で

宇検村名柄と瀬戸内町久慈間の山頂に立つ
カンツメの碑

提灯《ちょうちん》うまちぬ　　提灯の火が
あかがりゅたんむんど　　ともっていたそうだ

これは「カツメ節」の一節である。

現在、佐念の山にはカンツメをあわれんでカンツメ節の碑が建立されている（写真）。そこにたたずむと、風の音とともにカンツメの哀愁に富んだ歌声がきこえてくるように感じる。奄美では今でも、夜が更けてからカンツメ節は歌わない。カンツメの死霊を呼び寄せるといって恐れるからである。

14　三次郎《さんじろう》神社と大屯《おおちょん》神社

古仁屋の港から船にゆられ、加計呂麻島へと向かう。大島海峡の静かな内海と、山の斜面の迫ったいくつかの小高い岩をながめていると、やがて美しい入り江の実久集落へとつく。ここがロシア文学者として偉大な足跡を残した昇曙夢《のぼりしょむ》を生んだ地である。

加計呂麻島には、数多くの伝説が語りつがれているが、そのひとつに実久三次郎《さねくさんじろう》の伝説がある。三次郎は、実久の神社に祭られ、今も島人に慕われている。

むかし、保元の乱（一一五六年）の戦いに敗れた鎮西八郎為朝の子で鎮西八郎源新三次郎という豪傑《ごうけつ》がいた。この人がいわゆる実久三次郎である。三次郎は幼いころから武勇にすぐれ、やがて青年になると瀬戸内海峡の対岸の西古見集落から実久集落までを一櫂で漕《こ》ぎ渡ったという。島人達はあまりの強力に驚き、それいらい大擢《うぶゆふ》ガナシといって敬った。

あるとき、実久三次郎と諸鈍大屯《しょどんおおちょん》とが大石を投げ合う力競べをしたところ、三次郎の投げた石には手形がついたという。今でも神社の境内にはその手形のついた石が並べられている。またあるとき、三次郎は宇検村の屋鈍《やどん》の岬から実久の岬をめがけて大石を投げた。すると、その石はみごと実久の浜に落ちた。その二百キロちかい石もまた神社の境内にあり、石の窪みは三次郎の足跡だといわれている。

さて、生間《いけんま》集落から琉球松の立ち並ぶゆるやかな坂道を登っていくと美しい長浜が見える。民謡の諸鈍長浜節や諸鈍シバヤで知られる諸鈍の集落である。ここには、源氏の追討をのがれるため南下した平資盛《たいらのすけもり》を祭った大屯神社がある。毎年旧暦九月九日に境内では国の重要無形文化財諸鈍芝居が奉納されることで有名である。そして、この集落にはナングモリバルとグリャバルの戦いの伝説がある。

むかし、琉球治政時代（一二六六〜一六〇九年）、諸鈍集落にナングモリバルとグリャバルという二つの族長がいた。ナングモリバルは集落の奥の難具母里《なんぐもり》を、グリャバルは海岸沿いの浜金久を中心に勢力をふるっていた。ある年、美人として名をはせていた諸鈍のノロが琉球王に伺候《しこう》した。そのとき、王の側近の按司が諸鈍ノロのあまりの美しさに心ひかれ、結婚を申し出た。諸鈍ノロはその申し出を断ったが、按司が無理にせまったため、しかたなく結婚に応じ、諸鈍集落の後のことをナングモリバルに任せた。ところがノロがいなくなって、ナングモリバルはこれ幸いと、島の人々に過酷な要求をし、苦しめた。そして私腹を肥やし、山のふもとに七倉あるりっぱな邸宅を構え、ぜいたくな暮らしをした。そのためこのナングモリバルの横暴にたまりかねていたグリャバルとの間に、弓矢が飛びかう日がつづくようになった。ところがナングモリバルの勢力があまりにも強くなっていたため、グリャバルの手に負えなくなった。困りはてたグリャバルが琉球王にひそかに使者を送ると、それを聞いた琉球王は怒り、名護親方に戦いを命じた。名護親方はさっそく兵を率いてナングモリバルを攻めた。そのためナングモリバルは敗北したが、二度も逃げのびて山奥に居城を構え、その後もやはりぜいたくな暮らしをしていた。名護親方は、「とてもこれ以上は攻めることはできない」と、琉球に引きあげ、その後の機会を待つことにした。やがてグリャバルは、再

資盛公を祭る大屯神社。
諸鈍シバヤが奉納される（瀬戸内町諸鈍）

び琉球王に援軍をたのみ、名護親方とひそかに示し合わせて、ナングモリバルの祭りの最中にいっきに攻めた。不意をつかれたナングモリバル一族は皆討ちとられたという。

♪ 諸鈍長浜《しょどんながはま》に　　（訳）諸鈍の長浜に
打《う》ちゃげ引《ひ》く波《なみ》や　　打ちあげ引く波は
諸鈍女童《しょどんみやらび》ぬ　　諸鈍の乙女たちの
み笑《わ》れ歯ぐき　　笑った歯並みのように美しい

と、歌われる「諸鈍長浜節」は、当時の琉球兵たちが諸鈍の乙女たちの美しさに魅せられて歌ったものだともいわれる。また、琉球古典舞踊の中にも「諸鈍《ショドン》」があり、同様の歌詞で歌われている。海をこえて歌われたこの歌からその深いつながりが思いおこされる。

15　笠利鶴松伝説（かさりつるまつでんせつ）

即興の掛け合い

「ウタ半学《うたはんがく》」、これは「ウタ」によって学問の半分は成就するという意味の奄美のことわざである。それほど奄美では「ウタ」におもきを置いていた。かつて奄美を訪れた人々は、奄美の人々が口をひらけば、すぐにそれが「ウタ」になると驚き、絶賛したが、それにはこのような文化的風土があったからである。

奄美の「ウタ」の基本は掛け合いである。掛け合いはもともと即興が基本であった。そしてそれが整序されて、現在の島歌や八月歌などにみられる一連の「ウタのナガレ（歌の流れ）」になっていったのである。このことは大分大学の田畑千秋先生がいつもおっしゃっていることで、まったくそのとおりだと思う。だから、鶴松《つるまつ》のような即興詩人が語り伝えられているのである。

砂糖地獄を生きる

「鶴松」、それ島人から今でも「笠利鶴松」と呼ばれ慕われている江戸時代後期に実在した女性。「笠利」は彼女が奄美の北の端笠利出身であったので、敬称として名に冠しているのである。江戸時代後期といえば、奄美は薩摩藩の治下にあり、藩財政の立て直しのための経済政策、いわゆる黒糖政策の標的になっていた。そのため、耕地のほとんどはサトウキビ畑になり、黒糖の量産を強いられていた。法外な租税のため、自分自身を身売りして、いわゆる「ヤンチュ（売り買い自由の私的農奴）」に身を落とす人も続出していた。薩摩藩の奄美政策がいかに非人道的だったかは、サトウキビを少し高いところで刈り穫っただけで懲罰（首かせの刑）に科せられたことでもわかる。シマウタに「ウギ（サトウキビ）の高切り、板はきゅり（首に板をはめられる）」とうたわれ、語り継がれているのは、かつての島人の生活そのものである。本来「島の宝」であるべき黒糖のため、逆に奄美がどんどん疲弊していったのは、あまりにも残念なことであった。島人はこのころのことを「砂糖地獄」と呼び、忘れないために多くの伝説やウタとして今に伝えている。いわば「恨みの時代」、そんな時代に鶴松は生まれ、成長していった。笠利の空と海のように、そこぬけに明るくたくましい彼女の伝説の一つを紹介しよう。

ウタで役人を払う

むかし、笠利町の大笠利（村名）に若く美しい働き者の鶴松という女性がいた。彼女は機知に富んでいて、歌がうまかった。

ある日のこと、鶴松がいつものように機を織っていると、そこへ、「薩摩の役人が笠利の村に黒糖の取り調べにやってくる」という知らせが入った。薩摩にとって黒糖は貴重な財源であり、島の人々は黒糖作りを強制されていた。すべての黒糖を藩に納めず、少しでも隠しもっている者は、首かせなどの過酷な制裁を受けた。でもやはり島の人々は、重い罰があるとわかっていても、自らの黒糖を少し隠し持っていた。

即興歌人笠利鶴松の碑（奄美市笠利町笠利）

さて、とつぜんやってきた役人に村の人々はおろおろするばかりであったが、鶴松はあるはかりごとを考えた。「だいじょうぶ　私にまかせて！」と、隠してある黒糖を急いで自分の家に運ばせると、何くわぬ顔で機を織りはじめた。

やがて役人は、村の人々の動きを察し、「鶴松がおかしい…」と、彼女の家に踏みこんだ。

ところが鶴松はもろ肌を脱いで、胸元をゆるわせながら機を織っている。それはそれは鶴松のなやましい姿に役人はつい心をうばわれ、彼女の胸元を後ろから握った。とそのとき鶴松が、

♪
玉乳《たまち》かちむぃれぃば
すだるより　まさり
うしろ　軽《かる》がるとぅ
いもれぃ　しょしら

（訳）乙女の玉乳をつかんだからには
肌を染めたにも　まさることです
思い残すことなく　気も軽がると
お帰りなさい　お役人様

と歌った。役人は、ハッと我にかえったがなすすべもなかった。役人はあまりの恥ずかしさに、歌もかえすことができず、すごすごと立ち去っていった。

以来、鶴松が機知と即興の歌で貧しい村の人々を救ったこの話が、人々の口から口へと語り伝えられている。

16 消えたケンムン

戦後まもなくのことです。奄美は日本から分離されてアメリカ軍政府下におかれていました。そのころは米など、多くのものが配給制でした。子どもたちの衣服もHBT（エイチビーティー）というアメリカの軍服のおさがりを縫い直してきていました。使うお金も日本円でもなく、またアメリカドルでもなく、いわゆるB（ビー）円と称する軍票でした。

島の人々は鹿児島に行くにも大阪に行くにも東京に行くにもパスポートが必要でした。当然島外にいる家族たちも、ふるさとにもどるのにパスポートを必要としていました。

島の多くの村々にはまだ電気も水道もなく人々は貧しい生活でしたが、おたがいに助け合い、支えあいながら明るく精いっぱい生きていました。

そういう生活の中での楽しみが、夕食のあとのランプの薄明かりの下のムンガタリ（昔話）でした。記憶に残る父母の会話に、父が、

「むかしやケンムンなししゅんマヨナムンだかまじん暮しゅたむん、ナマやなかなか見らんぐぅとぅなてぃや（むかしはケンムンのようなマヨナムン（妖怪）などがいっしょに暮らしていたが、今は見られないようになったね）」と言うと、母が、

「ケンムンやアメリカの爆撃し疎開にいじゃんきり（行ったきり）戻てぃこんがねしなんちどーち、隣のアンマ（婆様）が言ちゅたんどー」と、ケンムンがいなくなったのは隣の婆様に言わせると、アメリカの空襲のせいだと言うのです。戦争は私の生まれる前のことですが、幼な心にケンムンもこわがるアメリカの爆撃がいかに恐ろしく、激しいものであったか想像しました。

そのころ、父のひざの中で聞いた『ケンムンとやつでまる（蛸）』の話を紹介しましょう。

ケンムンとやつでまる

昔、浜辺の小さな小屋で、フッシュ（お爺さん）が毎日毎日、塩炊きをしていました。

ある日、フッシュはいつものように桶をかついで海から水をくんできて、大きな鍋に入れ、塩を炊いていました。そのようすをケンムンがアダンの陰から見ていました。

フッシュは、そのうち塩炊きの火にあったまって、きもちよさそうにいねむりをはじめました。それを見たケンムンは、じぶんも火にあったまっていねむりをはじめました。

宇検村の山中に潜んでいるケンムン像

しばらくして、フッシュが目をさますと、隣にケンムンがいるではありませんか。ケンムンに、「じゃまだどけどけ」と、塩炊き鍋から熱い湯をくんでかけました。ケンムンは、「あつい　あつい」と、言いながら逃げて行きました。しかし、しばらくしてまたやってきて、塩炊き鍋をゆすりはじめました。フッシュはまた、「じゃまだ　どけどけ」と言って、まきを投げました。

ケンムンは、「いたい　いたい」と、言いながら逃げて行きました。しばらくしてまたやってきて、海の水をくんでいるフッシュを、こんどは沖の方へ引きずり込もうとしました。フッシュは、「じゃまだ　どけどけ」と言って、なんどもその水をかけました。

ケンムンは、「キャッ　キャッ」と、言いながら逃げて行きました。こうしてケンムンは毎晩焚き火にあたりにやってきて、いつのまにかフッシュと仲良くなりました。

あるとき、ケンムンはフッシュに、「フッシュがいちばん恐ろしいのは何か」と、聞きました。フッシュは、「わしのいちばん恐ろしいものは　金じゃ」と、いいました。

そして、フッシュはケンムンに、「おまえがいちばん恐ろしいものは何か」と、聞きました。ケンムンは、「おれがいちばん恐ろしいものは　蛸だ」と、いいました。

つぎの日の夜、フッシュが塩を炊きながら横になっていると、いつものようにケンムンが火にあたりにやってきました。フッシュは（よし　からかってやろう）と、寝返りをうつふりをしながら足でケンムンをけとばしました。と、そのとたんケンムンは火の中に倒れ、あわてふためいて逃げていきました。つぎの日にケンムンはかたきうちをしようと、「フッシュいいものを持ってきたぞ」と、いいながら塩炊き小屋にお金をたくさん投げ込みました。フッシュはそれを見て、「恐ろしい　恐ろしい」と、言いながらそのお金を拾い家にもってかえりました。そしてケンムンのきらいな蛸を小屋のあちこちにかけました。

それを見てケンムンは、「恐ろしい　恐ろしい」と、逃げていき、二度と塩炊き小屋にこなくなったそうです。

平和の象徴として

五十年前、ちょうど奄美が米軍政府下から日本に復帰したころの奄美は人々と森や海が深くかかわっていました。こういうのどかで平和な時代には、ケンムンは盛んにいたずらを仕掛けてきたそうです。それから何世代にも及んで奄美の人々と共に暮らしていたケンムンさえも少なくなってきました。そのうち町や村はもっと明るくなり、森はさらに切り開かれ、ケンムンの姿は完全に見えなくなるかもしれません。ケンムンはきっと人間の愚かさにいちはやく気がついて、あいそをつかしていくことでしょう。

さて、アメリカとイラクの戦争を日本はまるで遠い世界の戦争と思っています。しかしつい数十年前は奄美も悲惨な空襲を経験しました。それを考える時、人間が人間を殺すという、戦争という行為そのものが悪であり、どんな論理をもっても正当化できないということはいうまでもありません。そして、動物も植物も生きとし生けるものすべてが同じです。ケンムンがいなくなったことを空襲のせいにした隣の婆様の言葉は、本質をついた示唆に富むものです。平和の象徴として私たちの心の中にいるケンムンをいつまでも広く深く感じていきたいものです。

17　沖永良部島の島建て神話
～島コーダ・国コーダ～

沖永良部島は、早くからえらぶゆりのブランドで、日本だけでなく、海外にもその名を知られた島。花の栽培は島の大きな産業で、百合だけでなく今では菊やフリージアなど、季節の花が咲きみだれています。そして、その花は球根としてだけではなく、切り花としても、海から、空から日本各地に運ばれ、それぞれの地で人々の心をなごませています。

さて、この夢の楽園のような島に「島建てシンゴ」という、島建ての神話が語り伝えられています。

島と人の起源

むかし、この島は島コーダ・国コーダの二人によってつくられたそうだ。ところがこの島のできはじめの時は、島の北の端を踏めば南があがり、南の端を踏めば北があがり、ゆらゆらと揺れていたそうだ。それで島コーダ・国コーダは困って、なにかいい知恵をいただこうと、神様に相談に行ったそうだ。

すると神様は、「それなら東の岸には黒石を置き、西の岸には白石を置きなさい」と、教えたそうだ。

島コーダ・国コーダがそのとおりにすると、島の地揺れはおさまり、島の形ができたそうだ。

さて、このようにして島は立派にできたが、どうしても人間を作ることができない。島コーダ・国コーダはまた、神様に相談に行ったそうだ。

すると神様は、「土で人の形をつくり、息を吹きかけなさい」と、教えたそうだ。島コーダ・国コーダがそのとおりにすると、人間ができたそうだ。さて、このようにして人間は立派にできたが、どうしても子どもをつくることができない。島コーダ・国コーダはまた、神様に相談に行ったそうだ。

すると神様は、「イヒリ(男)の家は風上《かざかみ》につくり、ウナリ(女)の家は風下《かざしも》につくりなさい」と教えたそうだ。島コーダ・国コーダがそのとおりにすると、風上にイヒリの息が風下のウナリの息にかかり、子どもができたそうだ。ところが子どもはできたが、食べるものがない。島コーダ・国コーダはまた、神様に相談に行ったそうだ。

すると神様は、「それならニラが島(龍宮)に行って、ムンダネ(物種)をもらってきなさい」と、教えたそうだ。島コーダ・国コーダはその教えのとおり、さっそくニラが島へ行って、ウフヌシ(大王)にお願いしたそうだ。

するとウフヌシは、「新祭り《あらまつ》(初穂祭《はつほまつり》)がまだ終わっていないからムンダネはやれない。新祭りが終わってからやろう」と言ったそうだ。ところが島コーダ・国コーダはムンダネをもらわずにこのまま島へかえることはできない。田んぼにあった稲の穂をこっそり盗みとって、ニラが島から逃げ帰ろうと走ったそうだ。しかし、その時、島コーダ・国コーダはニラが島のウフヌシにニシントーバル、アメノカタバルというところまで来たとき追いつかれ、その場で打ち倒されて、目こぼれ鼻こぼれになって死んでしまったそうだ。

稲と子孫の繁栄

　ところで神様は、島コーダ・国コーダがなかなか島に帰ってこないので心配になり、使いをニラが島にやったそうだ。ところが島コーダ・国コーダは目こぼれ鼻こぼれになってニシントーバル、アメノカタバルで死んでいたので、使いの者がいそいで薬を飲ませたそうだ。そのおかげで、島コーダ・国コーダは生きかえって、島に帰ることができたそうだ。島に帰ってきた島コーダ・国コーダからニラが島でのできごとをすっかり聞いた神様は、

「島コーダ・国コーダ、その稲はニラが島のもとの所へ返して、あらためてもらい受けてきなさい」と、言ったそうだ。島コーダ・国コーダは神様の言いつけどおり、またニラが島へ行って、盗みとってきた稲の穂をもとの稲に継《つ》いできたそうだ。このようにしてニラが島では稲の初穂祭りも無事すませることができたので、そのあと稲穂（ムンダネ・物穂）をもらうことができたそうだ。

　それから沖永良部の島は、稲が豊かに実り、子孫も増え、あとあとの世まで栄えるようになったそうだ。

　ほら、その稲が、この島に古くからあるアサナツヌヨネゴンダネ（アサナツの米の種）だそうだ。

うりししまいどー（これでおしまい）

今でも沖永良部島の東海岸の石は黒く、西海岸の石は白いといわれるのは、この島コーダ・国コーダの島建ての神話から出た言い伝えです。この神話は田畑英勝先生から聞いた伝説です。島の成り立ち、人間の発生、作物の起源が語られていて、島の祖先の思いが伝わってきます。

18　奄美姑神話（あまみこしんわ）

奄美の空の玄関口笠利町（現奄美市）は、奄美大島本島の中では、平野に恵まれた地域。サトウキビ畑がゆるやかに広がり、眼下に白砂の海岸と白波のくだけるサンゴ礁が開け、底ぬけに明るく美しいシマ。また、八月踊りや民謡の盛んな町としても知られる。その笠利町の中にあって、節田集落は、歌のかけ合いの遊びが今も行われているところ。そして、節田集落に奄美開びゃくの祖神を祭った奄美姑《あまみこ》神社があり、天地創造の物語りが伝えられている。

奄美大島のはじまり

昔、大昔、まだ奄美の島が海の上を流れただよい、固まっていなかった時のお話。

このくらげのように浮き沈み、流れている島を天上の神がごらんになって、アマミコ（女神）とシニレコ（男神）に、

「あのただよっている島々をおまえたちの力で、住みやすい島につくり変えよ」と、命じた。

アマミコ、シニレコの神は、さずけられた矛《ほこ》を手にすると、ただよっている島々をゆっくりとかきまぜた。

すると、その島々がみるみるうちに固まり出し、やがて一つの島になった。そこで、アマミコとシニレコの神は、その島の一番高い山（アマンデー）へ降り立った。しかし、島はまだ少し揺れ動いていた。天上の神は、アマミコとシニレコの神に、土や石を与えた。

アマミコとシニレコの神は、土や石を運び入れ、島固めにいそしんだ。おかげで島はみるみるうちに立派な地面となった。しかし、島にはまだ人間は住むことはできなかった。天上の神はまた、アマミコとシニレコに、

「草や木を植え、美しい島にするがよい」と、おっしゃった。

アマミコとシニレコの神は言われたとおりに、草や木を植えた。すると、木々は繁り、海の波を防ぎ、花は咲き乱れ、鳥はさえずり、美しい豊かな島になった。

これが奄美大島のはじまりである。やがてアマミコとシニレコの神は結婚し、すこやかな子らをさずかった。長男は国主の始祖となり、次男は按司の始祖となり、三男は百姓の始祖となり、長女は国君（最高神女）の始祖となり、次女は祝女（村々の神女）の始祖となり、それから人間のいとなみがはじまった。しかし、人々は木の実をとって生活していて、まだ

火を使うことを知らなかった。アマミコは天へ昇って、五穀の種子をいただいてきた。そして人々に、五穀の栽培方法や機織りや耕作を教えた。それで人々ははじめて、収穫したものを供えて天地の神々を祭った。アラセチ（新節）行事のはじまりである。

神が降り立つ地

アマミコ神が降り立ったアマンデー（奄美岳）は、節田集落が見下ろせる丘の上にある。そして、さらに奥の方には平アマンデーがあり、「阿摩弥姑天神最初天降地」と記された直径七十センチくらいの石碑がある。そしてそこからは、大島本島が一望できる。

現在アマンデー（節田アマンデー）に祭られている石碑は、平アマンデーに建てる予定であったが、あまりに山が深く遠いので、途中のこの地に建てたのだといわれている。

さて、アマミコ神降臨の地といわれるアマンデー（奄美岳）は、奄美大島に二カ所あるといわれる。一つはこの笠利町節田集落のアマンデー（奄美岳）、もう一つは宇検村のアマンデー（湯湾嶽《ゆわんだけ》）である。どちらが発祥であるかと

奄美開びゃくの祖を祭った奄美姑神社
（奄美市笠利町節田）

論議されているが、田畑千秋先生がいわれるようにアマンデーはいくつあってもいっこうにかまわない。それぞれの地がそれぞれに大切に伝承をはぐくんでいるのである。本家あらそいなどということは、伝説においてはなじまない。

この壮大な物語に心を澄ませると、奄美の島をつくりたもうた神々の声が聞こえてくるようである。

19　奄美の民話・世界の民話

島々で語り伝えられてきた民話は日本のみならず、世界の民話とも類似しているものがあるという。島々は海で隔てられてはいても、人々の交流や空想の世界でも共通するものがあったのかもしれない。実例を挙げながら、奄美と世界の民話を紹介しましょう。

1　奄美の民話

奄美の島々には、さまざまな民話（神話、伝説、昔話、世間話）、民謡、わらべうた、ことわざ、なぞなぞなどが伝わっています。神話は天地の創造、生命の起源など神々の活躍する話です。伝説は家や石などの事物に結びついた話です。村の起源、年中行事、風俗習慣、信仰などとも結びつき本当にあったこととして語られます。昔話は「昔、あるところに」などの言葉で始まり、世間話は日常の生活の体験談（ケンムン話）などです。

今、奄美に語り継がれてきた民話の伝承がとぎれようとしています。かつて奄美は、他の地域にさきがけて民話の発掘がなされました。戦前は、岩倉市郎氏、戦後は田畑英勝氏などによって採集がすすめられました。また、日本民俗学を側面からささえた『旅と伝説』の主幹萩原正徳氏は奄美（笠利町・現奄美市）の出身です。

2　いろいろな民話

民話の語り始め、語り納めは人により島によっても違いがあります。「むかし、あたんちゅかな」で始まり、「くぅんはなしや、うんぶんどう」で終わるのが北大島の特徴です。方言の意味はわからなくても、ここには音楽的なリズムやテンポを感じることができます。

奄美の民話は、何百年もの間人々の心をつないで伝えられてきました。いくつか紹介しましょう。

①天人女房（天降り女）

「昔、天女が川で水浴びをしているところに男が通りかかり、飛衣《とびぎぬ》を高倉の籾俵《もみだわら》の中にかくしてしまいました。天に帰れなくなった天女は仕方なしに男の妻になります。

ある日、天女は子どもの子守歌を聞いて、籾俵の中に隠してある飛衣を見つけました。天女は、それを着て三人の子どもを連れて天へ帰ります。男はあとを追い、金竹《きんちく》を植えて天に昇っていきました。しかし、天女の親は男が気にいりません。そして、男に仕事を言いつけますが妻の天女はつぎつぎに知恵を出し、夫に教えてそれを解決します。ところが最後の最後には親（舅）の言うとおりにシブリ（冬瓜）を縦に切ったため、そこから大水が出て男は流されてしまいました。天女は流されていく男に『月に一度会いましょう』と叫んだのに、『年に一度会いましょう』と聞き違えたため、年に一度、七夕の夜にだけ会うようになりました」。

この話は、七夕の起源譚としてアジア全域で語られている羽衣伝説です。この水浴中の天女の衣を奪って、その天女を妻にするというモチーフは古く、インド起源とも考えられているようです。

喜界島では天女を祭っている天降《てんこう》神社があり、旧暦の七夕の日がくると、羽衣の虫干しをしていたそうです。奄美大島の各地に、今も天女が水を浴びるという神秘的な小川がありま す。この民話は歌との関係も深く興味をそそられます。

徳之島では天人女房譚を天降り口説（あもろくどき）と言い、口説として歌いながら語り、喜界島では子守歌として歌われています。『奄美大島昔話集』（田畑英勝著）にはこのような子守歌が載っています。

♪
六つ股倉ぐゎや　突《ち》きあけぇてぃ
母が飛衣《とびぎぬ》や　取《とう》てぃくれぃろ
母が飛衣や　取てぃくれぃろ
ヨイ　ホーラ　ヨイ　ホーラ
泣くな　娘ぐゎじょ

（訳）六つばしらを　突きあげて
母さんの飛衣を　とってあげよう
母さんの飛衣を　とってあげよう
ヨイ　ホーラ　ヨイ　ホーラ
なくなよ　よい娘だ（以下省略）

②竜宮の嫁

「昔、貧乏な花売りの若者が売れない花を海に投げ入れ竜宮の神様にあげます。すると、亀があらわれて若者を竜宮に連れて行きます。宴応され、竜宮の娘をもらって妻にします。それ以来若者の家は富み、やがて殿様がその噂を聞きました。ある日、殿様がその女を妻にしたいので若者に三つの難題を課しますが、かしこい妻がそれらの難題を解決します。殿様はその難題の一つのために殺され、二人は幸せに暮らします」。

竜宮伝説は中国や韓国からの影響があり、奄美各地に伝承されている神話的要素をもった話です。竜宮というふしぎな国を夢見たのは、遠く万葉の頃、いやもっと昔のことだろうと思います。奄美の人々は海のかなたに神のまします幸せの国があると信じていました。ネリヤカナヤです。そこはまた、死者の魂の行く国であり、人々に富をもたらす国でもありました。このネリヤカナヤを竜宮と呼ぶ人々もいますが、これはネリヤカナヤ思想が中国、日本の竜宮思想と似ているからでしょう。この話は、喜界島を舞台にした海の果て、海の底の楽土の話です。

島の人たちは今でもネリヤカナヤ（竜宮）をこよなく思慕しています。長い歴史の中で語り継ぎ、海の彼方からの幸福のおとずれを願っていたのでしょう。数ある昔話の中でも、心のやさしさが伝わってくる話です。

③天の庭

「昔、キーチャ殿という若者が馬を跳ばして天に昇り、那覇の王様の娘を連れ帰り妻にします。その娘の兄が妹を奪い返しにきましたが殺されます。ところが戦いで首をとられたのが兄だとわかり、妻は井戸に身を投げます。キーチャ殿は死んだ妻の魂をとりもどしに天の国に昇り、天の庭で妻に会います。キーチャ殿は、星に出合って教えてもらいながら言われた課題に勇敢に挑戦します。そして妻を連れもどすことを許されます」。

この話は、沖永良部島の話で、岩倉市郎氏が一九四〇年に記録し、『おきえらぶ昔話』に収められています。人が死ぬと天に昇るという信仰を背景にもっているのでしょう。

主人公が、死んだ妻の魂を取り戻しに天の国まで出かける話ですが、死んだ妻をグショウ（死後の世界）へ行って連れもどしてくるというモチーフは「古事記」でイザナギノミコトがイザナミノミコトを迎えに黄泉の国まで迎えに行くというモチーフと重なります。

④旅人馬

「昔、宿に泊まった兄弟の弟が夜中に目を覚まし、宿の夫婦が『餅を食べさせるとすぐに馬になる』と言って、餅を作っているところを見て逃げ出します。ぐっすり寝ていた兄は翌朝餅を食べて馬になり、弟は、フツィダグ（よもぎ餅）を食べさせると馬が元の人間に戻るという方法を物識りから教えられ、兄を助けます」。

この話は沖永良部島と喜界島の話で、『今昔物語集』にも同系の物語があり、インドにも類話があります。また、薬草による変身解除モチーフがある点で本源は中国ともいわれています。

⑤猿の生き肝（さるのいきぎも）

「昔、竜宮の姫がおもい病気になり、猿の生き肝がきくというので、亀が猿をだまして竜宮につれていきます。ところが、門番のタコとヒラメが猿に生き肝をとるのだと告げます。猿は知恵をはたらかせ難をのがれます」。

結末は亀が猿にがけからつきおとされ甲羅にひびが入り、告げ口をしたタコが罰せられ骨なしに、ヒラメが二枚に裂かれて平たくなったなどと語られます。

この話の源流がインドであることはよく知られており、約二千年前のインドの古書『パンチャタントラ』に収められています。インド、中国から仏教の伝来と共に日本に伝わり、海のかなた（ネリヤ）に異郷があると信じられている奄美で広く語られるようになりました。

⑥川貝の尻きら（ケンムンとコーミニャ）

「昔、ケンムンに足の遅いことを笑われたコーミニャ（川貝）がうぬぼれの強いケンムンとかけくらべをします。コーミニャは仲間と協力してケンムンを負かします。負けたケンムンは怒ってコーミニャの頭をかじります」。

奄美の川のコーミニャの頭がかけているのは、ケンムンにかじられたあとだと、コーミニャの変形の由来譚として語りおさめます。

ケンムンとは奄美の代表的な妖怪です。ケンムンはもろもろの要素（火・水・木・臭い・音の怪）をもっていて、奄美の人々の心のおくの想像力が生み出した一大妖怪です。徳之島と大島本島で語られています。ケンムンに近い妖怪として、沖永良部島や与論島のヒーヌムン、沖縄のキジムナーなどはよく知られています。奄美では今なおケンムンの存在を思わせる話が聞けます。民話の中でケンムンは山や川や海などを自由自在に飛びまわります。ケンムンが民話の主人公として活躍しはじめたとき、ケンムンは人間が恐れおののくものから、人間の友人になったのです。ケンムンとコーミニャが争うこの話は、イソップ童話の「うさぎとかめ」の奄美バージョンともいえます。

3　奄美の民話の国際性

以上、ご紹介したように奄美には世界に共通する民話がたくさんあります。民話は、それぞれの民族の個性や特徴を主張し、お国柄を顕在化していますが、広く世界をみわたすと、共通する話がたくさんあるのです。民話に国境はないのです。それが、いつ、どのようにして広がっていったのかはわかりません。奄美の千を超える話の豊かさは、奄美の人々が育てた話ですが、外から伝播してきた話もあります。

それは、奄美と韓国・中国・東南アジア・ヨーロッパと共通する民話がたくさんあることからもわかります。たとえば、沖永良部島の「天の庭」は中国・インドネシア・オセアニアの国々・ギリシャと共通し、奄美諸島の「天人女房」はインドネシア・韓国・中国・ヨーロッパの国々と共通しています。また、大島本島の「猿と蟹」はベトナム・タイ・マレーシアと共通し、大島本島の「猿の生肝」はインド・タイ・中国・韓国と共通しています。さらに、大島本島、徳之島の「川貝の尻きら」はギリシャの「イソップ童話」（うさぎとかめ）、ラオスの（かたつむりとさる）、カンボジアの（ウサギとタニシ）と共通し、大島本島の「ケンムンの瘤取り」はヨーロッパの国々・中国・韓国と共通しているのです。

これらの話は自然に島の風土に合うように語られ、一見この土地にだけ伝承されているようにも見えますが、広い視野から話柄を見ると共通しているのです。

たとえば韓国にはトッケビというおばけがいます。火の玉になって山野をかけめぐったり、相撲が好きで人間によく挑んだり、いたずらをしたり、危害を加えたりします。また、その半面、人間の手助けをしてくれたりします。それは奄美の妖怪、ケンムンと共通しています。こうした民話をとおしてよその国の心にふれることは、とても大切なことです。

4　グリム童話のふるさとを訪ねて

二〇〇〇年八月、〝昔話大学〟(小澤俊夫先生主催)の仲間とドイツのメルヘン街道を歩き、グリム童話の背景や歴史、そして、語り継いできた人々の心を学んできました。小澤先生もおっしゃっていましたが、この旅をとおしてグリム童話の世界が多くの人々によって守られ、伝えられているのを強く感じました。グリム童話のふしぎな魅力が、何百年もの間人々の心をつないできたのでしょう。

ハーメルン(ドイツの都市)では『ハーメルンの笛吹き男』で有名な「ネズミとり男」の野外劇が毎週日曜日に上演されています。子どもから大人まで、見る人、演じる人がいっしょになって楽しみ、自分たちの文化を次の世代にしっかりと伝えています。また、昔のパン焼き小屋が今も使われていて、魔女がグレーテルにパン焼き釜の中に押し入れられる場面が連想されました。ヨーロッパの人々は日常の暮らしの中で古いものを大切にし、今につないで

昔話研究の大先達　岩倉市郎の顕彰碑
（喜界町阿伝）

いるのです。昔、馬小屋だったというマリオネット劇場では、グリム童話を中心とした劇が毎日上演されていいます。子どもたちは民話と日常的にふれていました。ドイツではメルヘンの中に大人も子どももさまざまな想像力を羽ばたかせています。旅をとおして、あらためて奄美の民話を日常生活の中で語り継ぐ大切さを感じました。

奄美の民話にはグリム童話と共通する話も多くあります。奄美の民話は孤立しているのではありません。世界の国々とつながっています。長い年月の間には海を越え、山を越え、谷を越え、野を越え、世界中を旅して、奄美にそしてヨーロッパに語り継がれているのでしょう。

5　民話を語り継ぐ

奄美の民話は奄美の人々の心のふるさとです。民話には、人が育つというのはどういうことか、育つプロセスはどうあるべきかなど、深い意味が隠されています。人々は民話の世界に豊かな想像力をふくらませたのでしょう。自然とのきびしい生活の中から生まれた多くの願いや喜び、怒りや悲しみが長い年月をかけ語り継がれているうちに、奄美の特徴のある話に変化し、はぐくまれてきたのです。

今、民話の伝承がとぎれようとしていますが、ケンムン話などはまだ生活の中で生きています。民話は祖先からの贈りものです。親から子へ子から孫へと語り継いでいきましょう。

6　奄美の行事と昔話

民話はその土地の風土、歴史、文化を背景として語られているので、年中行事などとの関連も深いものがあります。

正月（ウラジロとユズル）

「ある男が、飯を食わぬ女房を求めると女がきて夫婦になる。男は、米が減るので出かけるふりをして見ていると、女房は頭上の口ににぎり飯をほうりこんでいる。正体を見られた女房は鬼になって男をうすにのせ山にかついでいく。途中、男はユズル木の枝につかまって外へ出、裏白の茂みに隠れ助かる」。

正月の門松やしめ飾りの由来譚で、裏白とユズルのおかげで命が助かったという話です。

三月節句（蛇婿入り）

「毎夜、見知らぬ男が娘のもとを訪れる。不審をいだいた母親の教えで、ある夜、娘は糸を通した針を男の着物にさす。翌朝、糸をたどっていくと、石垣の穴の中でマッタブ（アカマタ）の親子が、『娘に子を宿したが、三月三日にビラガヤナキを食べると子種がおりてしまう』と話している。それを立ち聞きした母親は、さっそく娘にビラガヤナキを食べさせると、ソーケ（ざる）いっぱいにマッタブの子をおろすことができた」。

それで、女は三月三日には浜下り（浜におりてミソギをすること）をするようになった。また、「旅人馬」では馬にされた人にフティダグ（ヨモギ餅）を食べさせて人間に戻した話で、三月三日にヨモギ餅を食べるようになったという。

五月節句（食わず女房）

「正体のばれた女房（やまんば）は男を桶に押しこめて山に連れ去る。途中で男は運良く脱出し、菖蒲と蓬の茂みにかくれる。逃げられたと気づいた女は、やまんばとなって追いかけるが、菖蒲と蓬には近づくことができず、退散する」。

この日がちょうど五月五日だったので、それ以来がっきょ（らっきょう）のしそ漬けを作り、菖蒲と蓬を家の軒にさすようになったという話です。

天人女房（七夕）

「天女を妻にした夫は羽衣を隠していたが、子守歌でそのありかを知った天女は、子どもを連れて天にいってしまう。天まで追いかけてきた夫は、義父の難問を妻の助言でくぐりぬけるが、最後に義父の言うとおりにシブリを縦に切ったために水があふれ出し、流されてしまう。妻が「月に一度会いましょう」というのを、年に一度と聞き間違えたことから、七夕の夜にだけ会うようになったという話です。

二十三夜のお月待ち

「昔、船が浅瀬に乗り上げた。船人たちは二十三夜のお月様が昇るまで両手をすって一所懸命拝んでいたら、二十三夜のお月様が昇り、それと同時に島影が見えたので、その島にたどり着き、ようやく命が助かった」。

それで、二十三夜のお月待ちはどこででもしなければいけないという。二十三夜のお月待ち祭りは旅の神様の祭りともいわれています。

五、子どもたちと楽しむ奄美の民話（再話）と方言訳

1　子どもたちと楽しむ奄美の民話

子どもたちに語りの楽しさを

お話しがきらいな子どもは、ひとりもいません。また、民話とか、昔話といえば、ひとつやふたつは、ほとんどの子どもが知っています。

ところが最近子どもたちが民話にふれる場は絵本やテレビ、スマホ、タブレットあるいは身近な大人たちによる本の読み聞かせなどが、たいへん多いように思えます。でも、民話のほんとうの楽しさやおもしろさは、語ることにあるようです。

子どもたちは川畑豊忠さんから「けんむんとこうみにゃ」という話を聞きました。「うさぎとかめ」の話の類話で、子どもたちがよく知っている話です。子どもたちはいっぺんに好きな話になってしまったのです。というのは川畑豊忠さんの話の擬態語や擬声語など奄美の方言をおりまぜながら、身ぶり手ぶりで語られるのを聞いて、おもしろかったのでしょう。

語りは一つ一つの話の中に語り手の思いがこめられ、独特のリズムがあります。聞き手の思いや、その場のふんい気などがからみあい、絵本などとはまったく別の世界をつくりあげているのです。それこそ、子どもたちは山裾の民家で草花の匂いをかぎながら、川原でせせ

らぎの音、野原で風のそよぎを感じながら聞きました。これらもお話しの効果の役割を果たしています。語りというものは、その場のすべてのものをとりこんでしまう力があります。ですから、いつでも、どこでも子どもたちといっしょに楽しんでほしいです。

民話の語り聞かせ

「むかし、あたんちゅかな（むかし、あったそうな）」と語りかけると、子どもたちの顔が輝きます。私は、語りについてなんの勉強もしていないまったくの素人でした。しかし、子どもたちがいい聞き手になって助けてくれました。また、県内外のおはなし交流会でいい語り手に出会い、さらに楽しさが増してきました。

民話を語っているうちに、子どもたちはうなづいたり、笑ったり、いっしょに声をかけたりしています。この時語りの楽しさはいい聞き手に育てられることを知りました。

シマ口（方言）は、集落ごとにニュアンスが違うので、本書の一字一句、まちがえずに覚える必要はありません。おおまかな〝あらすじ〟を覚えたら子どもたちに語ってほしいのです。語る人がもっている言葉やリズム、イントネーションがいちばん自然です。何回も何回もくりかえし語っているうちに、きっと自分の語り方を発見すると思います。

保育園、幼稚園や小学校の先生方、お母さん方が自分のことばで子どもに語ってあげてほしいと思います。できれば、地域に伝わる民話も取りあげ、子どもたちに伝える機会がふえていくことを願っています。

子どもたちと楽しんでいる『あまみ民話絵本』シリーズを紹介してみましょう。

1　マガンとさる

あまみおおしまの　やまの　ふもとの　おがわに、マガンという　おおきな　かにが　すんで　いました。

あまみおおしまは　あきが　ふかまると、やまの　ふもとが　いちめん　きいろい　つわぶきの　はなで　おおわれます。その　ちかくに、しほうはっぽうに　えだを　のばした、おおきな　ガジュマルの　きがありました。

あるひ、マガンが　かわで　あそんで　いると、こめつぶを　ひとつぶ　みつけました。それを　ひろうと、また　ひとつぶ　みつけました。それを　ひろうと、また　ひとつぶ。

ふと　みると、うつくしい　むすめが　もちごめを　あらって　いました。

「おねえさん　おねえさん、その　こめ　ひとつかみ　ください」

むすめは、すぐに　こめを　ひとつかみ　やりました。すると　また

「ひとつかみ　ください」

むすめは、また　こめを　ひとつかみ　やりました。すると　また
「ひとつかみ　ください」むすめが、

「そんなに　やれないよ」と　いうと、

「くれなければ　おしりに　かみつくぞ」と、　おおきな　はさみを　ショキショキ　させました。むすめは　こわくなって、とうとう　マガンの　いうとおり、こめを　みんな　やって　しまいました。

その　ようすを、さるが　ガジュマルの　うえで　ずーっと　みていました。マガンは　もらった　こめを　うれしそうに　かかえて　あるいて　います。さるは　こめが　ほしくて　ほしくて　たまりません。

「マガン　マガン、どうして　そんなに　うれしいの」と　さるが　きくと、マガンは、

「こめを　こんなに　たくさん　もらって　きたのだよ」と　いって、さるに　みせました。

さるは、

「おい　マガン、ぼくが　おいしい　もちを　ついて　あげよう、ぼくが　うすを　つくるから、おまえは　きねを　つくって　こい」と、マガンに　いいました。

それで　マガンは　やまに　いき、エイサ　エイサ　きねを　つくって、かついで　きました。すると　さるが　いいました。

「まがった　きねでは　つけないから、もっと　まっすぐ　したのを　つくって　こい」

また、マガンは　とおい　やまに　いき、ヨイヤサ　ヨイヤサ　きねを　かついで　きました。すると　さるが、いいました。

「かるい　きねでは　つけないから、もっと　おもい　きねを　つくって　こい」

マガンは　もっと　とおい　やまに　いき、エイヤラサ　エイヤラサ　きねを　かついで、ガジュマルの　したに　かえって　きました。みると、なんと　さるは、もちを　ついて　おおきな　ふくろに　いれ、ガジュマルの　えだに　つるして、コンニャ　コンニャ　おいしそうに　たべて　います。

「おーい　さるさん、その　もち　こっちにも　おくれ」マガンは　かおを　まっかにして　さけびました。

「ほしいか、ほしかったら　はやく　きに　のぼって　こい」　さるは　いっこも　やりません。

ガシャガシャ　ズリズリ、ガシャガシャ　ズリズリ、はいあがろうと　しても、はいあがろうと　しても、ずりおちて　しまいます。マガンは　あわを　ふきふき　いいました。

「おーい　さるさん、えだを　ゆすって　くれ、ゆすって　たべると　おいしいよ」

それを　きいた　さるは、ヨイショ　ヨイショ　えだを　ゆすり　はじめました。

「もっと　ゆすれ、もっと　ゆすったら、もっと　おいしいよ」ヨイショ　ヨイショ　さるが　えだを　ゆすりながら　たべていると、
バキッ、えだが　おれて、ドシャッ、もちぶくろが　おちて　きました。

マガンは　ひょいと　その　もちぶくろを　かつぐと、ヒヤコラサッサ　ヒヤコラサッサ　ガジュマルの　ねっこの　あなに　はいって　いきました。

「しまった」さるは　あわてて　ガジュマルから　おりると
「おーい　こら、もちを　かえせ、もちを　かえせ」おおごえで　さけびました。

マガンが　いいました。

「ほしいか、ほしかったら　あなの　なかへ　はいって　こい」

「よし　よし、はいって　やろう」さるは　あたまから　あなの　なかに　はいろうと　しました。すると　マガンが、はなの　さきを　おおきな　はさみで、おもいきり　はさみました。

「たたた、いてて、たたた、いてて」

こんどは　おしりから　はいろうと　しました。すると　ちいさな　はさみで　しっぽを　はさみ、おおきな　はさみで、おしりの　けを　むしりました。

さるは　とびあがりました。その　とき、ブブブブブブ　と、おなら。マガンは

もう　びっくりして、チャキチャキと　はさみを　うごかしました。

この　とき　きられた　さるの　しっぽの　けが、マガンの　あしに　ひっつきました。

これが　マガンの　あしの　けの　はじまりです。

そして、さるの　おしりが　あかく　なっているのは、マガンに　おしりの　けを　むしり　とられたからです。

いまでも　あまみおおしまでは、つわぶきの　はなが　さくころ、マガンが　かわを　くだって　いきます。

「マガンとさる」の紙芝居とその作者たち

奄美大島は、秋が深まると山のふもとがツワブキの花でおおわれます。そのころマガン（もくず蟹）が川をくだっていきます。

そのマガンの昔話を子どもたちに話し、紙芝居にしてみました。紙芝居ができあがるまで子どもたちは川あそび、さる見学といろいろな体験をしました。

こうした体験からイメージをふくらませ、絵を描き、意欲的にちぎり絵紙芝居をつくりはじめました。子どもたちは野や、山や、川や、海など、自然の中であそぶことによって、物事をじっくり観察し表現する力を身につけたようです。そして、卒園記念として、この紙芝居を残すこともできました。私は、このとりくみをとおして、まず実践すること、継続することの大切さを教わりました。これが子どもたちにとって思い出になればうれしく思います。

2　カラスとコーロ

あまみおおしまでは　なつに　なると　やまの　おくふかくから　コーロという　とりがコロロロロー　コロロロロローと　よにも　ふしぎな　こえで　なき　はじめます。

その　コーロに　こんな　はなしが　あります。

むかし　カラスは　それはそれは　めの　さめるような　うつくしい　あかい　きものをきて　いました。

あるひ、カラスが　かわで　みずあびを　している　ところに　コーロが　やって　きました。

コーロは　きたない　まっくろい　きものを　きて　いました。

コーロも　その　きものを　ぬいで　カラスと　いっしょに　みずあびを　しました。

「カラスとコーロ」の紙芝居とその作者たち

カラスと　コーロは　みずを　かけあったりして　たのしく　あそびました。
しばらくして　コーロは　さきに　かわから　あがり、カラスの　ぬいだ　あかい　きものを　みて　ほしく　なりました。それで　コーロは　じぶんの　まっくろい　きものと　とりかえて　とびさりました。

カラスが　かわから　あがってみると、あかい　じまんの　きものは　なく、きたない　まっくろい　きものが　おいて　ありました。

カラスは　しかたなく　その　きたない　まっくろい　きものを　きました。

それからです、コーロが　あかく、カラスが　くろい　とりに　なったのは。

いまでも　カラスは　コーロを　みると　カアカアと　おいかけまわすでしょ、あれは『きものを　かえせ！　きものを　かえせ！』と　いって　いるのですよ。

奄美大島は、夏になるとコーロ（リュウキュウアカショウビン）が美しい声で朝明けをつげます。私たちの保育園のうしろは深い森です。その森から野鳥が毎日やってきます。「カラスとコーロ」の昔話は、野鳥を身近に感じている子どもたちの心をひきつけました。子どもたちは、野や山や川を自由にかけまわっています。子どもたちは、太陽と水と土の恩恵をじゅうぶんに受け、生き生きとかがやいています。

子どもたちの絵は、きっと森の中、川のほとりから生まれてくるのでしょう。子どもたちは、自然とふれあうことにより、その中にあるあたたかさや豊かさを自由にイメージし、それを表現します。このちぎり絵紙芝居は、古老による昔話にはじまり、再話、語り聞かせ、そして野、山、川、海などでの体験をとおして作られました。

3　おおきなはなし

むかし、かたはねを　ひろげただけでも　せんりに　およぶ　ホーノトリと　いう　とりが　いました。

あるひ、その　ホーノトリは、（おそらく、この　よのなかに　わたしより　おおきな　ものは　いまい。どれ、うみのはてでも　みてこよう）と、おもいたち　たびだちました。

それから、ホーノトリは　とんでとんで　みましたが、おおうなばらは　ただただ　つづくだけ、いっこうに　うみの　はては　みえません。

しゅっぱつして　なのかめ、ひに　よるを　ついで　とんで　いると、うみの　なかから　おおきな　たけが　にほん　つきでています。

（たすかった）と、おもって、ホーノトリは　その　たけに　しがみついて　ひとばんとまることに　しました。ところが　まよなかに　なって、

「こらこら、おまえは　どうして　わたしの　つのに　とまって　いるのか」と、こえがします。ホーノとりは　びっくりして、

「わたしは　この　よのなかで　いちばん　おおきい、ホーノトリと　いう　とりで　ございます。うみの　はてを　みに　いこうと　おもって　とびたちましたが、いっこうにうみの　はてに　いきつきません」と、しょうじきに　いいました。すると、

「おまえでは　むりだ。おれの　つのに　しがみついて　いるくらい　ちいさな　やつが、なにを　かんがえて　いる。おれは　エビと　いう　ものだが、おれが　ひとはね　したらうみの　はてまで　いきつくだろう。おれが　かわりに　いってやろう」と　おおごえがして、エビが　あらわれました。

ホーノトリが　にほんの　おおたけと　おもったのは　エビの　つの　だったのです。

それから、エビは　はねてはねて　みましたが、たいかいは　ただただ　つづくだけ、いっこうに　うみの　はては　みえません。

しゅっぱつして　なのかめ、ひに　よるを　ついで　はねて　いると、うみの　そこにおおきな　いわかげが　ありました。

（たすかった）と、おもって、エビは　その　いわかげに　はいり　ひとばん　とまることに　しました。ところが　まよなかに　なって、

「こらこら、おまえは　どうして　わたしの　またの　あいだに　とまって　いるのか」と、こえが　します。エビは　びっくりして、

「わたしは　この　よのなかで　いちばん　おおきい、エビと　いう　もので　ございます。うみの　はてを　みに　いこうと　おもって　はね　はじめましたが、いっこうに　うみの　はてに　いきつきません」と、しょうじきに　いいました。すると、

「おまえでは　むりだ。おれの　またの　あいだで　ねて　いるくらい　ちいさな　やつが、なにを　かんがえて　いる。おれは　エイと　いう　さかなだが、おれが　ひとおよぎしたら　うみの　はてまで　いきつくだろう。おれが　かわりに　いって　やろう」と　おごえが　して、エイが　あらわれました。

エビが　いわかげと　おもったのは　エイの　またの　あいだだったのです。

それから、エイは　およいで　およいで　みましたが、たいかいは　ただただ　つづくだけ、いっこうに　うみの　はては　みえません。

しゅっぱつして　なのかめ、ひに　よるを　ついで　およいで　いると、うみの　なかにおおきな　はやしが　ありました。

（たすかった）と　おもって、エイは　その　はやしの　なかに　はいり　ひとばん　とまることに　しました。ところが　まよなかに　なって、

「こらこら、おまえは　どうして　わたしの　あしの　あいだに　はいりこんで　とまって　いるのか」と　こえが　します。エイは　びっくりして、

「わたしは　この　よのなかで　いちばん　おおきい、エイと　いう　さかなで　ございます。うみの　はてを　みに　いこうと　おもって　およぎ　はじめましたが、いっこうにうみの　はてに　いきつきません」と、しょうじきに　いいました。すると、

「おまえでは　むりだ。おれの　あしの　あいだで　あんしん　しきって　ねて　いるくらい　ちいさな　やつが、なにを　かんがえて　いる。おれは　タコと　いう　ものだが、おれが　ひとあるき　したら　うみの　はてまで　いきつくだろう。おれが　かわりにいって　やろう」と、おおごえが　して、タコが　あらわれました。

エイが　はやしと　おもったのは　タコの　あし　だったのです。

それから、タコは　あるいてあるいて　みましたが、いっこうに　うみの　はては　みえません。それでも　なお　あるき　つづけて　いると、いつのまにか　さんごしょうの　ひせを　あるいて　いました。

そこへ　おおきなおおきな　にんげんと　いう　ものが　きて、「あっ、タコが　いた」と、いうが　はやいか、そのタコを　さっと　つかみとり、びくの　なかに　なげいれて　しまいました。

「おおきなはなし」常田守さんの案内で海鳥の観察

奄美大島の昔話です。四方を海に囲まれた島の子どもたちは、毎日海に語り、空に歌って育ってきました。中でも水平線のかなたに目をやるとき、あの先には何があるのだろうと、幼い胸をさわがせました。ホーノトリ、エビ、エイ、タコはそういった子どもたちの夢をのせて旅に出たのです。

子どもたちは森や川や海に解放され、古老の昔話を聞き、毎日をうれしく過ごしています。

4　けんむんとこうみにゃ

みなみの　しま　あまみおおしまの　おなはしです。

あるひ　かわの　ほとりで　こうみにゃと　かんどりが　あそんで　いる　ところに「うーい、うーい」と、ふしぎな　こえが　きこえて　きました。かんどりは　びっくりして　とびさって　いきましたが、のこされた　こうみにゃは、いったい　なんの　こえだろうと　ききみみを　たてました。すると　とつぜん　ざざーっと、がじゅまるのきが　ゆれ、もり　ぜんたいが　ふるえたかと　おもうと、「きょっ、きょっ」と　いう　こえが　して、がじゅまるのきの　したに　ふしぎな　ものが　おちて　きました。

ふしぎな　ものは　むくっと　たちあがりました。ちいさい　こどもの　ようで、ぜんしん　あかい　けで　おおわれて　います。かみのけも　まっかです。あしは　ながい　たけの　ように　して　います。

「おまえは　だれだ」こうみにゃが　いうと、ふしぎなものも、

「おまえは　だれだ」と、いいます。

「おれは　この　かわの　こうみにゃだ」と　こたえると、その　ふしぎなものは、

「おれは　この　もりの　けんむんだ」と　こたえました。そして　けんむんと　こうみにゃは　はなしを　はじめ、いつのまにか　じまんくらべを　はじめました。

「おれは　このよで　あしが　いちばん　はやいのが　じまんだ」と、こうみゃが　いうと、

「おれも　このよで　あしが　いちばん　はやいのが　じまんだ」と、けんむんも　いいました。そして、こうみにゃの　みじかい　あしを　みて、ぅすわらいを　ぅかべました。

こうみにゃは　その　ぅすわらいが　きに　いりません。

「けんむんよ、それでは　はしりくらべを　しよう」と、こうみにゃが　いうと、けんむんも　ながい　あしを　わざと　みせて、

「おもしろい、よかろう」と　いいました。

けんむんと　こうみにゃは　がじゅまるのきの　こかげに　ぅつって　はしりくらべの　ことを　はなしあいました。はしりくらべは、かわしもの　おおいわから　かわかみの　おおいわまで、かわの　なかを　はしることに　きまりました。じしん　あふれる　けんむんが、

「それでは　はじめよう」と、たちあがると、こうみにゃは　あわてて、

「あわてる　ことは　ない、これから　みっかめの　ひのでが　すたーとの　あいずだ」と、いいました。

けんむんは　よゆうを　みせて、こうみにゃの　いう　とおりに　しました。

それから　こうみにゃは　かんがえに　かんがえた　すえ、かわじゅうの　こうみにゃを

あつめました。

「おあつまりの　みなさん、わたしは　みなさんを　だいひょうして　あの　あしの　ながい　けんむんと　はしりくらべを　する　ことに　なりました。みっかめの　ひのでを　あいずに　すたーと　します。つきましては　そうだんですが、けんむんが、『こうみにゃ』と　よんだら、ちかくに　いるものが、『わんな　くぅまどー』と　へんじを　して　もらえませんか。それが　けんむんに　かつ　ただ　ひとつの　ほうほうなのです」

かわじゅうの　こうみにゃの　こころは　ひとつに　なりました。なかまたちは、「わかった」と、いうが　はやいが、かわしもから　かわかみまで、すぐに　それぞれちらばって　いきました。

みっかめの　ひのでの　まえ、すでに　こうみにゃたちは　みな、じぶんの　もちばに　ついて　います。ここのみずくさの　かげ、あそこの　こいしの　あいだ、ずーっと　むこうの　いわの　したにも、こうみにゃたちが　いきを　ひそめて　まって　います。

「きゅるるるるー　きゅるるるるるー」　こーろが　よあけを　つげ　はじめました。かわはいつもの　あさと　おなじように　さらさらと　ながれて　います。

そこに、ざざざーっと　おとが　して、もりを　ふるわせ、けんむんが　あらわれました。けんむんは　こうみにゃが　みえないので、「にげたな」と、ひとりごとを　いいました。

すると　あしもとで、

「わんな　くぅまどー」と　こえが　しました。けんむんは　びっくり　しました。

ふたりは　すたーとらいんに　たちました。その　ときです。こうみにゃが、

「おれは　あまりに　ちいさいから、おれが　どこを　はしって　いるか　わからなく
なるかも　しれない、その　ときは、『こうみにゃ』と、こえを　かけてくれ」と、いいました。

けんむんは、「わかった」と、へんじを　しました。ふたりは　ひのでと　ともに　とびだしました。

けんむんは　ぴりぱり　ぴりぱり　ぴりぱりと、はしって　はしって　はしって、うしろを　ふりかえりました。こうみにゃは　みえません。けんむんは　うれしく　なって、

「こうみにゃ」と、よびました。すると、すぐまえの　くさむらが　ゆれて、

「わんな　くぅまどー」と、こうみにゃが　でて　きました。けんむんは　もう　びっくりしました。

けんむんは、また、ぴりぱり　ぴりぱり　ぴりぱりと、はしって　はしって　はしって、うしろを　ふりかえりました。こうみにゃは　みえません。けんむんは　うれしく　なって、

「こうみにゃ」と、よびました。すると、すぐまえの　こいしが　ゆれて、

「わんな　くぅまどー」と、こうみにゃが　でて　きました。けんむんは　もう　びっく

りしました。

けんむんは、また、ぴりぱり　ぴりぱり　ぴりぱりと、はしって　はしって　はしって、やっと　かわかみの　おおいわに　つきました。そして　うしろを　ふりかえりました。こうみにゃは　みえません。けんむんは　うれしく　なって、「こうみにゃ」と、よびました。すると、なんと　いつのまにか、ごーるの　おおいわのうえに　こうみにゃが　いて、

「わんな　くぅまどー」と、いって、わらって　いるでは　ありませんか。けんむんは　びっくり　しました。そして、「まけた」と　ひとこと　いうと、ざざざーっと　おとを　たて、もりを　ふるわせて、きえて　いって　しまいました。

それから、けんむんは　もう　この　かわには　あらわれなく　なったと　いう　ことです。あまみの　かわの　こうみにゃの　あたまが　かけて　いるのは、けんむんに　かじられた　あとだと　いう　ことです。

※けんむん…あまみの　ようかい。かぜの　ように　あらわれる。
こうみにゃ…かわに　いる　いっせんち　くらいの　ちいさな　まきがい。

かんどり…かわに　いる　ことり。かわせみの　こと。

がじゅまるのき…けんむんが　すむと　いう　き。

「けんむんとこうみにゃ」出来上がった紙芝居を囲んで

ケンムンは奄美の代表的な妖怪です。火の怪、水の怪、道の怪、山の怪、海の怪など、あらゆる不思議はこのケンムンのせいにされます。ケンムンを見たことがあるという古老たちは、ケンムンが赤毛の子どものようであったなどとはなします。いまなお奄美ではケンムンがその健在ぶりをほこっています。

この話はフッシュ川畑豊忠さん（フッシュは奄美方言でおじいさんのこと。園児たちは川畑さんのことを〝フッシュ〟と呼んで親しんでいます）が、野原や川原で子どもたちに何度も何度も語ってくださった話をもとにしています。子どもたちはフッシュの身ぶり手ぶりの話にくいいるように聞きいっていました。それから、子どもたちはケンムンの木といわれるガジュマルに登ったり、ケンムン遊びに興じたり、また、保育士たちとともにケンムン劇までするようになりました。こうした体験の後に得た子どもたちのすばらしい表現が、ちぎり絵紙芝居になったのです。

5　ゆむんどぅりときちきゃ

むかし、あたんちゅかな（あったそうな）。
ゆむんどぅりと　きちきゃは　きょうだい　あたんち（だったたって）。
おおきく　なった　ふたりは　おやもとを　はなれて、まちに　はたらきに　いじゃんち（いったそうな）。
ふたりは　いっしょうけんめい　はたらちゃんち（はたらいたそうな）。
ふたりが　まちで　はたらき　はじめて　さんねん　たった　あるひ、むらから　おつかいが　きて、
「あんまが　おもい　びょうきなので、すぐ　かえるように」ち　いちゃんち(いったって)。
ねえさんの　きちきゃは、
「いま　ちょうど　はたを　おって　いる　ときなので、この　はたを　おり　おわってから　むらに　かえろう」ち　いって、そのまま　はたを　おり　つづけたんち（そうな）。
いもうとの　ゆむんどぅりは　あんまが　おもい　びょうきと　きくと、
「たいへんな　ことだ　すぐ　かえろう」ち　いって、おって　いた　はたを　そのままにして、たすきを　かけて　とんで　いったち。
それで　ゆむんどぅりは　あんまが　しぬ　まえに　あう　ことが　できたんち。

それを　みて　いた　かみさまが　ゆむんどぅりに、
「おまえは　おやこうこうものだ、これからは　たかくらの　したで　こめを　とって
たべなさい」ち、いちゃんち。
ねえさんの　きちきゃは　はたを　おり　おわって、うつくしい　きものを　つくり、そ
れを　きてむらに　かえったたち。だけどね、もう　あんまは　しんで　いて　あう　ことが
できなかったたち。
それを　みて　いた　かみさまが　きちきゃに、
「おまえは　とても　うつくしい　きものを　きて　いるけれども　おやふこうものだ、お
まえは　いまから　やまの　なかに　はいって、かたい　きを　つついて、むしを　とって
たべて　いきなさい」ち、いちゃんち。また、かみさまは　きちきゃに、
「むしを　みっつ　とったら、その　ひとつめは　てんの　かみさまに、ふたつめは　じめ
んの　かみさまに　あげなさい。そして、のこりの　ひとつを　じぶんの　くちに　いれな
さい」ち、いちゃんち。
ほら、だから　いまでも　ゆむんどぅりは、たすきを　かけて　こめを　とって　たべとぅ
ろがー（たべて　いる　でしょう）。きちきゃは　いちにちじゅう　やまの　おくで、クヮ
ンクヮンち　きを　たたいて　むしを　とって　たべとぅろがー（たべて　いる　でしょ

う）。

「じゃんから、いゃきゃだか　おやこうこう　すりよーち　いゅん　はなし」。（だからね、あなたたちも　おやこうこう　しなさいよと　いう　はなし）。

「ゆむんどぅりときちきゃ」
常田守さんの案内で野鳥の観察

ゆむんどぅり（すずめ）は親孝行鳥、きちきゃ（きつつき）は親不孝鳥という奄美の代表的な民話を、大型紙芝居でつくりました。

絵は、六歳児のちぎり絵です。十五人の子どもたちが、協力してつくりあげました。子どもたちは四歳のころからフッシュ（川畑豊忠さん）の語りに耳をかたむけ、目をかがやかせていました。子どもたちはお話しを聞く喜び、見えないものを見る喜びを知ったのです。

ゆむんどぅりの観察、そしてきちちゃの観察には野山に出かけていきました。おかげで鳥たちの生活にも、それを育んでいる奄美の自然にもたっぷりとふれることができました。子どもたちはお話しの舞台である森や川などで明るく、楽しく遊ぶことによって、驚いたり、発見したり、自然のいとなみの不思議さを全身で感じとったりしていました。土や水や草花にふれる原体験は、無意識のうちに絵やことばを紡ぎだしました。きっと子どもたちの想像力もこういう体験から豊かになったと思います。自然は子どもたちにとっていちばんすてきなおくりものでした。

6　うみどりとせみ

なつの　とても　あついひの　こと、いっぴきの　せみが　きの　こずえで〝ジージー〟と、ないて　いました。そこへ　うみどりが　やって　きて、

「せみさん　せみさん、なにを　して　いるのですか」と　ききました。

「これは　うみどりさん、ぼくは　あまり　あついので　こうして　うたを　うたっているのです。うたを　うたいながら、こんやの　ごちそうに　いのししでも　とろうかとかんがえて　いるのですよ」と、せみは　いいました。

「なにを　ばかなことを　いって　いるのです。あんなに　おおきくて　つよい　いのししを　きみが　とる　なんて、アハハハハハ、これは　おわらいだ」うみどりは　おかしく　おもいました。

「うみどりさん、あなたは　そんなに　わらうけど、それは　それほど　むずかしい　ことでは　ありませんよ。あなたが　ぼくの　あとに　ついて　くるなら、あなたにも　いのししを　ごちそうして　あげましょう」と、せみは　いいました。

それから、せみと　うみどりは　もりの　なかへ　はいって　いきました。もりの　なかを　ふかく　ふかく　はいって　いくと、いのししの　あしあとが　ありました。

「うみどりさん、これが　いのししの　あしあとです。……うん、これなら　まだ　とおくへは　いって　いないな、あたらしい　あしあとだ」せみは　あしあとを　のぞきこんで　いいました。うみしか　しらない　うみどりは、すこし　こわく　なりました。

それから、また　すこし　もりの　なかを　いくと、いのししが　いました。とても　おおきな　いのししです。うみどりは　もう　ほんとうに　こわく　なりました。

「さあ　うみどりさん、あなたは　あの　きのうえで　みていて　ください。ちかよると　あぶないですよ」　せみは　そういうと、サーッと　いのしし　めがけて　とんで　いきました。

いのししは　その　けはいに　きが　つき、よこめで　ジロッと　にらみました。きのうえの　うみどりは　いきている　ここちが　しませんでした。

しかし、サーッと　いのしし　めがけて　とんで　いった　せみは、そのまま　いのしし

のみみの　なかに　はいって　しまったのです。すると、その　おおきな　いのししは、きゅうに　みぎへ　いったり、ひだりへ　いったり、とんだり　はねたり、おきたり　ねたり、しはじめたのです。きの　うえの　うみどりは　なにが　なんだか　さっぱり　わかりませんでしたが、もっともっと　こわく　なりました。

　いのししは　みぎへ　はねたり、ひだりへ　はねたり、ねたり　たったり　すわったり、さかだち　したりの　おおさわぎの　あと、ほとほと　つかれて、きの　ねっこに　ズドッと　たおれて　しまいました。びっくり　している　うみどりに、いのししの　みみからせみが　でてきて　いいました。

「うみどりさん、もう　しんぱい　しなくても　いいですよ。ぼくが　いのししの　みみの　なかで　おおごえで　うたを　うたったのですよ。そうしたら、ほら　おおあばれ、あばれ　つかれて　しんで　しまったのです」

　そのよる、うみどりは　せみの　いえに　およばれして　いのししなべを　ごちそうになりました。いままでに　あじわった　ことの　ない　おいしい　ごちそうでした。はなしも　はずみ、とても　たのしい　よるに　なりました。そうしている　うちにも　よるがふけ、かえる　じかんに　なりました。

「せみさん、こんどは　わたしの　ところに　きて　ください。うみに　きたら　わたし

が　ごちそうする　ばんです　きっと　きて　ください」と、うみどりは　いいました。
うみどりは　うみに　かえると　れんしゅうに　とりかかりました。
(おおきいのを　とるぞ、せみさんでも　あんなに　おおきい　いのししを　とるのだから、ぼくは　もっと　おおきな　さかなを　とらなくちゃ。おおきい　さかな、おおきいさかな）うみどりは　くるひも　くるひも　さかなとりの　れんしゅうに　あけくれました。おかげで　だいぶ　じょうずに　なりました。
それから　しばらくして、うみどりは　せみを　しょうたい　しました。
「やあ　せみさん、よく　いらっしゃいました。このまえは　ありがとう、やくそくどおりきょうは　わたしが　ごちそうして　あげましょう。これから　さかなを　とりますからよく　みていて　ください」と、うみどりは　いいました。せみは　うみの　なかの　ちいさな　しまの　いっぽんの　きの　うえに　とまって、けんぶつする　ことに　しました。
そこに　さかなが　やって　きました。
「おーい　うみどりさん、あの　さかなを　とって　ごちそうしてくださいよ」　せみはおおごえで　うみどりに　いいました。
「だめだめ　あんな　ちいさいのなど。もっともっと　おおきな　さかなが　くるのをまつのです」うみどりは　せみに　じぶんの　つよさを　すこし　じまん　したかったの

かも　しれません。それから　すこし　たつと、おおきな　さかなが　にひき　ならんで　およいで　きました。

（これは　おおきい、これなら　せみさんも　おどろくだろう。それに　にひきだ　にひき　いちどに　とるのは　はじめてだが　まあ　やって　みよう）と、うみどりは　おもいました。そして　うみどりは　そらから　サーッと　まいおり、にひきの　さかなに　みぎあしと　ひだりあしの　つめを　それぞれに　たてました。

　びっくり　したのは　にひきの　さかなです。いきなり　せなかに　くぎを　うたれたのかと　おもいました。そして　おどろきの　あまり、みぎと　ひだりに　パッと　わかれて　しまったのです。そのとたん、うみどりの　または　おおきく　さけて　しまいました。

　せみは　かなしみました。

（かわいそうな　うみどりさん、せっかく　じまんしようと　したのに、さいごに　すこし　よくを　だしたのが　いけなかったのだね）せみは　なきながらも、

「うみどりとせみ」出来上がった紙芝居を囲んで

うみの　なかの　ちいさな　しまに、うみどりの　おはかを　たてて、だいじに　まつって
あげました。
そして　それからは、じぶんの　こころの　なかに、すこしでも　よくばりの　こころが
おこって　くると、いつも　うみどりの　ことを　おもいだし、その　おはかに　おまい
りして　よくばりの　こころを　おさえるように　なりました。

「よくばりはするな」という、いましめの話です。何度も「うみどりとせみ」の話を聞いた子どもたちには、たくさんの想像をもたらしたようです。そして、子どもたちは自分たちの想像力を確かなものにするために、山に海に出かけ、せみやいのしし、うみどりなどを観察しました。そして、子どもたちは、笠利の大瀬海岸、住用のマングローブ原生林、小湊の田園地帯、名瀬の金作原などに出かけ、お話に登場する動物や鳥に会いにいきました。こうして子どもたちは、森や川や海に解放され、また、古老の昔話やシマ歌に聞き入り、毎日をうれしく過ごしています。この絵本のちぎり絵もその実践のひとつです。

7　さるのいきぎも

むかし　あたんちゅかな（あったそうな）。

あるとき、ネリヤの　かみさまの　ひとり　むすめが、おもい　びょうきに　なりました。どんな　くすりを　つかっても、どんな　いしゃに　みて　もらっても　いっこうに　よくなりません。ネリヤの　かみさまは　うらないの　ムヌシリを　よんで、

「どうしたら　むすめは　なおるのでしょう」と、ききました。すると　ムヌシリは、

「ひめの　びょうきを　なおすには　さるの　いきぎもを　たべさせなければ　なりません」と、いいました。

かみさまは　さっそく　おふれを　だし、うみじゅうの　いきものを　あつめました。ひらめ　たい　たこなど　みな　やってきました。

「だれか　さるの　いきぎもを　とりに　いって　くれないか」と、ネリヤの　かみさまが　いった　ちょうど　そのとき、かめが　プクリと　あらわれました。

それを　みた　ひらめが、

「しまに　あがっても　いきが　できるのは　かめだけだ。かめに　いって　もらおう」と、いいました。

「そうだ　そうだ、かめに　いって　もらおう」と、みんなも　いいました。それで、ネリヤの　かみさまは　かめに　むかって、

「それでは　おまえが　さるを　つれだして　こい」と、いいつけました。

こうして　かめは、さるを　さがしに　しまに　いく　ことに　なりました。

およいで　およいで　およいで、やっと　かめは　しまに　やって　きました。かめはあたりを　みまわしました。すると、がけの　うえの　おおきな　かきのきの　うえで、さるが　あおい　かきを　とって　たべて　いました。

「おーい　さる、そんな　あおい　かきを　たべないで、あかくて　もっと　おいしいかきが　いっぱい　ある　ところへ　いかないか」と、かめは　おおごえで　いいました。

さるは、

「えっ」と、かきのきの　うえから　みを　のりだしました。

「ネリヤだよ、ぼくの　せなかに　のって　ごらん、すぐに　いけるよ」と、かめは　いいました。さるは　おおよろこびで　かきのきから　おりて　きて、かめの　せなかに　のりました。かめは　さるを　せなかに　のせて、あかや　しろや　ちゃいろの　サンゴのはやしの　なかを、いそいで　ネリヤへ　むかいました。みどりや　きいろや　あおい　さかなたちが、かめと　さるの、まえに　なったり　うしろに　なったり　して　むかえてくれました。さるは　てを　ふって　それに　こたえました。

ネリヤの　いりぐちには　もんばんの　ひらめと　たこが　たって　いました。

「おい、みて　みろ　あの　さるを、いまは　よろこんで　けんぶつ　して　いるが、も

うすぐ　きもを　とられて　しまうんだよ」

「ああ、なんと　まぬけな　さるでしょう」

「かめさんは　うまく　さるを　だましましたね」　みみを　すますと、なんと　ひらめとたこは　そんな　はなしを　して　いるでは　ありませんか。

さるは　おどろきました。なんとか　しなければ　なりません。でないと　きもを　とられて　しまいます。さるは　かんがえましたが、いい　かんがえが　うかびません。と　そのとき、あめが　ふりだしました。さるは　これだと　おもい、おもいだしたように、

「しまった、かめさん、だいじな　ものを　わすれて　きた。いいてんき　だったのでかきのきに　きもを　ほして　きた。この　あめじゃ　ぬれて　しまう」と、いいました。

それを　きいた　かめは、

「なに、きもを　わすれた、それは　いけない、もどって　とって　こよう」と、さるをせなかに　のせて、いま　きた　うみを　およいで　およいで　およいで　ひきかえしました。しまに　つくと　かめは、

「さる　さる、きもは　どこに　ほして　あるの」と、いいました。さるは、

「あまどー（あそこだよー）」といって、かめを　がけに　のぼらせました。しかし、きもは　そこには　ありません。かめは、

「さるのいきぎも」出来上がった紙芝居を囲んで

「さる　さる、きもは　どこに　ほして　あるの」と、また　いいました。さるは、
「うまどー（そこだよー）」といって、かめを　けわしい　がけに　のぼらせました。
しかし、きもは　そこには　ありません。
「さる　さる、きもは　どこに　ほして　あるの」と、また　かめが　いうと　さるは、
「くぅまどー（ここだよー）」といって、かめを　もっと
けわしい　がけに　のぼらせました。かめが　がけの
てっぺんに　つくと、さるは　かめの　せなかから
とびおり、
「ぼくの　きもは　ほら　くぅまどー（ここだよー）」
と、じぶんの　おなかを　たたきました。そして、
「まぬけな　かめめ　よくも　だましたな」と　いう
やいなや、がけから　そのまま　かめを　つきおとしました。がけから　おちた　かめは、せなかを　したたかに　うち、こうらに　ひびが　はいって　しまいました。
　ほら、いま　かめの　せなかに　もようが　あるのは、そのときの　ひびの　あとだと　いう　ことです。

※ネリヤ…あまみの　ひとびとが　むかしから　はなしつたえる、うみのそこの　しあわせの　くに。りゅうぐうのこと。
ムヌシリ…そうだんに　のったり、うらないを　する　ひと。
きも…にんげんの　からだの　なかで　いちばん　たいせつな　もの。おなかの　なかに　ある。

子どもたちはフッシュ（川畑豊忠さん）から、奄美の民話をたくさん聞きました。この話は、その中でも子どもたちがとても喜んだ話です。話を聞いて子どもたちは、何度も野山へ出かけ、木々の間を歩きまわり、鳥や小さな動物に出合いました。そして、博物館や水族館にも出かけ、かめやさかなも観察しました。また、夏になると白浜にでて、大空の下で海につかりながら、熱帯魚の群れやサンゴの林を実際にみて、想像をたくましくしました。

子どもたちは、園庭でも水や砂や泥んこで遊んだり、ガジュマルなどの熱帯樹にのぼったりと、ワクワク、ドキドキの体験をいっぱいしました。おそらくこうした体験がみずみずしいエネルギーや感性となって、子どもたちの心とからだ全体からあふれ出し、ちぎり絵になったのです。

今、民話や絵本のすばらしさを、子どもたちとともに共有し、共感できる幸せをかみしめています。

8　けんむんのがぶとり

むかし　かおなん　ふうさん　がぶぬ　あん　いしょしゃぬ　うたんちかな。うん　かぶぬ　ふうさん　くぅとぅちば

（むかし、かおに　おおきな　かぶの　ある　いしょしゃが　いました。その　がぶの　おおきい　ことと　いったら）にぎりこぶしほども　ありました。がぶは　いしょしゃが　あるく　たびに　ぶらんぶらんと　ゆれました。いしょしゃは、（なんとかして　がぶを　とる　ほうほうは　ないだろうか）と、まいにち　まいにち　かんがえて　いました。

あるひのこと、いしょしゃが　さかなつりに　いくと　たくさん　さかなが　つれました。「きょうは　よく　つれる　ひだ」と、かおを　ほころばせて　いると、そこへ　ざざあっと　かぜが　ふいて、けんむんが　あらわれました。いしょしゃは　びっくりしました。（けんむんだ……けんむんは　さかなの　めを　たべると　きいて　いるが……さては　さかなの　めを　とりに　きたのかな）と、おもいました。

けんむんは　いしょしゃに　ぐいっと　ちかづいて　さかなを　のぞきこみ、「いしょしゃ　いしょしゃ、きょうは　たくさん　つれたね」と、いいました。いしょしゃは　こわくて、とっさに、

「はい、この　がぶの　おかげで」と、いいました。けんむんは、「なに、その　がぶの　おかげで？」と、ききかえしました。けんむんは　いしょしゃのかおの　がぶが、ほしくて　ほしくて　たまらなく　なりました。けんむんは、「その　がぶ　おれに　くれ」と、いいました。いしょしゃは、「とんでもない、これは　わしの　たからものだ」と、いいました。けんむんは　ますます　ほしく　なりました。

「その　がぶ　おれに　くれ」と、また　いいました。

しかし、いしょしゃは　やっぱり、「とんでもない」と、いいました。けんむんは　いよいよ　ほしく　なりました。

「その　がぶ　おれに　くれ」と、また　いいました。しかし、いしょしゃは　やっぱり、「とんでもない」と、いいました。

けんむんは　おこりました。そして、いしょしゃを　だきかかえるや　いなや　かおのがぶを　ぐっと　もぎとって、かぜの　ように　にげて　いきました。

いしょしゃは　びっくりしました。そして、かおを　さわって　みると　がぶが　ありません。「これは　ありがたい」いしょしゃは　よろこび　いさんで　むらへ　かえって　いきました。

つぎのひ、けんむんは　じぶんの　かおに　その　がぶを　くっつけて、さかなつりに
でかけました。

「きょうは　たくさん　つれるぞ」だけど　ちっとも　さかなは　つれません。

それから　けんむんは、つぎのひ　また　さかなつりに　でかけました。

「きょうは　きっと　たくさん　つれるぞ」だけど　ちっとも　さかなは　つれません。

けんむんは　つぎのひも、また　さかなつりに　でかけました。

「きょうは　かならず　たくさん　つれるぞ」だけど　やっぱり　さかなは　つれません。

けんむんは、

(もしかしたら　だまされたかな?)と、ちょっぴり　おもいました。けんむんは　しか
たなく　やまへ　かえって　いきました。

この　いしょしゃの　となりにも　がぶいしょしゃが　いました。となりの　がぶいしょ
しゃも、がぶが　じゃまで　しょうがないと　おもって　いました。

がぶの　なくなった　いしょしゃが　あごを　なでながら　あるいて　いると、その　と
なりの　がぶいしょしゃが、ぶらんぶらんと　がぶを　ゆらしながら　やってきて、

「おまえの　がぶは　どうした」と、ききました。すると　いしょしゃは、

「わしの　がぶは　けんむんに　とられて　しまった」と、これまでの　ことを　すっか

り　はなしました。すると、となりの　がぶいしょしゃは、

「こりゃ　いいことを　きいた、わしも　がぶを　とってもらおう」と、さっそく　さかなつりに　でかけて　いきました。ところが、ちっとも　さかなは　つれません。

（さかなは　つれないが　けんむんは　こないかな……）と、おもって　いた　ところに、ざざあっと　かぜが　ふいて　きて、けんむんが　あらわれました。

けんむんは　がぶいしょしゃを　みるやいなや、かおを　まっかに　して、

「やい、おおうそつきめ！　さかなは　つれないじゃ　ないか」と、もぎとった　がぶをとなりの　がぶいしょしゃの　かおに　ぺたんと　くっつけ、ざざあっと　かぜに　なって　きえて　いきました。となりの　がぶいしょしゃは、とうとう　がぶが　ふたつ　あるやぎに　なって　しまいました。

ほら、やぎの　あごには　おおきな　がぶが　ふたつ　あるでしょう。それは　このとなりの　がぶいしょしゃから　なったと　いうことですよ。

※がぶ…こぶ
いしょしゃ…りょうし

「けんむんのがぶとり」出来上がった紙芝居を囲んで
（あまみ子どもライブラリーの仲間たち）

あまみ子どもライブラリーでは、絵本の読み聞かせや語り、紙芝居や人形劇、わらべ歌やことば遊びなどを親子で楽しんでいます。また、古老たちにきていただいて、奄美に伝わる民話の数々を何度も何度も語ってもらっています。この絵本のもとになった川畑豊忠さんの話は、あまみ子どもライブラリーのおはなし会で語られたものです。川畑さんの身ぶり手ぶりをまじえた話に、子どもたちはすいつけられるように聞きいりました。

さらにあまみ子どもライブラリーの親子は、奄美の森の達人常田守さんに案内していただき、お話の舞台である海や森へ出かけて、自然の奏でるいろいろな生き物たちの声に耳を傾けながら、想像力を育みました。この紙芝居の背景には、子どもたちのこのような体験があるのです。

2　子どもたちと楽しむ奄美の民話（方言）

私が子どものころは共通語が奨励され、学校でシマ口（方言）が禁じられました。シマ口をしゃべると首から「方言札」をかけられました。幸い、私は古老のシマ口も何とか聞き取れます。しかし今、親たちは方言を少し理解できますが日常家庭で使わないため、子どもたちは家庭で方言を学べません。学校の授業でも方言に触れることはありませんが、郷土教育の一環として島口かるた、方言劇、子守歌などの取りくみで出合っているようです。民話を語れる古老もだんだん少なくなり、意識していないと伝承は途切れてしまいます。

次第に、世代とともに方言は語れなくなり共通語が日常化しています。今や方言は民話を伝えた言葉であっても聞き手にとっては理解できない言葉です。しかも方言といっても集落ごとに、言葉のニュアンスも違います。民話を語る時民話を古くから語りつづけた方言をとるか、あるいは自分たちも話しやすく、聞き手もわかりやすい共通語で語るかという違いがうまれます。

そこで私たちは聞き手に合わせて語っています。たとえば方言で語ってほしいと要望があるときは方言で語ります。また、小さい子どもには方言（擬態語、擬声語）をおりまぜながら共通語(日常語)で語ります。四、五歳から小学生にかけては語り始めや語り納め「むかし、あたんちゅかな（むかし、あったそうな)」「くぅんはなしや、うんぶんどー（このはなしは、もうおしまい)」や「わんな　くぅまどー(おれは　ここだぞー)」など語っています。

このように私たちは子どもの年齢や、また経験によって語り方を変えています。難しいことですが、できるだけ方言を入れて語っています。また、数の数え方や体の部位などは、地域の方言で紹介しています。子どもたちにとっては、どんな超一流の話者のCDにおさめられた民話よりも、素朴で心をこめた音声と表情、身ぶり手ぶりをもって語る地域の民話の方がはるかに楽しいのです。

方言訳について

私は四十年前に名瀬市(現奄美市)で仕事をするようになって北大島と南部大島の方言があまりにも違うことに驚きました。今、奄美では文献の多くは北大島の言葉で語られています。本著の方言訳は南部大島瀬戸内町手安(てあん・村名)のシマ口(方言)です。私のふるさと嘉鉄(かてつ・村名)とも違います。それは、私のシマ口は幼いころ母や母の姉妹たちから聞いて自然に身につきました。身についた方言のアクセントやイントネーションは、母の故郷《ふるさと》手安の言葉です。

手安の方言は子音止まりの発音です。たとえば、一つはティィッ、二つはタァッ、三つはミィッ、嘉鉄はカティィッ、ばけつはバケッと発音します。方言は共通語よりも語彙が少なく、言葉が違う言語であるから『あまみ民話絵本』の直訳はとても難しかったです。

また、母の姉妹はときどき集まっておもしろおかしくムンバナシ（語り）を楽しんでいました。私は、日々母たちのこいごいとしたシマ口が聞けたことは幸いでした。シマ口は幼いころから耳にしていたからでしょうか、母たちのシマ口は、身構えないのでストレートに気持ちが伝わり響き合うのです。母たちの二重の言語生活は文化の厚みを感じることができました。だからこそ方言は意義のある言葉だと思います。そして、母のふるさと、手安の言葉が私の母語になっていました。

このように方言は集落ごとにアクセント、イントネーション、語彙が違います。どうぞ、自分の地域のシマ口（方言）で語り始めてください。

1　マガントゥ　サル

ムカシ　マガンチ　ィウン　フーサン　ガンヌ　ウタン　チュカナ。

アントゥキン、マガンヌ　コーナンティ　アスィディ　タットゥ、クゥムィティブ　ティッ　ミッケィ　タンチ。ウルィ　ヒリョルイバ、マタ　ティッミッケィタンチ。ウルィ　ヒリョルイバ、マタティッミッケィタンチ。ヌーカヤーチ　ミルィバ、ムェーラブィヌ　ムチグムィ　アラトゥタンチ。

「アネ　アネ、ウン　クゥムィ　チュッィカミ　クルィルィ」チ　イチャットウ、ムェーラブィヤ　スィグ　クゥムィ　チュッカミ　ヤラチャンチ。シャットゥ　マタ、

「チュッカミ　クルィルィ」チ　イチャットゥ、ムェーラブィヤ　マタ　クゥムィ　チュッィカミ　ヤラチャンチ。シャットゥ　マタ、

1　真蟹と猿

昔、真蟹という大きな蟹がいたそうな。

ある時、真蟹が川で遊んでいると、米粒を一粒見つけた。それを拾うとまた一粒見つけた。それを拾うとまた一粒見つけた。何かなと見ると、娘がもち米を洗っていた。

「姉さん姉さん、その米ひとつかみください」と言うと、娘はすぐに米をひとつかみやった。するとまた、「ひとつかみくれ」と言うと娘は、また米をひとつかみやった。するとまた、

「ひとつかみくれ」と言うと娘は、

「そんなにやれないよ」と言うと真

「チュッカミ　クルィルィ」チ　イチャットゥ。

ムェーラブィヤ、

「ガシガディィ　ヤラランドー」チ　イチャットゥ、

マガンヤ、

「クルィランバ　ウラヌ　マリ　クゥーキリュッドー」チ　イチ、フーサン　ハサム　ショキショキナラチャン　チカナ。ムェーラブィヤ　ウトゥルクナティィ、マガン　クゥムィ　アッタケェ　ヤラチャンチ。ウン　ヨースィバ　サルヌ　ガジマルヌウージ　ミチュタンチ。マガンヤ　ムロタン　クゥムィ　ホーラシャゲェナ　ダキャゲェティィ　アッチュタンチ。

サルヤ　クゥムィヌ　フシャクナティィ。

「マガン　マガン、ヌガー　ガーシガディィ　ホーラシャ　シュンムンナ」チ、キチャットゥ、マガンヤ、

「ウレ　クゥムィ　ワル　ムロタンドー」チ　イチ、

蟹は、

「くれなければおまえのお尻に噛みつくぞ」と言って、大きな爪をショキショキ鳴らしたそうな。娘は怖くなって、真蟹に米をみんなやってしまった。その様子を猿が、ガジュマルの上で見ていた。真蟹はもらった米を嬉しそうに抱えて歩いていた。

猿は米がほしくなって、

「真蟹、真蟹、どうしてそんなに嬉しいの」と聞くと、真蟹は、

「ほら、米をたくさんもらったんだよ」と、言って猿に見せた。猿は、

「真蟹、真蟹、俺がおいしい餅をついてあげよう、俺が臼を作るから、お前は杵を作って来い」と、真蟹に

言った。それで真蟹は山にいき、杵を作ってきた。すると、猿が、

「そんなに曲がった杵ではつけない。もっとまっすぐしたのを作って来い」と言うと、また真蟹は遠い山にいき杵をかついで来た。すると、猿が、

「そんな軽い杵ではつけない。もっと重い杵を作って来い」と言った。

真蟹はもっと遠い山にいき杵をかついで帰って来た。すると、猿は曲がった杵で餅をついて袋に入れガジュマルの枝に吊るして食べていた。

「おーい猿、その餅俺にもくれ」と、真蟹は大声で叫んだ。

「ほしいか、それならはやく登って

サルン　ミシタンチ。サルヤ、
「マガン　マガン、ワガ　マーサン　ムチ　ティチ
クゥルィロー、ワガ　ウス　ティクリュンカラ、
ウラヤ　アディム　ティクティ　コー」チ、マガン
イチャンチ。ウルィシ　マガンヤ　ヤマハチ　イ
ジ、アディム　ティクティ　チャンチ。シャットゥ
サルヌ、
「ガーシ　マガタン　アディムシャ　ティカラン。
ニャーニャリ　マッスィグ　シャンムン　ティク
ティ　コー」チ、イイバ、マタ　マガンヤ　トゥー
サン　ヤマハチ　イジ、アディム　カタムィティ
チャンチ。シャットゥ　サルヌ、
「ガーシ　カルサン　アディムシャ　ティカラン。
ニャーニャリ　ウプサン　アディム　ティクティ
コー」チ、イチャンチ。
マガンヤ　ニャーニャリ　トゥーサン　ヤマハチ

イジ、アディム　カタムィティ　ムドゥティチャンチ。シャットゥ、サルヤ、マガタン　アディムシ　ムチ　ティチ、フクロナン　イルィティ、ガジマルヌ　エダナン　サゲィティ、カドゥタンチ。

「オーイ　サルー、ウン　ムチ　ワヌンダカ　クゥルィルィ」チ、マガンヤ　フーグイシ　アブィタンチ。

「フシャンナー、ガンナバ　ヘェーク　ヌブティコー」チ　イチ、サルヤ　ティッチュマ　ヤラサンチ。マガンヤ　ケィナン　カチャムスィガティムスベッタカティ。マガンヤ、

「オーイ　サル、ケィ　ユラスィー、ユラチ　カムィバ　マアーサッドー」チ、アブィタンチ。ウルィキチャン　サルヤ　ケィ　ユラチャンチ。マガンヌ、

「ニャーニャリ　ユラスィー、ニャーニャリ　ユラスィバ　ムル　マアーサッドー」チ、アブタン

来い」と言って、猿はちっともやらない。真蟹は、木に這いあがってもずり落ちてしまう。真蟹は、

「おーい猿、木をゆすれ、ゆすって食べるとおいしいよ」と叫んだ。それを聞いた猿は、木をゆすった。真蟹が、

「もっとゆすれ、もっとゆすったらもっとおいしいよ」と叫んだ。猿が木をゆすりながら食べていると、木の枝が折れて餅袋が落ちてきた。

「これはしめた」真蟹はその餅袋をかついでガジュマルの穴に入っていった。

「しまった」猿はいそいでガジュマルからおりると、

チ　サルヌ　ケィ　ユラチャガチャナ　カドゥタットゥ、ケィン　エダヌ　ウリティ、ムチブクロヌ
ウティティ　チャンチ。

「クリャヌサレィティ」マガンヤ　ウン　ムチブクロ　カタムィティ、ガジマルヌ　ムィゴナン　イッチ　イジャンチ
「チョーシマティ」サルヤ　ショーマデシ　ガジマルハラ　ウルィティ、

「マガン　マガン　ムチ　ムドゥスィー　ムチ　ムドゥスィー」チ、フーグヰシ　アブィタンチ。マガンヌ、

「フシャンナー、ガンナバ　ムィゴナン　イッチコー」チ　ヰヰバ、

「ヨシヨシ　イッチ　イキョー」チ、イチ　サルヤカマチハラ　ムィゴナン　イッチ　イジャンチ。

シャットゥ　マガンヌ、ハナバ　フーサン　ハサム

「真蟹、真蟹、餅をかえせ餅をかえせ」

と、大声で叫んだ。真蟹が、

「ほしいか、それなら穴の中へ入ってこい」と言うと、

「よしよし、入ってやろう」と言って、猿は頭から穴の中に入っていった。すると真蟹が鼻を大きな爪でおもいきりはさんだので、

「あいたたたた」と、叫んだ。

「よしよし、こんどはお尻から入ってやろう」と言った。猿はお尻から穴の中に入っていった。すると小さな爪でしっぽをはさみ、大きな爪でお尻の毛をむしったそうな。

「あいたたたた」と、猿は飛びあがった。その時おならをしたそう

シ、ウモユン　ハサジャンチ。
「アヰタタタタタ」チ、アブィタンチ。

「ヨシヨシ　クゥンドゥヤ　マリハラ　イリョー」チ　イチャンチ。サルヤ　マリハラ　ムィゴナンイッチィイジャンチ。シャットゥ　イナサン　ハサムシ　ディボ　ハサディ、フーサン　ハサムシ　マリヌ　ケィバ　ムシチャンチュカナ。

「アヰタタタタタタ」サルヤ　トゥプアガタンチ。ウン　トゥキン、フヰー　ヒチャンチュカナ。マガンヤ　ウドッチ、ハサム　ドゥゲラチャンチ。ウントゥキン　キラッタン　ディボヌ　ケィヌ、マガン　ハギナン　クッティチャンチ。クゥルィガ　マガンヌ　ハギヌ　ケィーヌ　ハジマリドー。

ガシシ、サルヌ　マリヌ　ハアーサ　ナトゥンムンナ、マガン　マリヌ　ケィバ　ムシリ　トゥラッタン　カラチドー。


な。真蟹はびっくりして爪を動かした。この時切られたしっぽの毛が真蟹の足にひっついた。これが真蟹の足の毛の始まりだよ。

そして、猿のお尻が赤くなっているのは、真蟹にお尻の毛をむしり取られたからだそうな。

2　ガラスィトゥ　クッカル

ナティ ナルィバ　ヤマウクハラ　クッカルヌ、「クッカルルルルルー　クッカルルルルルー」チ、ナキュンチュカナ。ウン　クッカルヌ　ムンガタリ
スィロー。

ムカシ　ガラスィヤ　キュラサン　ハァーギン　キチュタン　チュカナ。
アントゥキン　ガラスィヌ　コーナンティ　アムィトゥ　タットゥ、ウマナン　クッカルヌ　チャンチュカナ。クッカルヤ　ヤナゲェサン　クルギンキチュタン　チュカナ。クッカルヤ　ガラスィヌアムィトゥン　トゥロ　ミチ、ドゥダカ　アムィブシャク　ナタン　チュカナ。
クッカルヤ　ドゥヌキン　ヌジ　ガラスィトゥ　マジン　ムディアムィ　シャン　チュカナ。
ガラスィトゥ　クッカルヤ　ムゥディ　ケェークナ

2　カラスとクッカル

夏になると山の奥からクッカル（アカショウビン）が、「クッカルルルルー　クッカルルルルー」と、鳴きはじめるそうな。そのクッカルの話をしよう。

昔、カラスは美しい赤い着物を着ていたそうな。
ある時、カラスが川で水浴びをしていたらそこにクッカルがやってきたそうな。クッカルはきたない黒い着物を着ていたそうな。
クッカルはカラスが水浴びをしているのを見て、自分も浴びたくなったそうな。クッカルは自分の着物を脱いでカラスといっしょに水浴びをし

シ　ホーラシャシ　アスィドゥタン　チュカナ。イッ
トゥキ　シッカラ　クッカルヤ　フェーブェートゥ
　コーハラ　アガタンチ　ユカナ。ウントゥキン、
ガラスィヌ　ヌジャン　ハァーギン　ミチ　フシャ
ク　ナタン　チュカナ。クッカルヤ　ショーマデシ
　ドゥーヌ　クルサン　ヤナギントゥ　ケェーティ
　トゥディ　イジャン　チュカナ。
ガラスィヌ　コーハラ　アガティ　チャットゥ、
ドイヌ　ハァーギンヌ　ネングゥトゥナティ、ヤナ
ゲエサン　キンヌ　ウチ　アタン　チュカナ。ガラ
スィヤ　ショーヌネングトゥナティ　クッカルヌ
ヤナゲェサン　クルギン　キチ　トゥディイジャン
　チュカナ。
ウッカラドー、クッカルヤ　ハァーサシ、ガラスィ
ヤ　クルサン　トゥリ　ナタンムンナ。
ナマディィム　ガラスィヤ　クッカル　ミリバ

たそうな。

カラスとクッカルは、水をかけあって楽しく遊んでいたそうな。しばらくしてからクッカルは早々と川からあがったそうな。その時、カラスの脱いだ赤い着物を見て欲しくなったそうな。クッカルはいそいで自分の真っ黒いきたない着物と取り替えて飛び去ったそうな。

カラスが川からあがってきたら、自分の赤い着物はなくきたない着物が置いてあったそうな。

カラスは、しかたなくクッカルのきたない黒い着物を着て飛んでいったそうな。

それからです。クッカルが赤く、カ

「カァカ　カァカァ」チ　ナチ、ウーユロガー。アルィヤ、

『キン　ムゥドゥスィー！　キン　ムゥドゥスィー！』チ、イチュムンチ。

3　フーサン　ハナシ

ムカシ、カタバネィダゲェシ　センリアン　ホーノトゥリチ　ィウン　トゥリヌ　ウタンチカナ。

アントゥキン、ウン　ホーノトゥリヤ、

（クゥンユシ　ワンユマ　フーサン　ムンヤ　ウランダロー。ィドゥ、ウミヌ　ハティバ　ミチッコー）チ、ウムゥティ　ウッタチャン　チュカナ。

ウルィンハラ、ホーノトゥリヤ　トゥディ　ミチャ

ラスが黒い鳥になったのは。

今でもカラスはクッカルを見ると、

「カァカァ　カァカァ」と鳴いて追いかけまわすでしょ。あれは、

『着物を返せ！　着物を返せ！』と、言っているのだよ。

※クッカル（鳥名、リュウキュウアカショウビン。体長二十センチほどの赤い色の鳥）

3　大きな話

昔、片羽だけで千里あるホーノ鳥という鳥がいたそうな。

ある時、そのホーノ鳥は、

（この世の中に私より大きなものはいまい、どれ、海の果てを見てこよう）と思いたち旅立ったそうな。

それから、ホーノ鳥は飛んでみたが

ンバン、ウミヤ　テッキュンダケ、イキャシム　ウミヌ　ハティヤ　ミリャランチ。ウッタチッカラナンカメ、ユルヒル　トゥディ　ウルィバ、ウミヌ　ナハハラ　フーサン　ディフェヌ　タアッ　ティケィイジトゥ　タンチュカナ。（タスカティ）チ　ウムティ、ホーノトゥリヤ　ウン　ディフェナン　カチャムィスガティ　チュユル　トゥマタンチ。ジャンバン　ユナハ　ナティ、

「クゥレクゥレ、ウラヤ　ヌーガ　ワー　ティノナン　トゥマトゥンナー」チ、クゥヰヌ　シャンチ。ホーノトゥリヤ　ウドゥッチ、

「ワンヤ　クゥン　ユシ　イチバン　フーサン、ホーノトゥリチ　ィウン　トゥリド。ウミヌ　ハティミーガ　イキョーチ、ウムティ　トゥプジャチャンバン、イキャシム　ウミヌ　ハティヤ　イキティカンド」チ、イチャンチ。シャットゥ、

大海原は続くだけ、どうしても海の果ては見えません。出発して七日目、夜昼飛んでいると、海の中から大きな竹が二本突き出ていたそうな。

（助かった）と思ってホーノ鳥はその竹にしがみついて一晩泊まったそうな。ところが真夜中に、

「こらこら、お前はどうして私の角に泊まっているか」と声がしたそうな。ホーノ鳥はびっくりして、

「私はこの世の中で一番大きい、ホーノ鳥という鳥だ。海の果てを見に行こうと思って飛び立ったが、いっこうに海の果てに行き着きません」と言った。すると、

「お前では無理だ、俺の角にしがみ

ついているやつが何を考えている。俺は海老というものだ、俺がひとはねしたら海の果てまで行き着くだろう。俺がかわりに行ってやろう」と大声がして、伊勢海老があらわれたそうな。ホーノ鳥が二本の大竹と思ったのは伊勢海老の角だったそうな。それから、海老ははねてみたが大海は続くだけ、いっこうに海の果ては見えません。出発して七日目、夜昼はねていると、海の底に大きな岩陰があったそうな。

(助かった)と思って、海老はその岩陰に入り一晩泊まったそうな。ところが真夜中に、

「こらこら、お前はどうして私の股

「ウラシヤ　ムリジャ。ワー　ティノナン　カチャムスィガトゥン　ムンガ、ヌゥー　カンゲトゥン。ワンヤ　イビチ　イユンムンジャガ、ワガ　チューハネイ　スルイバ　ウミヌ　ハティガディ　イキャルイッド。ワガ　イジッコー」チ、フーグイヌ　シ、イビヌ　イジティ　チャンチュカナ。ホーノトゥリヌ　タアッヌ　フーサン　ディフェチ　ウムタムンナ　エビヌ　ティノ　アタン　チュカナ。ウルインハラ、イビヤ　ハネイティ　ミチャンバン、ウミヤ　ティッキュンダケ、イキャシム　ウミヌ　ハティヤミリャランチュカナ。ウッタッチッカラ　ナンカメ、ユルヒル　ハネトゥルイバ、ウミヌ　シャーナン　フーサン　イワカゲヌ　アタン　チュカナ。

(タスイカテイ)チ　ウムゥテイ、イビヤ　ウンイワカゲナン　イッチ　チュユル　トゥマタン　チュカナ。ジャンバン　ユナハ　ナテイ、

「クゥレクゥレ、ウラヤ　ヌーガ　ワー　ムモヌエーダナン　トゥマトゥンナー」チ　クゥヰヌシャンチュカナ。ィビヤ　ウドゥッチ、「ワンヤ　クゥンユシ　イチバン　フーサン　ィビチ　ィユンムンドー。ウミヌ　ハティ　ミーガ　イキョーチ　ウムティ　ハネタムンジャガ、イキャシム　ウミヌ　ハティヤ　イキティカンドー」チ、イチャンチ。シャットゥ、「ウラシヤ　ムリジャ。ワー　ムモヌ　エーダナンネィプトゥン　ムンガ、ヌーバ　カンゲトゥン。ワンヤ　エイチ　ィユン　イユジャガ、ワガ　チューウーギ　スィルィバ　ウミヌ　ハティガディ　イキティキュッド。ワガ　イジッコー」チ、フーグィヌシ、エイヌ　イジティ　チャンチ。ィビヌ　イワカゲチ　ウムタムンナ、エイヌ　ムモヌ　エーダ　アタンチ。

の間に泊まっているのか」と声がしたそうな。海老はびっくりして、「私はこの世の中で一番大きい、海老というものだ。海の果てを見に行こうと思ってはねはじめたが、いっこうに海の果てに行き着きません」と言った。すると、「お前では無理だ、俺の股の間で寝ているくらい小さい奴が何を考えている。俺はエイという魚だ、俺がひと泳ぎしたら海の果てまで行き着くだろう。俺がかわりに行ってやろう」と大声がして、エイがあらわれたそうな。海老が岩陰と思ったのはエイの股の間だったそうな。

それから、エイは泳いでみたが大海

ウルィンハラ、エイヤ　ウージ　ミチャンバン、ウミヤ　ティッキュンダケ　イキャシム　ウミヌ　ハティヤ　ミラランチ。ウッタッチッカラ　ナンカメ、ユルヒル　トゥディ　ウルィバ、ウミヌ　ナハナン　フーサン　ハヤシヌ　アタン　チュカナ。

（タスカティ）チ　ウムティ、エイヤ　ウン　ハヤシヌ　ナハナン　イッチ　チュユル　トゥマタン　チュカナ。ジャンバン　ユナハ　ナティ、

「クゥレクゥレ、ウラヤ　ヌーガ　ワー　ハギヌ　エーダナン　イッチ　トゥマトゥンナー」チ、クゥヰヌ　シャンチ。エイヤ　ウドゥッチ、

「ワンヤ　クゥンユシ　イチバン　フーサン、エイチ　ィユン　ィユド。ウミヌ　ハティ　ミーガ　イキョーチ　ウムティ　ウージャンバン、イキャシム　ウミヌ　ハティヤ　イキティィカンドー」チ、イチャンチ。シャットゥ、

は続くだけ、いっこうに海の果ては見えません。出発して七日目、夜昼泳いでいると、海の中に大きな林があったそうな。

「助かった」と思ってエイはその林に入り一晩泊まったそうな。ところが真夜中に、

「こらこら、お前はどうして私の足の間に入り込んで泊まっているのか」と声がしたそうな。エイはびっくりして、

「私はこの世の中で一番大きい、エイという魚だ。海の果てを見に行こうと思って泳ぎはじめたが、いっこうに海の果てに行き着きません」と言った。すると、

「ウラシヤ　ムリド。ワー　ムマギヌ　エーダナン　ネィプトゥンムンガ、ヌーバ　カンゲトゥン。ワンヤ　トゥホチ　ィウン　ムンジャガ、ワガ　チュアルキ　スィルィバ　ウミヌ　ハティガディ　イキティキュッドー。ワガ　イジッコー」チ、フーグィヌシ、トゥホヌ　イジティ　チャン　チュカナ。エイヌハヤシチ　ウムゥタムンヤ　トゥホヌ　ハギアタン　チュカナ。

ウルィンハラ、トゥホヤ　アッチ　ミチャンバン、ウミヌ　ハティィヤ　ミリャランチ。ウルィシムアッチュリバ　イティィヌマドン　サンゴショーヌスィー　アッチュタン　チュカナ。ウマナン　フテサン　チュヌ　チ、

「ハゲー、トゥホジャ」チ、イードゥネィブク、ウン　トゥホバ　ティカムィドゥリシ、イブラクナンナゲィ　イルィタン　チュカナ。

「お前では無理だ、俺の足の間で寝ているくらい小さい奴が何を考えている。俺は蛸というものだが、俺がひと歩きしたら海の果てまで行き着くだろう。俺がかわりに行ってやろう」と大声がして、蛸があらわれたそうな。エイが林と思ったのは蛸の足だったそうな。

それから、蛸は歩いてみたが海の果ては見えません。それでもなお歩き続けているといつの間にかサンゴ礁の干瀬を歩いていたそうな。そこへ大きな人間というものが来て、

「あっ、蛸だ」と言ったとたん、その蛸をつかみとり魚籠に投げ入れたそうな。

4　ケィンムントゥ　コーミニャ

ムカシ、アタンチュカナ。

アントゥキン　コン　ブチナンティ　コーミニャトゥ　カンドゥリヌ　アスィディィ　タン　トゥロナン、「ウー井　ウー井」チ、クゥ井ヌ　キキャッタンチ。カンドゥリヤ　ウドゥッチ　トゥディィ　イジャンチ。ヌホサッタン　コーミニャヤ、「ヌーヌクゥ井　カヤー」チ、トゥプミミバ　タティタンチ。シャットゥ　アタダン　ガジマルヌ　ケィヌ　デュゲェティ、

「キョッ　キョッ」チ、クゥ井ヌシ、ガジュマルヌシャーナン　ミョーナ　ムンヌ　ウティティ　チャンチ。ミョーナ　ムンヤ　スィグ　タチアガタンチカナ。イナサン　ワラブィナシシ　ドゥダカ　カマチダカ　ハァーサシ　ハギヤ　ナゲェサン　ディヘナシ　シュータンチ。

4　ケィンムンとコーミニャ

昔、あったそうな。

ある日、川のほとりでコーミニャとカワセミが遊んでいるところに、「うーい　ぅーい」と声が聞こえてきた。カワセミは驚いて飛び去っていった。残されたコーミニャは、「何の声だろう」と聞き耳をたてた。すると突然ガジュマルの木が動いて、

「きょっ　きょっ」と声がしてガジュマルの木の下に不思議な者が落ちてきた。不思議な者はすぐ立ちあがったそうな。小さい子どものようで、体も頭も赤くして、足は長い竹のようにしていた。

「ウラヤ　タルィヨ」チ、コーミニャヌ　イヰバ、ミョーナ　ムンダカ、

「ウラヤ　タルィヨ」チ、イチャンチ。

「ワンナ　クゥン　コーヌ　コーミニャド」チ、イヰバ、ミョーナムンダカ、

「ワンナ　クゥン　ヤマヌ　ケィンムンド」チ、イチャンチ。ガシシ　ケィンムントゥ　コーミニャヤ　ウーババナシ　シャンチ。

「ワンナ　クゥンユシ　ハシリヌ　イチバン　フェーサン　ムンド」チ、コーミニャヌ　イヰバ、「ワンダカ　クゥンユシ　ハシリヌ　イチバン　フェーサン　ムンド」チ、ケィンムンダカ　イチャンチ。ガシシ、コーミニャヌ　イッキャサン　ハギ　ミチ、ナマワレ　シャンチ。

コーミニャヤ　ウン　ナマワレヌ　ハゴサヌ、「ケィンムン　ガンナバ　ハリクマ　スィロー」チ、コー

「お前は誰だ」とコーミニャが言うと、不思議な者も、

「お前は誰だ」と言った。

「俺はこの川のコーミニャだ」と言うと、不思議な者も、

「俺はこの山のケィンムンだ」と言った。そして、ケィンムンとコーミニャは自慢話をはじめた。

「俺はこの世の中で走りがいちばん早いのだ」とコーミニャが言うと、

「俺もこの世の中で走りがいちばん早いのだ」とケィンムンも言った。そして、コーミニャの短い足を見て薄笑いを浮かべた。コーミニャはその薄笑いが気にいらなくて、

「ケィンムン、それじゃ走り比べを

ミニャヌ　ヰヰバ、ケィンムンヤ　ナガサン　ハギ　ワザト　ミシィテ、

「イッチャッドー　ガシスィロー」チ、イチャンチ。

ハリクマヤ　コーヌ　シャーハラ　コーヌ　ウーガディ　ハリュングトゥ　ナタンチ。ケィンムンヌ、

「ガンナバ　ハロー」チ、イチャットウ　コーミニャヤ、

「ショーマデシュン　クゥトゥヤ　ネンド、ミキャメェヌ　ティダヌ　アガリトゥ　ネィブク　ハロー」チ、イチャンチ。ウリンハラ　コーミニャヤ　イットゥキ　カンゲィティ　コーイッぺヌ　コーミニャバ　アティムィタンチ。ガシシ、

「ワンナ　ハギヌ　ナゲサン　ケィンムントゥ　ハリクマ　シュンガトゥ　ナタドー。ミキャメヌ　ティダヌ　アガリドゥ　ネィブク　ハリュッドー。ケィンムンヌ、『コーミニャ』チ　アブリィバ、チキャ

しよう」と言ったらケィンムンは長い足をわざと見せて、

「いいよ　そうしよう」と言った。

走り比べは川下から川上まで走ることになった。ケィンムンが、

「それでは走ろう」と言ったら、コーミニャは、

「急ぐことはない、三日目の日の出とともに走ろう」と言った。それからコーミニャは、しばらく考えてから川じゅうのコーミニャを集めた。そして、

「私は足の長いケィンムンと走り比べをすることになった。三日目の日の出とともに走る。ケィンムンが、『コーミニャ』と呼んだら近くにい

サナン　ウンムンガ、『ワンナ　クゥマドー』チヘンジ　スィリヨー」。チ、イチャンチ。コーミニャンキャヤ、

「ワカター」チ　ィウンナリィ　コーヌ　シャーハラ　コーヌ　ウーガディ　チラバティ　イジャンチ。ミキャメヌ　スィカマ、ニャ　コーミニャンキャヤ　アマクマ　カクルィタンチ。ウマナン　ザザザーッチ　ウトゥヌシ　ケィンムンヌ　イジティチャンチ。ケィンムンヤ　コーミニャヌ　ミリャランカラ、「ウトゥルクナテイ　ヒンギタヤ」チ、チュリグゥトゥ　イチャンチ。シャットウ　ハギヌシャージ、

「ワンナ　クゥマドー」チ、クゥヰヌ　シャンチ。ケィンムンヤ　ムル　ウドゥッチャンチ。ガシシケンムンヌ、

「ディ　ハロー」チ、イチャットゥ　コーミニャヤ、

るものが、『俺はここだよ』と返事をしてくれ」と言った。コーミニャたちは、

「わかった」と言うなり、川下から川上まで散らばっていった。三日目の朝、コーミニャたちはあちこちに隠れていた。そこへざざーっと音がしてケィンムンが現れた。ケィンムンはコーミニャが見えないので、

「怖くなって逃げたな」と、独り言を言った。すると足元で、

「俺はここだよ」と声がした。ケィンムンはとても驚いた。そして、ケィンムンが、

「さあ、走ろう」と言ったら。コーミニャが、

「ワンナ　ムル　イナサンカラ、ワガ　ダー　ハチュンカ　ワカラングトウ　ナタン　トゥキンニャ、『コーミニャ』チ、クゥヰバ　ケーリヨ」チ　イチャンチ。ケィンムンヤ
「オー　ワカタ」チ　イチャンチ。タアーリヤ　ユーヌフエトゥ　ネィブク　トゥプジャチャンチ。ケィンムンヤ　ハシチ　ハシチ　ウシリョミルィバ、コーミニャヤ　ミリャランチ。ケィンムンヤ　ホーラシャ　ナティ、
「コーミニャ」チ　アブィタンチ。シャットゥ　クサンムィヌ　デゥゲエティ、
「ワンナ　クゥマドー」チ、クゥヰヌシ　コーミニャヌ　イジティ　チャンチ。ケィンムンヤ　ムル　ウドゥッチャンチ。ケィンムンヤ　マタ、ハシチ　ハシチ　ウシリョ　ミリルィバ、コーミニャヤ　ミリャランチ。ケィンムンヤ　ホーラシャ　ナティ、

「俺はあまりに小さいから、どこを走っているか分からなくなった時、『コーミニャ』と声をかけてくれ」と言った。ケィンムンは、

「あー　わかった」と言った。二人は日の出とともに飛び出した。ケィンムンは走って走って後ろを見ればコーミニャは見えません。ケィンムンは嬉しくなり、

「コーミニャ」と呼んだ。すると草が動いて、

「俺はここだよ」と声がしてコーミニャが出てきた。ケィンムンはとても驚いた。ケィンムンはまた、走って走って後ろを見ればコーミニャは見えません。ケィンムンは嬉しくな

「コーミニャ」チ、アブィタンチ。シャットゥ　イシヌ　シャハラ、

「ワンナ　クゥマドー」チ、クゥヰヌシ　コーミニャヌ　イジティ　チャンチ。ケィンムンヤ　ムル　ウドゥッチャンチ。ケィンムンヤ　マタ、ハシチ　ハシチ　ウシリョ　ミルィバ、コーミニャヤ　ミリャランチ。ケィンムンヤ　ホーラシャ　ナティ、

「コーミニャ」チ、アブィタンチ。

シャットゥ　フーイワヌ　ウィーハラ　コーミニャヌ、

「ワンナ　クゥマドー」チ、イチ、ワラトゥ　タンチ。ケィンムンヤ　ムル　ウドゥッチャンチ。ガシシ、「ムィヘタ」チ、イヰドゥ　ネィブク、ヤマンナハ　キーティ　イジャンチ。

ウルィンハラ　ケィンムンヤ　ニャ　クゥン　コーナンニャ　イジラングトゥ　ナタン　チュカナ。コー

り、「コーミニャ」と呼んだ。すると石の下から、

「俺はここだよ」と声がしてコーミニャが出てきた。ケィンムンはとても驚いた。ケィンムンはまた、走って走って後ろを見ればコーミニャは見えません。ケィンムンは嬉しくなり、「コーミニャ」と呼んだ。すると、大岩の上からコーミニャが、

「俺はここだよ」と言って、笑っていた。ケィンムンはとても驚いた。そして、「負けた」と言ったとたん、山の中に消えていってしまった。

それから、ケィンムンはもうこの川には現れなくなったそうな。コーミ

ミニャヌ　カマチヌ　ケヘトゥン　ムンナ、クゥントゥキン　ケィンムンナン　カマッタン　アトチイゥンクゥトゥドー

5　ユムンドゥリトゥ　キチキャ

ムカシ、アタン　チュカナ。ユムンドゥリトゥ　キチキャヤ　キョーデ　アタン　チュカナ。

フディタン　タァーリヤ　ウヤムトゥバ　ハナルィティ　マチハチ　キバリガ　イジャン　チュカナ。

タァーリヤ　ティマリ　キバタン　チュカナ。タァーリヤ　マチナンティ　キバティッカラ　サンネンナタン　トゥキ、シマハラ　ティケェガ　チ、

「ウラキャ　アンマガ　ウプサン　ビョック　シャンカラ　フェーク　ムドゥルィー」チ、イチャンチュカナ。シャットゥ　スィダヌ　キチキャヤ、

「ナァマ　チョード　ハタ　ウトゥン　トゥキナ

ニャの頭が欠けているのは、この時ケィンムンにかじられた跡だということだそうな。

5　スズメとキツツキ

昔、あったそうな。スズメとキッツキは姉妹だったそうな。

大きくなった二人は親元を離れて、町に働きに行ったそうな。

二人は一生懸命働いたそうな。二人が町で働きはじめて三年たったある日、村から知らせが来たそうな。

「あんたたち、母親が重い病気なので、早く帰って来い」と言ったそうな。すると、姉さんのキツツキは、

「今ちょうど布を織っている時なの

ティ、クゥン　ハタ　ウリ　ウワティィッカラ　シマハチ　ムドロー」チ　イチ、ウンママ　ハタ　ウトゥタン　チュカナ。ウトゥトゥヌ　ユムンドゥリヤ　アンマガ　ウプサン　ビョック　シャンチ　キチャットゥ、ムル　ウドゥッチ、

「クリャ　ヤッケエナ　クトゥジャ　フェック　ムドゥロー」チ、イチ、ウトゥタン　ハタバ　ウンママ　ウチ、タスキ　ケェーティ　ショーマデシ　トゥディ　イジャン　チュカナ。ウルィシ　ユムンドゥリヤ　アンマヌ　モールィシュン　ムェ　オーユンクゥトゥヌ　ディケィタン　チュカナ。ウルィミチュタン　カムサマヌ　ユムンドゥリナン、「ウラヤ　ウヤコーコームンジャ　ナマハラヤ　タカクラヌ　シャージ　クゥムィ　トゥティ　カムィヨー」チ、イチャン　チュカナ。スィダヌ　キチキャヤハタ　ウリウワティ、キュラギン　ティクティ、ウ

で、この布を織り終わってから村に帰ろう」と言って、そのまま布を織り続けたそうな。妹のスズメは母親が重い病気と聞くととても驚き、

「これは大変だ、急いで帰らなければ」と言って、織っていた布をそのままにして、たすきをかけてあわてて飛んで行ったそうな。それでスズメは母親が息をひきとる前に会うことができたそうな。それを見ていた神様がスズメに、

「お前は親孝行ものだ、これからは高倉の下で米をとって食べていきなさい」と言ったそうな。姉のキツツキは布を織りあげ、きれいな着物を作ってそれを着て村に帰ったそう

ルィ　キチ　シマハチ　ムドゥタン　チュカナ。シャットウ、ニャ　アンマヤ　モールィシュティ　オーユン　クトゥヌ　ディケィランタン　チュカナ。ウルィ　ミチュタン　カムサマヤ　キチキャナン、「ウラヤ　キュラギン　キチュンバ　ウヤフコームンジャ、ウラヤ　ナマハラ　ヤマンナハ　イッチ、カタサン　ケィ　ティッチ、ムシ　トゥティ　カディ　イキヨー。ガシシ、ムシバ　ミィッ　トゥルィバ　ティッヤ　ティンヌ　カムサマナン、タアッムィヤ　ジーヌ　カムサマナン　アゲィリヨ、ガシシ、ヌホタン　ティッヤ　ドゥーヌ　クチナン　イルィルィヨー」チ、イヰツィケィタン　チュカナ。ジャンカラ　ナマディム　ユムンドゥリヤ　タカクラヌシャージ　タスキ　ケーティ　クゥムィ　トゥティ　カドゥロガー。キチキャヤ　チンチャーリヤマヌ　ウク　ナンティ　ケィ　テイッチ　ムシ

な。だけどね、もう母親は死んでいて会うことができなかったそうな。それを見ていた神様がキツツキに、「お前はきれいな着物を着ているけれど親不孝ものだ、お前は今から山の中に入って硬い木をつついて、虫を取って食べていきなさい。そして、虫を三匹取ったら、一匹は天の神様に、二匹めは地の神様にあげて、残りの一匹を自分の口に入れなさい」と言いつけたそうな。

だから今でも、スズメは高倉の下でたすきをかけて米を取って食べているでしょう。キツツキは一日中山奥で木をつついて、虫を取って食べてるでしょう。

トゥティ　カドゥロガー。
「ジャンカラ　ウラキャダカ　ウヤコーコー　スィリヨー」チ　ィユン　ハナシド。
　ユムンドゥリヌ　クビナン　アヤヌ　アンムンナ、ユムンドゥリヌ　ヌノ　ウリュントゥキ　ケートクタン　タスィケィヌ　アトゥチ　ィユン　クゥトゥドー。

6　ウミドゥリトゥ　キーヤ

ナティヌ　ムル　アッタンヒ、キーヤヌ　ケィンエダジ〝ジージー〟ナチュタン　チュカナ。ウマナン　ウミドゥリヌ　チ、

「ウラヤ、クゥマジ　ヌー　シュンナ」チ、キチャンチ。キーヤヤ、

「ワンナ　ムル　アッタンカラ　ウタ　ウタトゥンド。ウタ　ウテガチャナ、ヨーネィヌ　グッソーヌ

「だから、あなたたちも親孝行しなさいよ」という話だよ。

スズメの首に模様があるのは、スズメが布を織るときにかけていたたすきの跡だということだよ。

6　海鳥と蝉

夏のとても暑い日、蝉が木の梢で〝ジージー〟鳴いていたそうな。そこへ海鳥がやって来て、

「お前はここで何をしているのか」とたずねた。蝉は、

「僕はあまりにも暑いので歌を歌っているんだ。歌を歌いながら今夜の

シシ　トゥローチ　カンゲトゥンドー」チ、イチャンチ。ウミドゥリヤ、

「ヌーチ　フリムンナシ、フーサティ　チューサンシシ　ウラガ　トゥリュンチバ、ハハハハハ、クゥリャ　ウーワレジャ」チ、イチャンチ。キーヤヤ、

「ウラヤ　ワロユンバン、ガーシガディ　ムティカシャン　クゥトゥ　アランド。ウラガ　ワー　ウシリョハラ　ティチケィバ　シシ　グッソー　シュッド」チ、イチャンチ。ウルィンハラ、キーヤトゥウミドゥリヤ　ヤマン　ナハ　イッチイジャンチ。イットゥキ　シャットゥ　シシヌ　ハギアトゥヌアタンチ。キーヤヤ、

「ウミドゥリ、クルィガ　シシヌ　ハギアトゥジャ。ナマ　トゥーサヤ　イジュランド、クゥリャ　ミーサン　ハギアトゥジャ」、チ、イチャンチ。ウミドゥリヤ　ニャーリ　ウトゥルク　ナタンチ。ウルィン

ご馳走の猪を捕ろうかと考えているんだよ」と言った。海鳥は、

「なにをばかなこと、あんなに大きくて強い猪をお前が捕るなんて、ハハハハハ、これは大笑いだ」と言った。蝉は、

「お前は笑うけど、そんなに難しいことではないよ。お前が僕の後についてくるなら、猪をご馳走してやろう」と言った。それから、蝉と海鳥は山の中へ入って行った。しばらくすると猪の足跡があった。蝉は、

「海鳥、これが猪の足跡だ。まだ遠くへは行っていないな、これは新しい足跡だ」と言った。海鳥は少し怖くなった。それから、山の中へ入っ

ハラ、ヤマンナハ　イッチ　イケィバ　フーサン　シシヌ　ウタンチ、
「ムル　フーサン　シシジャ」ウミドゥリヤ　ムル　ウトゥルク　ナタンチ。キーヤヤ、
「トー　ウミドゥリー、ウラヤ　ケィン　ウージ　ミチュリヨ」チ、イチャンチ。ガシシ、シシ　メケェヘティ　トゥディイジャンチ。シシ　メケェヘティ
　トゥディ　イジャン　キーヤヤ、ウンママ　シシヌ　ミミンナハ　イッチ　〝ジージー〟ナチャンチ。シャットゥ、シシヤ、ウドゥッチ　トゥダリ　ハネィタリ、シャンアトゥ　トゥルィタンチ。イットゥキシッカラ　シシヌ　ミミハラ　キーヤヌ　イジティ
　チャンチ。
「ウミドゥリ、シワスィランティム　イッチャッドー。ワガ　シシヌ　ミミヌ　ナハジ　フーグゥイシ　ウタバ　ウトタットゥ、ウーアバルィシ　モー

て行くと大きな猪がいた。

「とても大きな猪だ」海鳥はもっと怖くなった。蝉は、

「さあ　海鳥、お前は木の上で見ていろ」と言った。そして、猪めがけて飛んでいった。猪めがけて飛んでいった蝉は、そのまま猪の耳の中に入って〝ジージー〟鳴きだした。すると猪は、びっくりして飛んだり跳ねたりした後、倒れてしまった。しばらくしてから猪の耳から蝉が出てきた。

「海鳥、心配しなくていいよ。僕が猪の耳の中で大きな声で歌を歌ったら、大暴れして死んでしまった」と言った。その夜、海鳥は蝉に呼ばれ

ルィシャッド」チ、イチャンチ。ウンユル、ウミドゥリヤ　キーヤナン　ユバッティ　シシジル　グッソー　ナタンチ。ウミドゥリヤ、

「クゥンドゥヤ　ワーガン　チー　クルィルィ、ワガ　グッソー　スィロー」チ、イチャンチ。ウミドゥリヤ　ウルィンハラ　ィユトゥリヌ　ケイコバ　ハジムィタンチ。

(フーサン　ィユ　トゥユッドー、キーヤダカ　アガーシ　フーサン　シシ　トゥリュンジャガ、ワンヤ　ニャーニャリ　フーサン　ィユ　トゥランバ)。ウミドゥリヤ　イティム　ィユ　トゥリヌ　ケイコシャン　チュカナ。ウカゲシ　ムル　ジョッ　ナタンチ。イットゥキ　シッカラ、ウミドゥリヤ　キーヤバ　ユダンチ。ウミドゥリヤ、

「キューヤ　ワーガ　グッソー　スィロー。ナマハラ　ィユバ　トゥリュンナシ　ミチュリヨー」チ、

て猪なべをご馳走になった。海鳥は、

「今度は僕のところに来てくれ。僕がご馳走しよう」と言った。海鳥はそれから魚捕りの練習にとりかかった。

(大きいのを捕るぞ、蝉でもあんなに大きい猪を捕るのだから、僕はもっと大きな魚を捕らなくちゃ)。海鳥は毎日魚捕りの練習をしたそうな。おかげでとても上手になった。しばらくして、海鳥は蝉を招待した。海鳥は、

「今日は僕がご馳走してあげよう。これから魚を捕るからよく見ておれ」と言った。蝉は木の上で見物していた。そこに魚がやってきた。蝉

イチャンチ。キーヤヤ　ケィン　ウージ、ケィンブツ　シュタンチ。

ウマナン　ィユヌ　チャンチ。キーヤヤ、

「オーヰ　ウミドゥリー、アン　ィユバ　トゥティグッソー　シー　クルイルィ」チ、フーグゥイシイチャンチ。ウミドゥリヤ
「アヰ　ニャーニャリ　フーサン　ィユ　トゥロー」チ、イャンチ。イットゥキシッカラ　フーサン　ィユヌ　タアッ　ナラディ　チャンチ。

（クリャ　フーサ、クゥルイナバ　キーヤダカ　ウドゥッキュロー）ウミドゥリヤ、

「クゥンドゥジャ」チ、イチ、タアッヌ　ィユナンアタダン　ティム　タティタンチ。タアッヌ　ィユヤ　ウドゥッチ　ミギトゥ　ヒジャリナン　ワハレティ、ウミドゥリヌ　ドゥヤ　ワレタン　チュカナ。

ウルィンハラ　キーヤヤ　ユクヌ　イジリバ、ウ

は、

「おーい海鳥、あの魚を捕ってご馳走してくれ」と大声で言った。海鳥は、

「だめだ、もっと大きな魚を捕ろう」と言った。しばらくして、大きな魚が二匹並んで来た。

（これは大きい、これなら蝉も驚くだろう）。海鳥は、

「今度だ」と言って、二匹の魚にいきなり爪をたてた。二匹の魚は、驚き右と左に別れてしまったので、海鳥の股は裂けてしまったそうな。

それから蝉は、欲がでると、海鳥を思い出し、欲張りの心を抑えるようになったということだよ。

ミドゥリバ　ウムジャチ、ユクゥヌ　クゥホロバ
ウソリユングトゥ　ナタンチ　イユン　クゥトゥド。

7 サルヌ　ナマギム

ムカシ　アタンチュカナ。
アントゥキン、ネリヤヌ　カムサマヌ　チュリヲゥナグヌ、ウプサン　ビョーク　シャン　チュカナ。イキャシュン　クスリ　ティカティム、イキャシュン　イシャナン　ミチィ　ムロティム　ノーランチ。ネリヤヌ　カムサマヤ　ムヌシリバ　ユデッチ、「イキャシ　スィルィバ　ムスメヤ　ノーユンカヤー」チ、キチャンチ。シャットゥ　ムヌシリヤ、「ヒメヌ　ビョークヤ　サルヌ　ナマギム　カマサンバ　ノーランド」チ、イチャン　チュカナ。カムサマヤ　スィグ　ウミヌ　イキムンバ　アツィムィタン　チュカナ。カタビリャイユ　テーヌィユ　トゥ

7 猿の生き肝

昔、あったそうな。

ある時、ネリヤの神様の一人娘が重い病気になったそうな。どんな薬を使っても、どんな医者に診てもらっても治りません。ネリヤの神様は物知り（占い）を呼んで、「どうしたら娘は治るでしょう」と聞いたそうな。すると物知りは、「娘の病気は猿の生き肝を食べさせなければ治らない」と言ったそうな。神様はすぐ海の生き物を集めたそうな。ヒラメ　タイ　タコなどみ

ホンキャ　アッタケ　チャンチ。カムサマヌ、

「タルィカ　サルヌ　ナマギム　トゥリガ　イジ　クリランカヰ」チ、イチャン　トゥキン、カムィヌ　イジティチャン　チュカナ。シャットゥ　カタビリャイユヌ、

「シマハチ　アガティム　イキヌ　ディケリュン　ムンヤ　カムィダケジャ。カムィン　イジ　ムロロー」チ、イチャンチ。

「ガシドガシド、カムィン　イジ　ムロロー」チ、アッタケ　イチャン　チュカナ。ウルィシ、ネリヤヌ　カムサマヤ、

「ガンナバ　ウラガ　サル　ティリティ　コ」チ、イヰティケィタン　チュカナ。

ガシシ　カムィヤ、サル　トゥムィガ　シマハチ　イキュンガトゥ　ナタンチ。シマハチ　チャットゥ　ウンブティバ　ミチャミチャ　シャン　チュカ

なやってきたそうな。神様が、

「誰か猿の生き肝を取りに行ってくれないか」と言ったその時、亀が現れたそうな。するとヒラメが、

「島に上がっても息ができるのは亀だけだ。亀に行ってもらおう」と、言った。

「そうだそうだ、亀に行ってもらおう」とみんなも言ったそうな。それで、ネリヤの神様は、

「それではお前が猿を連れ出してこい」と言いつけたそうな。

こうして亀は猿を探しに島に行くことになった。島にやってくるとあたりを見まわしたそうな。すると崖の上の木で猿が青い柿を食べていたそ

ナ。シャットゥ、ガケヌ　ウーヌ　ケィジ、サルヌ

オーサン　カキ　カドゥタン　チュカナ。カムィヌ、「オーヰ　サル、ガーシ　オーサン　カキ　カマングゥトゥ、ニャーニャリ　ハーサンガキヌ　アンドゥロナン　イキャンナ」チ、フーグヰシ　アブタン　チュカナ。サルヤ、

「ヌーチ」ガキヌ　ケィン　ウーハラ　ドゥーバ　ヌリジャチャン　チュカナ。カムィヌ、

「ネリヤドー、ワー　クゥシナン　ヌルイ、スグィ

イキャリッドー」チ、イチャンチ。シャットゥサルヤ　ウーユルクビシ、ガキヌ　ケィハラ　ウリティ　カムィヌ　クゥシナン　ヌタン　チュカナ。カムィヤ　サルバ　クゥシナン　ヌスィティ、ショーマデシ　ネリヤナン　ムカタン　チュカナ。　ネリヤヌ　ジョーグチナンニャ　カタビリャイユ　トゥトゥホヌ　ウティ、

うな。亀が、

「おーい猿、そんな青い柿を食べないで、もっと赤い柿があるところへ行かないか」と、大声で叫んだそうな。猿は、

「なに」と、柿の木の上から身を乗り出したそうな。亀が、

「ネリヤだよ、僕の背中に乗るとすぐに行けるよ」と言った。すると猿は大喜びして柿の木から下りて亀の背中に乗ったそうな。亀は猿を背中に乗せて急いでネリヤへ向かったそうな。ネリヤの入り口にはヒラメとタコがいて、

「おい、見てみろ猿はもうすぐしたら肝を取られてしまうぞ」

「オヰ　ミチンニ、サルヤ　ニャーニャリ　スルィバ　キム　トゥラリュッド」

「アゲエー、ガーシ　アティラン　サルジャヤー」

「カムィヤ　ヰー　サルバ　ダマカチャヤ」チ、カタビリャイユ　トゥ　トゥホヤ　ハナシ　シュタンチ。サルヤ　ムル　ウドゥッチャンチ。

(イキャスィカ　スィランバ　キム　トゥラリュッド)。サルヤ　イヰカンゲヌ　ウカバンチ。ウントゥキン　アムィヌ　フティィッチ、サルヤ　クゥリジャー　チ　ウムゥティ、

「チョーシモティ、キム　ワスルィティ　チャ、カキヌ　ケィナン　フチッチ　クゥン　アムシヤ　ヌリユン」チ、イチャン　チュカナ。ウリバ　キチャン　カムィヤ、

「ヌゥチー、キム　ワスルィタンチ。ムドゥティィトゥティィッコー」チ、イチ　シマナン　ムドゥタン

「なんとまぬけな猿だ」

「亀はうまく猿をだましたな」と、ヒラメとタコが話していた。猿はとても驚いた。

(なんとかしなければ　肝を取られてしまう)。猿はいい考えが浮かびません。その時雨が降ってきて、猿はこれだと思い、

「しまった肝を忘れてきた。柿の木に干してきた。この雨じゃぬれてしまう」と言ったそうな。それを聞いた亀は、

「なに、肝を忘れた。戻って取ってこよう」と、言って島に引き返したそうな。島に着くと亀は、

「猿猿、肝はどこに干してある」と、

チュカナ。シマナン　ティチャットゥ　カムィヤ、

「サル　サル、キムヤ　ダーナン　フチナ」チ、イチャン　チュカナ。サルヤ、

「アマドー」チ　イチ、カムィバ　ガケナン　ヌブラチャン　チュカナ。ジャンバン、キムヤ　ウマナンニャ　ネンタンチ。カムィヤ、

「サル　サル、キムヤ　ダーナン　フチナー」チ、マタ　イチャン　チュカナ。サルヤ、

「ウマドー」チ　イチ、カムィバ　ウトゥルシャンガケナン　ヌブラチャン　チュカナ。ジャンバン、キムヤ　ウマナンニャ　ネンタンチ。カムィヤ、

「サルサル、キムヤ　ダーナン　フチナー」チ、マタ　イチャン　チュカナ。サルヤ、

「クゥマドー」チ　イチ、カムイバ　ニャーニャリウトゥルシャン　ガケナン　ヌブラチャン　チュカナ。カムィヌ　ガケヌ　ウーナン　ティチャットゥ、

言ったそうな。猿は、

「あそこだよー」と言って、亀を崖に登らせたそうな。しかし肝はありません。亀は、

「猿猿、肝はどこに干してある」と、また言ったそうな。猿は、

「そこだよー」と言って、亀を険しい崖に登らせたそうな。しかし肝はありません。亀は、

「猿猿、肝はどこに干してある」と、また言ったそうな。猿は、

「ここだよー」と言って、亀をもっと険しい崖に登らせたそうな。亀が崖の上に着くと、亀の背中から飛び降りて、

「僕の肝は、ほらここだよー」

サルヤ　カムィヌ　クゥシハラ　トゥプウリティ、「ワン　キムヤ　ウレ　クゥマドー」「アティラン　カムイ、イヰ　ダマカチャヤー」チ　イウンナリ、ガケハラ　ウンママ　カムィバ　ティキィウトゥチャン　チュカナ。ガケハラ　ウティタン　カムイヤ、クゥシバ　ウモユン　ウッチ、コーラナン　ヒビヌ　イッチャン　チュカナ。ウレ、ナマディム　カムィヌ　クゥシナン　アヤヌ　アームンヤ、ウントゥキンヌ　ヒビヌ　アトチドー。

8　ケィンムンヌ　ガブ　トゥリ

ムカシ　カヲナン　フーサン　ガブヌ　アン　イショシャヌ　ウタン　チュカナ。ウン　ガブヌ　フーサン　クゥトゥチバ　ティッコフドゥ　アタン　チュカナ。ガブヤ、イショシャヌ　アッキュン　タンビ　ブランブランチ　ドゥゲタンチ。イショシャヤ、

「まぬけな亀め、よくもだましたな」と、言ったとたん、崖からそのまま亀を突き落としたそうな。崖から落ちた亀は背中をしたたかに打ち甲羅にひびが入ったそうな。

ほら、今でも亀の背中に模様があるのは、その時のひびの跡だそうな。

8　けんむんの瘤取り

昔、顔に大きな瘤がある漁師がいたそうな。その瘤の大きいことといったらは握り拳ほどもあったそうな。瘤は漁師が歩くたびにぶらんぶらんと揺れたそうな。漁師は、（なんと

(イキャシカシ　ガブ　トゥリユン　ホーホーヤネン　ダロカ)チ、イティム　カンゲトゥタンチ。

アン　トゥキン、イショシャヌ　ィユ　ティリガイジャットゥ、ワル　ィユヌ　ティラッタン　チュカナ。「キューヤ　ワル　ティラリュン　ヒジャ」チ、ホーラシャ　シュータットゥ、カディヌ
　フティッチ、ケィンムンヌ　イジティチャン　チュカナ。イショシャヤ　ムル　ウドゥッチャンチ。

(ケィンムンジャ…ケィンムンヤ　ィユヌ　ムィバカミュンチ　キチャガ…クゥリャ　ィユヌ　ムィトゥリガ　チャカヤ)チ、ウムゥトゥタットゥ、ケィンムンヌ　イショシャナン　チカディチ　ィユバヌゥドゥミシ、

「イショシャ　イショシャ、キューヤ　ワル　ティラッタヤ」チ　イヰバ、イショシャヤ　ウトゥルクナティ、アタダン、

かして瘤を取る方法はないだろうか)と、毎日考えていたそうな。

ある日、漁師が魚釣りに行くとたくさん魚が釣れたそうな。

「今日はたくさん釣れる日だ」と、嬉しそうにしていたら風が吹いてきて、けんむんが現れたそうな。漁師はとても驚いた。

(けんむんだ…けんむんは魚の目を食べると聞いているが…さては魚の目を取りにきたのかな)と思っていたら、けんむんが漁師に近づいて魚をのぞきこみ、

「いしょしゃ、いしょしゃ、今日はたくさん釣れたね」と言うと、漁師は怖くてとっさに、

「オー、クゥン　ガブヌ　ウカゲシ」チ、イチャンチ。ケンムンヤ、

「ヌーチ、ウン　ガブヌ　ウカゲシ？」チ、キキノーチャンチュカナ。ケィンムンヤ　ウン　ガブ　フシャクナティ、

「ウン　ガブ　ワヌン　クルィルィ」チ、イヰバ　イショシャヤ、

「アイ　ドーリムネン、クゥリヤ　ワンヌ　タカラムンジャ」チ　イチャンチ。ケィンムンヤ　ユフフシャク　ナティ、

「ウン　ガブ　ワヌン　クルィルィ」チ、マタ　イチャン　チュカナ。イショシャヤ、

「アイ　ドーリムネン」チ、イチャン　チュカナ。ケィンムンヤ　ユフ　フシャク　ナティ、

「ウン　ガブ　ワヌン　クルィルィ」チ、マタ　イチャンチュカナ　イショシャヤ、

「はい、この瘤のお蔭で」と言ったそうな。けんむんは、

「なに、その瘤のお蔭？」と聞き返したそうな。けんむんはその瘤がほしくなり、

「その瘤俺にくれ」と言うと、漁師は、

「とんでもない、これはわしの宝物だ」と言ったそうな。けんむんはますます欲しくなり、

「その瘤おれにくれ」とまた言ったそうな。しかし漁師は、

「とんでもない」と言ったそうな。けんむんはいよいよ欲しくなり、

「その瘤おれにくれ」とまた言ったそうな。しかし漁師は、

「とんでもない」と言ったそうな。

「アイ　ドーリムネン」チ、イチャン　チュカナ。ケィンムンヤ　タタティ、イショシャバ　ダキュンナリ、カヲヌ　ガブバ　ムジキチ、ヒンギティ　イジャン　チュカナ。イショシャヤ、ウドゥッチ　カヲ　ナディリバ　ガブヌ　ネンチ。

「クリャ　ヌサレティ」イショシャヤ　ウーユルクビシ　シマハチ　ムドゥティ　イジャン　チュカナ。ナーチャ、ケィンムンヤ　カヲナン　ウン　ガブ　クッティケィティ、ィユ　ティリガ　イジャン　チュカナ。

「キューヤ　ワル　ティラリュッドー」　ジャンバン　ィユヤ　ティッチュマ　ティリャラン　チュカナ。ウリンハラ　ケィンムンヤ　ナーチャ、マタ　ィユ　ティリガ　イジャン　チュカナ。

「キューヤ　カナラッ　ワル　ティラリュッド」ジャンバン　ティッチュマ　ィユヤ　ティラランチ。

けんむんは怒り、漁師を抱きかかえ顔の瘤をもぎ取って逃げて行ったそうな。漁師が、顔を触ってみると瘤がない。

「これはありがたい」漁師は大喜びして村へ帰って行ったそうな。次の日、けんむんは顔にその瘤をくっつけて、魚釣りに出かけたそうな。

「今日はたくさん釣れるぞ」だけど魚は釣れない。けんむんは次の日また魚釣りに出かけたそうな。

「今日はたくさん釣れるぞ」だけどちっとも魚は釣れない。それからけんむんは、次の日もまた魚釣りに出かけたそうな。

「今日はかならず釣れるぞ」だけど

ケィンムンヤ　ナーチャ　マタ　ィユ　ティィリガ
イジャン　チュカナ。
「キューヤ　カナラッ　ティラリュッドー」ジャン
バン　ティィッチュマ　ィユヤ　ティィリャランチ。
ケィンムンヤ、(ダマサッタカヤー?)チ　ウモティィ、
シカタ　ネングゥトゥ　ナティィ、ヤマハチ　ムドゥ
ティィ　イジャン　チュカナ。
クゥン　イショシャヌ　トゥナリダカ　ガブイショ
シャヌ　ウタン　チュカナ。トゥナリヌ　ガブイ
ショシャダカ　ガブヌ　ジャマチ　ウムゥトゥタン
　チュカナ。ガブヌ　ネングトゥナタン　イショ
シャヌ　アゴバ　ナディガチャナ　アッチュリバ、
ウン　トゥナリヌ　ガブイショシャヌ、ガブ　ユラ
シャガチャナ　チ、
「ウラヌ　ガブ　イキャシシ」チ、キチャン　チュ
カナ。シャットゥ　イショシャヤ、

やっぱり魚は釣れない。けんむんは、
(騙されたかな?)と思い、しかた
なく山へ帰って行ったそうな。
この漁師の隣にも瘤漁師がいたそう
な。隣の漁師も瘤がじゃまだと思っ
ていたそうな。瘤のなくなった漁師
があごをなでながら歩いていると、
その隣の漁師が瘤を揺らしながら
やってきて、
「お前の瘤はどうした?」と聞いた
そうな。すると漁師は、
「わしの瘤はけんむんに取られてし
まった」と言って、これまでの事を
みんな話すと、隣の漁師は、
「こりゃいいことを聞いた。わしも
瘤を取ってもらおう」と言って、さっ

「ワ　ガブヤ　ケィンムンナン　トゥラッタ」チイチ、ナマガディヌ　クトゥバ　アッタケェ　カタタットゥ、トゥナリヌ　ガブイショシャヤ、

「クゥリャ　イヰクトゥ　キチャ、ワンダカ　ガブトゥティ　ムロロー」チ　イチ、スィグ　ィユ　ティリガ　イジャンチ。ジャンバン、ティッチュマ　ィユヤ　ティイリャラン　チュカカナ。(ィユヤ　ティイリャランガ　ケィンムンヤ　コンカヤー…)チ、ウムトゥタットゥ、カディヌ　フティィッチ、ケィンムンヌ　イジティ　チャン　チュカカナ。

ケィンムンヤ　ガブイショシャバ　ミリュンナリ、

「クゥレ、スロムン！　ィユヤ　ティララン　ガー」チ　イチ、ムジキチャン　ガブバ　トゥナリヌ　ガブイショシャナン　クッティケイティ、キーティイジャン　チュカナ。トゥナリヌ　ガブイショシャヤ、ウッカラ　ガブヌ　タアッ　アン　ヒンジャ

そく魚釣りに出かけたそうな。ところが魚はちっとも釣れなかったそうな。

(魚は釣れないがけんむんはこないかな…)と思っていると、風が吹いてきてけんむんが現れたそうな。

けんむんは瘤漁師を見るやいなや、

「やい、おお嘘つきめ！　魚は釣れないじゃないか」と言って、もぎ取った瘤を隣の漁師にくっつけ消えていったそうな。隣の瘤漁師は、それから瘤が二つある山羊になってしまったそうな。

ほら、山羊のあごには大きな瘤が二つあるでしょう。それはこの隣の瘤漁師からなったということだよ。

ナタン　チュカナ。
ウレ、ヒンジャヌ　アゴナンニャ　フーサン　ガブヌ　タアッ　アーロガー、ウリヤ　クゥン　トゥナリヌ　ガブイショシャハラ　ナタンチ　ィユン　クゥトゥドー。

布シアター「さるのいきぎも」縦

布シアター「けんむんとこうみにゃ」横

3　子どもたちと楽しむケンムン話（ケンムン体験談）

子どもたちは民話が大好きです。中でも奄美の代表的な妖怪であるケンムン話が大好きです。子どもたちはケンムンのように不思議なモノに興味、関心をもっています。ケンムンの姿をいろいろと想像することがおもしろいのでしょう。奄美では今でもケンムンの存在を思わせる話が聞けます。私たちの身近な生活の中にケンムンが生きているのです。私たちの身近な生活の中にケンムンが生きているのです。ケンムンの姿や性格は話す人によってまちまちです。ケンムンは人間に危害を加え、恐れられていますが、ときには人間と相撲をとったりして遊んだりもします。私たちは、これらの話を子どもたちに語り聞かせています。「ケンムンのがぶとり」「ケンムンとこうみにゃのかけくらべ」「ケンムンとやつでまる」「ケンムンのすもうとり」など、保育所、幼稚園、学童保育、小学生たちと楽しんでいます。これらの話に子どもたちは身をのり出して聞きいります。子どもたちがこれほどまでにケンムン話に興味があったのかと驚かされるほどです。私自身幼い

ケンムンが潜んでいるといわれるガジュマルの大木
（龍郷町久場）

ころからずーっとケンムン話を聞いて育ちました。その時のこわさとおもしろさのないまぜになった気持ちが今も忘れられません。

奄美のケンムンの研究で有名な田畑英勝先生によると、ケンムンは、鹿児島県の奄美諸島の大島本島と徳之島に語られる代表的な妖怪です。ケンムンは、k・i音が、カタカナ表記は難しいのでケと書いているのです。ムン（物の化）の一種ですが語義はまだはっきりしません。ガジュマルなどにすんでいるので単純に木の精と解釈する人もいますが、決して木の者としての性格が特別強いわけではありません。

先生の研究によると、ケンムンは小さい子どものような体で、顔は猿（犬・猫）に似ているといい、体には毛があり、裸で赤いといいます。また、髪はおかっぱで赤毛であるといい、それで髪の赤い子どもをケンムンの子などといいます。そして、膝《ひざ》が長く、座るときは両膝を立てて座るといいます。それで両膝を立てて座るのをケンムン座（ゐ）りといって嫌います。またケンムンは神の零落したものと解され、老人などの中には今でもケンムンを神として畏《おそ》れている人もいますが、完全に妖怪化している土地もあります。ケンムンはもろもろの妖怪の特徴を持っています。たとえば臭《にお》いの怪であり、木（ガジュマル・オホ木〈あこう〉）の怪・海の怪・山の怪・川の怪でもあります。また、ケンムンが山から海に下りるときは爪《つめ》（または頭の皿）に火をともすといい、その火をケンムン火（マチ）といいます（火の怪）。また、音の怪でもあります。ケンムンは蛸《たこ》を怖がり、相撲が好きで人間によく挑むといいます。このように、ケンムンはさまざまな性格をもっているので子どもたちの興味をそそるのです。

私たちが子どもたちと楽しんでいるケンムンの話を少し紹介してみましょう。

1　ケンムンに迷わされた話

宇検村の山の奥深くに竹山があります。そこにはナビリョ石という神の石があり、付近にはケンムンのすみかのガジュマルの木やオホ木（あこうの木）があり、うっそうとしていました。

私と喜次爺《よしじじい》さんと、友だちの忠夫はある日三人でそこに竹を切りに、朝早く出かけました。午前中で作業を終えて帰るつもりだったので、弁当などは持って行きませんでした。それから三人は仕事をし、三人とも大きな孟宗竹《もうそう》を担いで、爺さんが先頭、そして私、忠夫の順に、四メートルくらい間隔をおいて下りて行きました。山中から順に道路に出て、ちょっと広い休憩所があるところに行く途中、一番後ろにいた忠夫が来る気配がしないことに気がつきました。昔からそこは気になる場所なので、爺さんが、

「忠夫」と叫びました。すると、

「オー（はーい）」と返事がしたので、後ろを振り向くともう忠夫の姿は見えなくなってい

ました。一瞬の出来事でした。不思議に思って周辺を捜しましたが忠夫の姿は見つかりません。大変なことになった。忠夫を捜さなければ帰れないと、爺さんと二人で忠夫を捜し始めました。私はもう恐ろしさで、震えが止まりませんでした。

昼過ぎになっても私たちは必死で捜しまわりましたが見つからず、いよいよこれはただごとではないと感じました。ケンムンに引っ張られてしまった。ケンムンの仕業に違いないと思って、二人は木の上に上がって、何度も何度も、「忠夫―、忠夫―」と叫びましたが、何の返事もありません。あちこち捜しまわり、山の反対側に行っても見つかりません。それからしばらくして、夕方の四時ごろでしょうか、遠くでグサッと担いでいる竹を置く音がしました。そしてそれからまた三十分くらいたってから、

「お前が出てくるまで待っているから出てこい」と大声で叫びました。すると、とんでもない方向から忠夫が泣きながら出てきました。十一時ごろから五時間余り、忠夫は山の中をあちこち迷い、谷底でケンムンにばかにされて引きずり回されていたのです。目はうつろで、顔は真っ黒になり、いろんなものがくっついていました。あまりボーッとしているので、ビンタを打ったりしましたが気づきません。やっとの思いで二人でかばいながら休憩所までたどり着くと、とたんにそこに倒れ込み、なんとナメクジをゲーゲーと吐き出したのです。何度も何度もナメクジを吐き戻したのです。そしてとうとう忠夫はそこで気を失い、それから

髪の毛が抜けるまで眠り続けました。そしてしばらくしてから目が覚めました。
それから三年後に忠夫は亡くなりました。私はそれから怖くて一人で山に行くことができなくなりました。忠夫はオホ木を間違って切り、ケンムンの罰が当たったのです。

（話者　坪山豊　昭和五年生）

2　ケンムンが舟に乗り込んで来た話

宇検村の生勝の集落は昔から染屋でもっている村でした。生勝の先の方にある離れ島の枝手久島《えだてくじま》は、大島紬《つむぎ》の染料にするティーチ木（シャリンバイ）がたくさん生えていました。名超信義《なごししんぎ》さんとその甥《おい》は、二人で板付舟を漕いで毎日ティーチ木を切りに枝手久島に行っていました。

ある日、仕事に夢中になり、辺りがすっかり暗くなってきたので、慌てて荷を積んで舟を漕ぎ始めました。そしてしばらくすると、どんなに漕いでも舟が進まなくなったのです。新義さんは（ははー、ケンムンがじゃまをしているな）と気づいたのですが、甥はそれが分からず、

「叔父《おじ》、叔父、舟が進まないのはどうしてだろう」と言ったのです。

「物言うな」信義さんはそう言いました。

こんなときには物を言ったら、言った人に罰が当たるのです。ケンムンが乗り込んできているのです。生勝に向けて進まないのは、ケンムンの行きたい目的地があるからだろうと思い、久志集落に舟を向けましたが進みません。宇検集落に舟を向けてみましたがやはり進みません。二人の大男はあせり始め、ええいと無人の砂浜に舟をむけたら、とたんにぐいぐいと舟が走り始めました。

そして白浜に舟が近づくと、なんと三十ばかりの火がずらっと丘に上がったんです。火の玉がずらっと並んで、もう二人は生勝めがけて大急ぎで漕ぎ戻ってきたそうで。

（話者　坪山豊　昭和五年生）

3　ケンムンに相撲で投げられた話

口の悪い、本当に口の悪い男の子が、ある日、母親に連れられて、タイシャ山に木を拾いに行きました。ふだんからその山に入ったら恐ろしいので、決してケンムンの話はしてはいけないと言われていましたが、その子はそんなことをまったく信用しない子でした。

それはちょうどガジュマルの木がうっそうと茂っている怖い場所に来たときです。母親が「何も言うな」と目で合図しましたが、その子は、「オーイ、ケンムン、ここに出て来い、おれと相撲をとろう」と大声で言ったのです。そのときはどうもありませんでしたが、母親はどうにかならなければよいがと心配でたまりません。そして、その親子は山から帰ってきました。

その晩のこと、村の広場のすぐ近くにその男の子の家はありましたが、夜中の一時ごろ、広場から何人ものケンムンが、「おーい、出て来い、出て来い」と呼んでいるのです。あんまり呼ばれたので、その男の子は、しかたなく出ていきました。出ていったとたん、五、六人のケンムンが交互にかかってきて、何度も何度も投げられ投げられし、とうとうへとへとになるまで、ケンムンに投げられてしまいました。

夜明けになると、ケンムンは引きあげて行きましたが、その途中ケンムンは、その男の子の親せきの人の砂糖小屋に寄って、砂糖の搾り汁の入っている鍋《なべ》をひっくり返していきました。その男の子のおかげで、親せきの人まで大迷惑をかけられてしまいました。それからその男の子も決してケンムンの悪口を言わなくなったということです。

怖いもんですよ、ケンムンは。

(話者　坪山豊　昭和五年生)

4　ケンムンに漁のじゃまをされた話

風ひとつ波ひとつない穏やかな日、イザリに出ました。

しばらく歩いていると風もないのにガス燈が消えたり、海面が「バチャ、バチャ」と音がして波が出て海底が見えなくなりました。

「ああ、今晩はじゃまされてもうとれないなあ」ということでイザリをあきらめました。砂浜にあがって帰ろうとして歩いていたら奇怪のものが先になったり、後になったりしてついてきました。いやな予感がしたので急ぎ足で歩いていると、いきなり奇怪なものがぶつかってきて倒れてしまいました。ガス燈も消え二度も同じような目に遭《あ》ったので、今晩は大変なことだ。もうだめだと思ってあわてて帰ってきました。

ケンムンの大好物のスガリを取ったのでじゃまをされ、倒された話です。

（話者　眞田力　大正十三年生）

5　ケンムンが山仕事の手伝いをしてくれた話

宇検村の久志集落と生勝の間の山奥での、昭和十五年の冬のことです。

霜月に入れば、毎年熊小父《くまおじ》は深山に入って、毎日日が暮れるまで山工《やまく》をしていました。山工というのは山の中で材木を切り、それを柱や板などに加工することです。

ある日、たまたま雨が小降りになり、日も暮れてきて暗くなったので、たき火をして木を削っていたそうです。すると何か人の話し声のようなのが聞こえてきたそうです。うしろをふりむくと五、六匹の、頭をひざでこんなふうに隠した何かが、火のまわりに座っていたそうです。熊小父はそんな話はよく聞いていたものだから、ケンムンだとすぐ思い、後手《うしろで》(コショデ、忌みきらわれる方法)で、木切れを二、三回投げましたが、立ち去りません。熊小父は、立ち去らないのは、ひもじいのではないかと思って、弁当の残りをやったそうです。そしてケンムンは、それを喜んで食べていなくなったそうです。熊小父はその日はそのまま帰ったそうです。そしてあくる日、山工の続きをして、仕上がった柱を担《かつ》ごうとしたけど、重くてどうしても一人では担げなかったそうです。何とか方法はないかと思っていたとき、昨夜のケンムンが来てくれて、材木の片方を持ちあげてくれたそうです。重い材木がうそのように軽くなり、山奥から道まで軽々と出すことができたそうです。

それ以来熊小父と友だちになり、山仕事の手伝いをしたり、材木をおろす時には必ず応援に来たりしてくれたそうです。

(話者　坪山豊　昭和五年生)

6　ケンムンに海に突き落とされた話

車や人もなかなか通らない真っ暗闇《くらやみ》の十一時頃、友だちと二人で魚釣りに行きました。「こっちで釣ろうかな、いや、こっちだ」などと言いながら、三間《さんげん》くらい離れて釣り竿を投げました。そこは佐大熊町の旧道の岬で、ホーギ（アコウの木）が茂っている所でした。三十分くらいじっと座っていましたが、魚がなかなか食いません。じっとしていたら、うしろの崖の上から突然、「ドシッ、ビシャッ」、大きな石がたたきつけられる音がしたのです。うしろをふりむいてみましたが、暗くてよくわかりません。うしろの方にはホーギがあり、昔からケンムンがすんでいると思っていたので、

「あっ、ケンムンじゃが」と友だちに言ったら、「力兄《つとむあに》！」と友だちは一口言って、あとは恐ろしさで、うんともすんとも言いません。私は、「何という奴だ、この魔様《まよう》な物は、人のじゃまをして、魚が釣れないじゃないか」とまた、友だちの無言の忠告も聞かず言いました。「力兄！」とまた友だちは言って私を制し、マッチをつけて、静かにタバコをすいはじめました。友だちは、（ああ、黙っていればいいのに、これは大変なことになったぞ）と思ったそうです。

私がケンムンの悪口を言って五分もたたないうちに、一メートル先の釣り竿の鈴がチリンチリンと鳴ったので、（ソラ、魚が食った）と竿をあげようとしたとたん、竿をつかんだまま、崖下の海へまっさかさまに落ちてしまいました。海の中で私はしばらく気を失っていたんでしょう、「力兄、力兄」と必死で叫んでいる声が、遠くの方からしてきて、私は意識をとりもどしました。

「おい、大丈夫か、おい、大丈夫か」と聞こえてきて目が覚めたのです。それから二人はあわてて崖をはいあがって道へ出、恐ろしさでガチガチ震えながら、ほうほうのていで家に帰りました。ケンムンの通り道をじゃまして、そしてケンムンの悪口まで言ったので罰《ばち》があたったのです。怖いもんですよ、ケンムンは。

（話者　眞田力　大正十三年生）

7　イカびきの話

終戦直後の話です。

月のはっきりしない、七日月の夜のことでした。久志（くし・村名）の青年たちが、「今夜はいい夜だからイカびきしよう」ということで、イカびきの漁に出かけました。枝手久島というイカがたくさん釣れる場所へ、日が暮れてから出発したのです。

久志から出発して、枝手久島の北側をまわって、半周したらちょうど潮時に着いて、イカびきを始めました。そのときのイカびきは、それはそれは最初から釣れどおしで、今までにない大きなイカがどんどん釣れました。枝手久島を一周し、舟底が見えないくらいイカが釣れたのがちょうど夜半過ぎでした。その青年たちは、今夜は大漁だということで、「よし、村の人全員に配ってやろう」とかいをこぐのも嬉しく、久志の浜に帰ってきました。

そして、砂浜に舟を引き揚げてから、イカを入れる籠を取りに行き帰ってくると、舟には一匹のイカもなくなっていたということです。ケンムンがイカに化けていたのです。

枝手久島はケンムンがよく出没する場所でハブとケンムンの島といわれ、今でも村の人々から恐れられています。

（話者　坪山豊　昭和五年生）

8　ケンムンはヤギのにおいがするという話

舟大工の丁稚奉公を終えてから三カ月ぐらい枕木作りをしていました。生勝（いけがち・村名）の山奥のタイシャ山というところは、ケンムンがたくさん出没するところと聞いていました。

ある日、義志信小父《おじ》と二人でタイシャ山に枕木用の大きい木を切りに行きました。それから十日くらいしてからのことでした。山仕事を終え、二人で黙って弁当を食べていたら妙な強烈な匂いがしました。それは、ヤギの匂いに似ていたので「小父小父、何かヤギの匂いがしませんか」と言ったら、「しっ、黙ってろ、ものを言うな！」と義志信小父はにらみつけました。後で聞いたら、ヤギの匂いがしたらすぐ近くまでケンムンが来ているということだそうです。

（話者　坪山豊　昭和五年生）

9　ケンムンが舟に化けて板つけ舟をひっくり返そうとした話

終戦になって二年くらいたったある夜のことです。

枝手久島と宇検の間にあるホノホセというところの話です。ある日小父と二人で板つけ舟でユナガリ（いかりをおろして夜どおし魚釣りをする）をしていました。

しばらくして変な物音がしました。不思議に思いましたがまたアンカ（錨《いかり》）をうって魚を釣っていました。すると沖の方から大きな真っ黒いものが舟の方に向かってきます。二人はびっくりして、「あの黒いものは何か？」と話しながらもまた、魚釣りに夢中になりました。しばらくすると、その真っ黒いものがどんどん近づいてきます。舟のすぐそばまでやってきました。二人はあわてておろしてあったアンカを切りました。（早く逃げなければ）と二人はあせりました。もうすぐそばまで真っ黒い山のようなものが押し寄せてきたのです。そのとき、舟がものすごく揺れひっくり返ろうとしました。恐ろしくて、恐ろしくて舟にしがみついていました。しばらくして、山のような真っ黒いものは舟のすぐそばをとおって今里（いまざと・村名）の方へ進んで消えていきました。

それは、ケンムンだったのです。ケンムンが舟に化けて二人をからかったのですよ。

（話者　坪山豊　昭和五年生）

10　漁に行くときに黒砂糖を与えた話

ある日のこと、佐大熊のホー木《ぎ》（アコウの木）の茂っている下の浜での出来事です。いしょしゃ（漁師）がアダンの林の下を通ってイザリ（夜の漁）に出るため砂浜におりました。アダンの下の方で、

「どうか、私のじゃまをしないでください。飴と黒砂糖をもってきましたからじゃまをしないでください」とお願いを唱えました。そしてガス燈をもってとことこ歩いてスガリ（蛸の一種）をさがしていると、スガリがたくさんとれました。

「今夜はじゃましないぞ、これはいい」と思って、サンゴ礁のとり囲む浜辺をどんどん進んで行くと、岬の先にケンムンが岩の上に座っているのが見えました。目がギョロッとし、頭の上の皿が光っていました。「ははーん、ケンムンがいるな、下をとおって行こう」と思いながら近くまで行くと、ケンムンが鋭く光った目でジロッと見ているようです。何かじゃまをされそうな気配がしました。しかし、海は穏やかでスガリはたくさんとれました。きっと黒砂糖をあげたのでそのお礼だったのでしょう。

いたずらを全くされないでむしろ歓迎され、イザリは大漁で喜んで帰ってきたということです。

（話者　眞田力　大正十三年生）

11　ケンムンに会って発熱した話

昭和三十年ごろの話です。

これは私の叔母が久場先《くばざき》の山にウドゥル木（薪）を拾いに行った帰り道、谷間の小川を渡ろうとしたら、「キャッ、キャッ」と声がしたそうです。見るとその川で奇怪なものが三匹水浴びをしていました。三十センチから四十センチほどで、オットンビッキャ（食用になる大型の蛙）のようなかっこうをしていたそうです。口はとんがり、目は鋭く光って、頭の上には皿をのせて、それはそれは奇怪なものいであったと話していました。ケンムンだったのです。

それを見て叔母は髪の毛がさか立ち、恐怖で拾い集めた薪も放り出して家に逃げ帰ってきました。叔母はケンムンそのものの姿を見てしまい、ショックで発熱し三日間寝こんでしまいました。怖いですね。

（話者　眞田力　大正十三年生）

12　ケンムンに石を投げられた話

宇検村の枝手久島の生間《いけんま》での話です。

生間の浜と浜の間の海の中には、スネといって山のように盛り上がっているところがあります。そこは、たくさん魚が釣れるところです。そして、昔からケンムンの主がすんでいるともいわれていました。村の人たちからも怖がられている場所でした。

私が十二歳のころ信吉小父《おじ》と魚釣りに行った時です。その日は、海は穏やかで魚がおもしろいようにたくさん釣れました。しばらくしてから、舟の近くでさかんに、「ブッシュン、ブッシュン」と音がします。

「石を投げる人はいないはずなのに、おかしい」と信吉小父はもごもご言いました。すると、ますます音が高くなりました。

「くりゃ、やっけなくとぅじゃ！（これは、大変なことだ！）」と小信吉父が言ったとたん、こんどは舟べりまで石が飛んできました。今度は、「ブッシューン、ブッシューン」と大きな音がします。

「ヨウヌィヤ、ジャマサルィティ　ニャー　テイララン　ムドゥロー！（今晩はじゃまされてもう釣れない　帰ろう！）」と言って、信吉小父は漕ぎ方を早めて帰ったのです。あくる日、村の人たちが話を聞いて同じところに釣りに行ったが、ぜんぜん釣れなかったそうです。ケンムンの仕業だったんですよ。

（話者　坪山豊　昭和五年生）

13　ケンムンに口をひねられた話（ケンムンときたろう）

ある日、きたろうとその友だちの学校の帰り道の話です。

学校から家に帰る途中に、ガジュマルの木がうっそうと茂っている場所があります。昼間でも暗くいつも小走りで通っていました。ちょうどその場所を通ったときです。友だちが、「ここがケンムンの出る場所か」と聞いたので、きたろうは、「ケンムンの話をするな、罰があたるよ」と注意をしました。とそのとき、注意をしたきたろうが口をひねられて、ヨダレを流すようになって大変なことになりました。

それから、きたろうは神様を拝み、治してもらいました。

「ケンムンの話をするな」と言った人に罰があたり、口をひねられたんですよ。

（話者　川畑豊忠　大正十二年生）

14　ケンムンに相撲で投げられた話

宇検村の久志集落にやちゃうじ（やちゃ叔父）という、人の悪口ばかり言っている人がいました。

ある日のこと、やちゃうじは魚釣りに行くため浜に下りました。すると砂浜で小さい子どものような者が動きまわっていました。そこはケンムン原といってケンムンがよく相撲をとっているところと聞かされていました。ちょうどそこにさしかかったとき、やちゃうじが、「オーイ、ケンムン　おれと相撲とろう」と叫びました。するとやちゃうじはまた、「弱虫ケンムン、出て来い、出て来い」と叫びました。やちゃうじが悪口をついたとたん、ケンムンが何匹も飛びかかってきました。ケンムンが身構えたので、つかまえて投げ飛ばしたと思ったら、逆に自分がふっ飛んでしまいました。何度も何度も投げましたが、そのたびに自分が投げ倒されました。やちゃうじは血まみれになって気を失っていたそうです。

　ケンムンの悪口を言って、相撲で投げられた話ですよ。

（話者　坪山豊　昭和五年生）

15　ケンムンが火にあたる話

　ある日、砂糖を炊いているところにケンムンが火にあたりにやってきました。「じゃまだー、あっちいけー」と何度追いかえしてもやってきました。そのうちケンムンはいねむりをはじめ、火にあたって温んでいました。ところが、砂糖を炊いていた人が、ケンムンをからかってやろうと、あくびをしながら足を伸ばすふりをして、ケンムンをけとばしました。するとケンムンは火のところにひっくりかえって、「キャッ、キャッ」と泣きながら逃げていきました。そのせいで、その砂糖鍋はケンムンにゆり動かされて、砂糖ができなかったということです。

ケンムンをからかって、ケンムンにいやな思いをさせたりしたら、砂糖炊きの鍋を踏みつけたりして、砂糖ができないようにしてしまうんですよ。


（話者　川畑豊忠　大正十二年生）

16　木がゆれる話

私が二十三歳ごろの話です。

舟大工の就業をするため宇検村の生勝を出て、大和村の大金久へ丁稚奉公に行きました。冬の間は山仕事があり、よそ島出身の私は山をよく知らないので、三歳下の友人についていつも山へ入っていました。

ある日のこと、大金久の山を越え深山に入って行ったら、美しいホルトの木を見つけました。喜んだ友人は木に向かって斧をふりあげました。ホルトの木はまっすぐに伸びていて枝もなく、船を作る角材にもってこいの木です。木には主がおり、斧をふりあげて動いたり震えたりしなければ、その木は切っていいといわれています。ところが友人が斧をふりあげたとたんホルトの木が動きだしました。友人は真っ青になって逃げだしました。その逃げだしたところに私は追いかけていきました。

しばらくすると、友人は少し落ち着きました。そしてそのときのようすを、震えながら泣きながら話しました。

「斧を振りあげたとたん、風もないのに木がざわざわと動きだした」と、そのときのようすを話してくれました。そして、もう二度と山仕事はいやだといって、そのあと自衛隊に入りましたが、横須賀でつないである船から落ちて死んでしまいました。木の主に出合ったりすると、その人は短命だといわれています。

美しい木を切るとたたりがあり、おそらくそれはケンムンの仕業だろうと言われています。


（話者　坪山豊　昭和五年生）

17　ケンムンと蛸の話

ある漁師が、イザリ（夜の漁）に行き、蛸がたくさん捕れたそうです。すると、イブラク（魚など取った物をいれるザル）の中へ入れておいたその蛸がとつぜん海に投げ出されました。「バシャン、バシャン」と、音がしたため、その人はたいへん不思議に思い、「そこに、だれかーいるのか？」と、とっさに大声で叫びました。しばらくすると、何もなかったかのように海は静まりかえりました。漁師は怖くなって慌てて帰ったそうです。

集落の人たちに不思議な出来事を話したら、「それは、ケンムンの仕業だ！　イブラクに手をいれて、何か取ろうとしたところ中に入れてあった蛸がケンムンの手に吸いついてしまったので、ケンムンは驚いてその蛸を投げつけたんだろう」と言って、皆で大笑いしたそうですよ。

（話者　川畑豊忠　大正十二年生）

18　ケンムンの声が聞こえた話

昭和十八年の八月の晩のことです。ちょうど太平洋戦争中に聞いた話です。

宇検村のイシャラ（石原）に住んでいる熊小父がヘダ（平田）という集落へ豚の子を売りに行きましたが、帰りには日が暮れてしまいました。薄暗い夜道を歩いていたら、「ガヤ、ガヤ、ガヤ」と誰もいないのに大勢の人の話し声が聞こえてきたそうです。熊小父は気持ち悪がって、急いでスコ（須子）の集落へ向かいました。集落の入り口へ来たとたん、その話し声は聞こえなくなったそうです。それで熊小父は、安心して石原の集落へ急ぎ足で向かいました。須子の集落を通り過ぎたらまた、「ガヤ、ガヤ、ガヤ」と人の声が聞こえてきたそうです。熊小父はなお怖がってスコとイシャラの間に下田という疎開小屋がありました。そこで二、三時間待ってもうあの声は聞こえないだろうと思い外に出ました。すると出たとたん、「ガヤ、ガヤ、ガヤ」と話し声がして、後をついてきます。歩きを止めれば話し声も止まり、歩き始めると声がします。熊小父は恐ろしさのあまり走り出し、ちょうど八月踊りの練習をしていた集落の人たちの輪の中に入りました。怖さを紛らわすためにしばらく踊っていました。そして集落の人たちと一緒に帰ったら、もうその話し声は聞こえてこなかったそうです。ケンムンの声だったんですね。

（話者　坪山豊　昭和五年生）

19　ケンムンが幽霊船に化けた話

戦争が終わってすぐのころの話です。東京の警視庁に勤めていた豊益《とよます》小父が家族全員を連れて、島に疎開に来る途中の出来事です。鹿児島から船に乗って十島村の沖まできたときです。突然船がひっくり返って遭難しました。そのとき、船の端に救命船があったので家族全員それに乗って三日三晩漂流しました。これでもう全員死ぬかなと思いました。ところが夜になってくるとその救命船のそばまで船が近づいてきて、ス（岩場）に船を寄せてくれました。あくる日も船が近づいてきて、スに船を寄せてくれました。

「もしかしたら、助かるかも」と、思いました。

二日間寄ってきた船は幽霊船だったのです。その幽霊船はケンムンだったのです。

（話者　坪山豊　昭和五年生）

20　幽霊船に助けられた話

私の従兄弟《いとこ》の話です。

父が長崎の佐世保の海軍にいたときの話です。終戦になり、佐世保の海岸から闇舟で島に帰る途中遭難しました。やっとの思いで板切れにつかまり、一週間飲まず食わずで漂流していました。もう命があるとは思わなかったそうです。そのとき、舟が自分のそばに寄ってきたのです。驚いたのは、舟の人たちが大勢で歌ったり踊ったりして自分を元気づけてくれたのです。そして、次の日父親が気を失いかけると、また舟がやってきて、「ますますにぎやかに、歌ったり踊ったりしたので目が覚めたのです。きっと亡くなった戦友たちが漂流している自分を励ましてくれたのでしょう」。そして、七日目に米軍の舟が近づいてきて助けてくれました。「自分が生きて帰れたのも亡くなった戦友たちのおかげなんだよ」と父が話してくれました。

その後、従兄弟の父は八十歳まで長命したそうです。

（話者　坪山豊　昭和五年生）

21　ケンムンがおにぎりを食べた話

ある晩、猪をとる人がいつものように山へ出かけたそうです。その人は山に入るときはいつもおにぎりを持っていったそうです。少し寒くなってきたので、たき火をして体を温めていました。すると、その人のすぐそばにケンムンが寄ってきて、火に温まっていました。「あっち、いけ」と追い返しましたが、何度もやってきます。そんな日が二日も続いたので、ある日その人は妻に、「今日は、おにぎりを二つ作ってくれ」と言い、いつものように山へ出かけました。妻は、（一個では足りないのだろう）と、大きなおにぎりをこしらえたということです。そして、たき火をしながらおにぎりを食べているとまた、ケンムンがやってきました。そして、大きなおにぎりをあげたら、おいしそうにかぶりついて食べていたそうです。

ケンムンもお腹がすくんですね。

（話者　武田高雄　昭和十三年生）

22　ケンムンが水の中に入って行ったという話

十月の話です。夜十一時ごろ、ハブ捕りに行ったときでした。その日は真っ暗闇で物音ひとつしない、雨がしとしと降る静かな夜でした。屋入《やにゅう》集落と芦徳《あしとく》集落の間の川をずっと上がって歩いていたら、石の上に爪を動かしているマガン（川蟹）が何匹もいたのです。それを持ちあげたら、甲羅がパカッとあいて中がからっぽだったのです。私はそのマガンをとっては川に投げ、とっては川に投げました。そのときです。背すじがスースーとし、ケンムンがついてきたのがわかりました。何となしにいやな雰囲気を感じました。私はここがケンムンがよく出るところだと気づいたので、わざと強気になりました。そして、水の深い場所があったので、それをよけて背中をむけて崖を登って行くと、ドブーン、ドブーンと水の音がします。また石の音もするので、逃げようと思いました。だけどここで逃げたらいけないと思い、ほら来た！　と思って進みました。そしたら、「キッ！」と声がして、キューピー人形のような三十センチくらいの黒い固まりが三匹出てきました。そして、水の中に飛びこんで行きました。

不思議に思ってもう一度その場所へ確認にいきましたが、石も何もありませんでした。そこにはただ砂にすりこぎのような足跡がありました。

ケンムンだったのです。

（話者　武田高雄　昭和十三年生）

23　ケンムンに目を突かれた話

名音（なおん・村名）集落に伊集院さんといって代診（医者のかわりに診察に当たっている人）をしていた人がいました。その人が今里（いまざと・村名）から病人を診ての帰り道、ミギョガマ（地名）という、名音と志戸勘（しどかん・村名）の間にあるケンムンがいるという崖の下をとおっていたら、そのミキョガマのそばで目を突かれてしまったそうです。自分は医者だから、ケンムンが目を突いたとは思わず、自分が調合した薬をつけたのですが、その薬をつけると痛み痛み、つけると痛み痛みして耐えられなかったそうです。それで奥さんが、「あなたはケンムンに目を突かれたのですよ」と言ったので、神様拝みをしてもらったところ、すぐに目の痛みがなくなったという話です。それから伊集院代診も、「あー、ケンムンは本当にいるよ」と、言うようになったそうです。

（話者　川畑豊忠　大正十二年生）

24　ケンムンの相撲とり

ある日、イショシャ（漁師）が魚釣りから帰ってきて、舟を浜に引きあげていました。そこにケンムンがやってきて、「おれが手伝ってやるから、相撲をとろう」と言いました。するとイショシャは、「わしのまねをしたら、相撲をとってもいいよ」と言って、舟のへりに足をかけて、さかさまになって見せました。すると、ケンムンはまねをして舟のへりに足をかけて、さかさまになりました。そのときイショシャは、「いまだ！」と、言ってケンムンの足を引っかけてたおしてしまいました。イショシャは、「わしが勝った！」と言ったら、ケンムンはあわてて逃げていきました。

ケンムンが逃げていったのは、頭の皿の水がこぼれ力が弱くなったからです。それで、ケンムンが、「相撲とろう」と言う時は、「ほら、勝った！」と言うとケンムンは逃げて行くそうですよ。

（話者　川畑豊忠　大正十二年生）

25　ケンムンの宿る木を切って熱をだした話

私が小学六年生の時でした。ある日のこと叔母(母の妹)が、瀬戸内町須子茂(すこも・村名)集落の山へたき木とりに行ったときでした。どんどん山奥へ入って行くと、ホルトの木を見つけました。その木はまっすぐできれいな葉をつけていました。叔母は、「クリャ、ヰークィジャ」(これは、いい木だ)と、喜んでその木を切り、家に持ち帰りました。ところがその晩、叔母は高熱を出しうなされました。心配して母といっしょに見に行ったら、叔母は、いつもはシマ口（方言）を話していますが、そのときは標準語で、「何かがついている。体がしずんでいく、手や足をもんでくれー、天照大御神がついているー」と、泣きながら何度も叫んでいました。私は怖くなって、立ちすくみました。母は、「サエ子は神ぶりしている」と、言っていました。

とうとう叔母は、三日後に亡くなりました。きれいな木を切ったりすると、その人は短命だといわれているそうです。後日、ホルトの木は海に流したそうです。
ケンムンが木に宿っていたのです。怖いですね。

（話者　嘉原志保子　昭和二十四年生）

数多いケンムン話の中で子どもたちに語った話です。子どもたちはケンムン話が大好きで、怖いけれども聞きたいのです。自分たちの生活や遊び、いたずらなどもすべてケンムンに夢をたくしているようです。
「あー、おもしろかった」「こわかった」と思うことで十分です。いっぱい感じているものがあるのです。どうぞ、学校で、家庭で、地域でケンムン話を楽しんでください。

六、私のなかの民話

1、グリム童話のふるさとを訪ねて　―日記から―

平成十二年八月四日、ドイツグリムの旅へ、連日うだるような猛暑が続く中、奄美を出発しました。かごしま昔話大学の仲間と成田で再会しました。

八月五日：成田を出発してあれやこれやとあふれる興味を胸いっぱいに語りあっているうちに、飛行機の窓から下を眺めるとシベリア上空でした。川や湿地帯が広々と続く壮大な風景。やがて、丘陵が幾重にも続く景色にみとれながらグリム童話の地を思いめぐらしていました。十二時間後、ドイツの空の玄関であるフランクフルト到着。乗り継いでハノーバーへ、ハノーバーから専用バスで「ハーメルンの笛吹き男」の舞台で有名なハーメルンへ到着。蒸し暑い日本とは違ってさわやかな気候でほっとしました。こうしてメルヘンのふるさとの旅が始まり、グリム童話の背景や歴史的なできごと、そして語り継いできた人々の心を学ぶことができました。

八月六日：ヴェーザー川沿いのハーメルンは、十一世紀から交易市場としてにぎわっていたようです。

忘れられないのは、北ドイツ・ハーメルンのマルクト広場で毎週日曜日に市庁舎前で上演

「ハールメンの笛吹き男」の野外劇（マルクト広場）

されるという「ネズミとり男」の野外劇でした。子どもから大人まで、見る人、演ずる人がいっしょになって楽しんでいました。また、ドイツ語、英語、日本語の案内が流れ、あらためて日本人の観光客の多さを思い知りました。

一二八四年に町の子どもたちが多数姿を消した事件があり、そこからこの伝説が生まれたようです。「ネズミとり男」の物語は、

「ネズミの害に困り果てていたハーメルンの町に、どこからか笛吹き男が現れて、ネズミを笛でさそいだしてくれた。ところが町の人が約束どおり十分に報いなかった仕返しに、笛吹き男は町の子どもたちを笛で連れ去った。帰ってきたのは、目の見えない子と耳の聞こえない子だけだった」という伝説です。

ハーメルンの町は、石造りのみごとな建物が並び、ネズミづくしといってもよいくらいで、どこからか笛吹き男が現れてきてもおかしくない雰囲気でした。メインストリートであるオースター通りを歩いていく石畳にネズミの絵が描かれ、ホッホツアイツハウス（結婚式

の家）の壁に取りつけられた〝ネズミとり男〟の物語を演じる仕掛け時計など、町中にエピソードがあふれるとても楽しい町でした。ネズミの形をした焼き立てのパンを土産に買い、帰国後、あまみ子どもライブラリーの仲間たちと味をかみしめながらグリム童話の旅の話に花を咲かせました。

また、ヴェーザー川沿いの小さい町、ボーデンヴェルダーには、ほら男爵の博物館があり、その前には、馬の体の前半分だけに乗った男爵の銅像があって、道行く人々を笑いにさそっています。ほら男爵の泉では、銅像のおなかから流れ出る水で子どもたちが楽しそうに遊んでいました。どこの国の子どもたちも水辺は最高の遊び場なんですね。

「ほら男爵の泉」（ミュンヒ）

ハーメルンからザバブルクへ。

ザバブルク城は広大なラインハルトの森の小高い丘の上にあり、「いばら姫」の城というイメージがおおいにかきたてられました。今にも主人公の姫が小さな窓から顔をのぞかせそうな気がしました。

八月七日：トレンデルブルクからグリム童話発祥の地カッセルへ。

ドイツでの最初の講義はグリム童話についてでした。ゲッティンゲン大学民俗学研究所でウター博士から、メルヘン研究や百科事典のこと、グリム兄弟の足跡について講義を受けました。小澤俊夫先生がマールブルク市役所のロビーに展示してあったオットー・ウベローデのグリム童話の挿絵四百四十枚をていねいに説明されました。その挿絵には農民の生活が写実的に描かれていて、グリムの挿絵としては最高のものでした。そこへ訪ねてくださったヘック教授からも挿絵についてお話しをしていただきました。ヘック教授のお話しでは、「グリム童話の挿絵はヘッセン州に置くこと、バラバラにしないこと、皆の目に触れるように」という遺言で市に寄付されたということでした。遺言どおりに市役所の広いロビーにすべて展示されているのには心をうたれました。

『グリム童話集』は一八一二年、『子どもと家庭のメルヘン』として初版を出版されてから、その後もずっと手を加えられ、一八五七年の七版まで、なんと四十五年にもわたって改訂作業を続けられていたことには驚きました。現在世の中で訳されているのはほとんどこの七版なので重要だと伺いました。グリム童話が創作ではなく集められたものであり、その背景に何人もの語り手の存在がありました。グリム童話の最も重要な語り手たちはみなフラン

「いばら姫」の劇が上演される
ザバブルク城

ス系の人だったそうです。『赤ずきん』や『いばら姫』などは、どのようにフランスからドイツへ伝わったか、赤ずきんやヘンゼルやグレーテルなど子どもの足で歩き回れる森とはどんな森なのか思いをはせていました。

この講義を通してグリム童話の背景や歴史的なできごと、そして、語り継いできた人々の心を学びました。さらに、グリム童話の世界が多くの人々によって大切に守られ、伝えられているのを強く感じました。

八月八日：かつてグリム兄弟と親しかったシュベルツェル男爵の家で文化的、歴史的、経済的なお話を伺うことができました。そして、現男爵の「交通の便がとても良くなって、簡単にどこへでも行けるようになりました。けれども自分の国の文化を大切にしてほしい」という言葉が心に残りました。

カッセルよりパン焼き小屋のあるリーベルスドルフの村へ。ここでは昔のままのパン焼き小屋が今も使われていて、村の人々が共同でパンを焼いていました。『ヘンゼルとグレーテル』

「ヘンゼルとグレーテル」のお話に登場するパン焼き小屋（バックハウス）

のお話で、魔女がグレーテルにパン焼き釜の中に押し入れられる場面が連想されました。そして、近くの農家で手作りのパンやソーセージなどをいただいたり、民族踊りを見せていただいたりし、日常の暮らしの中で古いものを大切にし、今も生きつづけているのを感じました。

赤ずきんの故郷シュヴァルムシュタットへ。

北ドイツ地方は、ほんの少し歩けば、すぐそこに森があります。日本のように森は山にあるのではなく、生活している場のすぐ隣にあるのです。

近くの古城ホテルのレストランでアップルザフトを飲みながら景観に見入っていると、『赤ずきん』や『ヘンゼルとグレーテル』の森の中にいるような気になり、中世のお話の世界さながらでした。この森は下草がなく、ずっと遠くまで見通すことができ、子どもたちでも歩けそうで赤ずきんやオオカミが今にも飛び出しそうな雰囲気でした。この森の風景を見て、『赤ずきん』の絵本の中の挿絵が納得できました。

頭巾というと、日本では防空頭巾のような物を想像していました。絵本の挿絵にも防空頭

バースドルクの村の民族踊り

巾のような姿で描かれていますが、ここで小さなかぶり物を見てびっくりしました。かぶり物は、この地方の民族衣装で赤は少女用のもの、若い既婚婦人は緑、義理の母は紫、未亡人は黒などと決まっているのだそうです。専用バスの車内から民族衣装を着ている人を見かけることができラッキーでした。

　口伝えのメルヘンや昔話は強い生命力をもってあちこちの民族を渡り、世界の国々とつながっています。奄美の民話にもグリム童話と共通する話があります。「灰坊（シンデレラ）」は喜界島出身の岩倉一郎著『おきえらぶ島昔話』にあり、主人公は男性ですが、グリム童話「シンデレラ」の奄美版です。奄美で長い間口伝えに語られてきた話が、遠くはなれた国々に同じような話として伝えられているのを知って驚きです。

八月九日：シュヴァルムシュタットからマールブルクへ。

　マールブルクの町の広場には、噴水があり「がちょう番の娘」の像が立っていました。ここは、「かえるの王子」伝説の地でもあります。また、「ラプンツェル」が閉じ込められた塔など、ここも十五～十六世紀の建物がとても美しく、四方の教会から美しい鐘の音が響き渡っていました。

マールブルクよりグリム兄弟の生誕地ハーナウへ。 旧市庁舎のマルクト広場にグリム兄弟の銅像が建っています。病弱の弟をすわらせ、それをいたわるように見ている兄、ふたりの仲の良さが感じられます。さらにふたりが著者として携わった『ドイツ語辞典』は次々と弟子に引き継がれ、東西ドイツに分断された状況下にあってもその編集作業は続けられたそうです。その功績で統一後のドイツの紙幣にグリム兄妹の肖像が用いられているのもうなずけるところです。

グリム兄弟銅像（旧市庁舎前マルクト広場）

また、カッセルグリム博物館、シュヴァルム郷土博物館、シュタイナウのグリム記念館など見学し、とても感動しました。グリム兄弟の数々の業績や生涯を知る上で貴重な体験になりました。グリム童話のふしぎな魅力が、このヨーロッパの独特な風土から生まれ、何百年もの間人々の心をつないで伝えられてきたということがよくわかりました。

グリム兄弟博物館には、ふたりの肖像画や原稿などが展示

オルガンコンサートを楽しんだ
エリザベート協会

されていました。

ツタのからまったエリザベート教会では堂々たる建物に圧倒され、歴史の重みをずしりと感じさせられました。そこでのオルガンコンサートは心に響きました。

八月十日：ハーナウからシュタイナウへ。

さらに、心に残っている風景は、グリム兄弟が幼少のころ遊んだというシュタイナウののどかな田園風景です。川はゆったりと流れ心をなごませてくれます。どこの川もコンクリートの護岸で固められてなく、柵もなく自然のままで美しい風景を残していました。日本の川のように広い川原がなく、畑からいきなりストンと深い川になっているので、川の景色がかなり違います。子どものころが思い出されなつかしい風景でした。

また、昔は城の馬小屋だったというマリオネット劇場は、子どもたちで満員でグリム童話を中心とした童話劇が上演されていました。子どもたちは素朴な人形や語りに聞き入り人形の動きに見入っていました。一番印象に残ったのは、コインをにぎりしめ上演をまちながら遊んでいる子どもたちの姿でした。昔話を楽しむことは特別なことではなく、子どもたち

グリム兄弟一家が住んでいたメルヘンハウス（シュタイナウ）

が日常的に小劇場でお話しの世界にふれていることでした。うらやましく思いました。

シュタイナウからヴーヘンバルトへ。

この旅でヴーヘンバルト郊外の森の奥深くにあるナチスの強制収容所跡も訪れました。二十世紀最大の悲劇の跡です。幼い子どもをふくめ、多くの命がうばわれたと聞き、深い悲しみにおそわれました。小澤先生のお話しから、この残虐な行為とあの悲しみを忘れないため、そして、人々の心を立ち返らせる場を残し、戦争の責任を問う姿勢を感じ、あらためて私自身や日本人の生き方も考えさせられました。

八月十一日：ヴーヘンバルトからヴァイマールへ。

さらに、最後の一日だけ、旧東ドイツのヴァイマールまで足をのばしました。旧東ドイツに入ると、道路はところどころ破損し建物が古く、ここにも動かせない歴史を感じました。ヴァイマール共和国、ヴァイマール憲法でよく知られた古い町です。ゲーテとシラーの住居を見学することができました。

ハーメルンをはじめとしてメルヘン街道の街並みはそれだけでおとぎの国のようでした。四百年も五百年も前の美しい木組みの家並み、赤い屋根、白いしっくい壁、窓辺を飾るゼラニュウムやベゴニアなど美しい花々が咲き誇り、家をとりかこむ木々の緑など美しく保たれていました。きっと、この風景は何百年も同じようにくり返されてきたのだと思います。そして、通りにはテーブルが並べられ、人々がおしゃべりをしながらのんびりとコーヒーを楽しんだりと、心豊かな暮らしがあるように思いました。生活のゆとりの違いなのでしょうか。なんとなく流れている時間の早さがゆったりと感じられました。このような町で育った子どもたちの感性はどんなに豊かであろうかと、ドイツ人のすてきなこだわりに感服しました。

八月十二日：最後にヴァイマールからドイツワインの産地、エルトヴィルへ。

フランクフルトのメインストリートは「おもちゃ屋」が立ち並びみごとでした。ドイツの子どもたちは、本物のオモチャに触れているのを感じました。日本のおもちゃ文化のレベルを考えさせられました。フランクフルトの「おもちゃ屋」で買った美しい色彩の木製や布製のおもちゃも、図書館などでのおはなし会や絵本・わらべ歌講座で役に立っています。

夜、まだ明るさの残る中、さよならパーティー。その席で小澤先生の「グリムの旅の経験を子どもたちの幸せのために役立ててほしい」との言葉が忘れられません。また、満月を見ながらライン川のほとりでおいしいワインを飲みながら歌ったわらべ歌や手あそび（♪十五夜さんのもちつき）も楽しかったです。

今回は、グリム童話の背景、グリム兄弟の足跡、メルヘン研究の一端にふれ、グリムのお話をとおしてすてきな旅ができたこと、そして何より先生や個性豊かな仲間と親しく交われたことが喜びでした。今でも、シュベルツェル男爵の庭の菩提樹の木陰、シュタイナウ郊外、ザバブルグ城が見わたせる広大なラインハントの森、小雨のふるなか強制収容所跡などで歌った♪ぼだい樹、♪山辺に向かいて、♪はるかな友に、などくちずさんでいます。また、マールブルグの教会での賛美歌など、思い出すたびに感動がよみがえってきます。

シュベルツェル男爵の家

木々に囲まれ美しい木造りの幼稚園の視察も格別でした。そこは大変充実した保育環境が整い、子どもたちがのびのびと育っていると伺い、とても驚きました。経済的に豊かなはずの日本の保育環境がいかに貧しいものかをいやおうなしに思い知らされます。しかも、環境が豊かなだけでなく、一人一人の子どもを大切にするという点においても、残念ながら日本よりもはるかにすぐれていると感じました。

明るく、楽しく、嬉しい八日間のグリム童話の旅で得たものを多くの子どもたちにも分けてあげたいと思います。

旅へ参加した仲間たちからグリムや日本の昔話をたくさん聞かせていただきました。小澤先生をはじめ、旅で出会った皆様に感謝いたします。

2、遠野ふるさと村を訪ねて

幼いころ、盆と正月は母のふるさと（瀬戸内町手安《てあん》集落）で過ごすのが慣例でした。いつも親戚の叔父さんが寝物語をしてくれました。その方は記憶力がすばらしく幽霊の噂、夜中の山道で起きた不思議な話、ケンムン話などしてくれました。怖い話を聞いた夜は、なかなか寝つけなかったです。それでも叔父さんがみえると怖い話をせがんでいました。

柳田國男の『遠野物語《とおのものがたり》』に触発されて訪れた「遠野ふるさと村」では、そんな幼い日の思い出がよみがえりました。ここは日本の民俗学の発祥の地といわれ、柳田國男が佐々木喜善が語る遠野の伝承を書きとって『遠野物語』という本を出しました。外国では、グリム童話が知られていますが、日本ではじめて昔話を本にしたのは『遠野物語』だといわれています。

遠野は豊かな自然が残り、山々に囲まれた集落には畑が広がり、小川が流れ水車が回っています。その風景は昔ながらの山里を再現した村で、民話の世界そのものでした。

「とおの昔話村」は、柳田國男や折口信夫らが宿泊した「柳翁宿」や、語り継がれてきた数々の昔話が収められている「物語蔵《ものがたりぐら》」など、子どもから大人まで昔話を楽しめます。「伝承園《でんしょうえん》」は、遠野の農家のかつての生活様式を再現しており、国の重要文化財に指定されている曲がり屋「菊池家住宅」があります。また、『遠野物語』の話者である佐々木喜善の記念館もあります。明治四十一年、柳田國男と佐々木喜善の運命的ともいえる出会いによって出された『遠野物語』の舞台の遠野の里には、数百年の時を超えて多くの昔話が語り継がれています。さらに、遠野地域で知られた神様「おしら堂」があり、千体のオシラサマは圧巻でした。

村には七つの古民家や資料館などがあり、それぞれの場所で見学や体験ができました。しばらく散策していると、伝承館で遠野の昔話が聞けるプログラムの時間が迫り、会場に入りました。囲炉裏の回りに観客が座り、語り部の正部家ミヤさんの話に耳を傾けました。「むがす、あったずもな…」と遠野なまりで語りが始まります。「座敷童子《ざしきわらし》」「お月お星」「雪女」など民話の数々を語りだすと、いつのまにか昔話の世界にひきこまれていきました。三十分ほどで最後の話が終わり「どんとはれ」という結びのことばが告げられると、参加者から拍手が湧きおこり現実の世界に戻ります。

『遠野物語』は、平成二十年にＮＨＫで放映された朝の連続テレビ小説「どんと晴れ」で広く知られるようになりました。「むがす、あったずもな」で始まり、「どんとはれ」で終わる昔話の語りの形式でした。

語り部の正部家ミヤさんには小澤俊夫先生の主宰する昔話大学で出会い、これで三度目です。正部家さんの方言のなまりがおもしろく、なつかしさでいっぱいでした。

正部家さんの語りはそのリズムといい間といい、お話しの世界へぐいぐいと引き込まれみごとでした。語りだすといつの間にか昔話の世界にひきこまれ、まるで音楽を聞いているようでした。語り部の笑顔や目のかがやき、やわらかな味わいが伝わり、観光客の笑い声が聞こえ不思議な世界をつくりあげていました。

正部家さんは幼い頃父親から昔話を聞いて育ち、いまは全国各地で遠野の昔話の語り部として活躍されています。姉の鈴木サツさんは語り部の第一人者として大きな功績を残されましたが、残念ながら亡くなっておられました。姉妹は祖先と結びついた語りの場で、こういう試みを大事にしながら民話を語り継いでいたのかもしれません。民話や童話、わらべ唄の背景を学ぶことができました。

また、民話にまつわるおしら様の館、カッパ淵《ぶち》などふるさと村を歩き回りました。『遠野物語』の中には数多くのオシラサマの不思議な話があります。年一回の小正月には新しい布をご神体に着せ重ねてオシラ遊びをしているそうです。

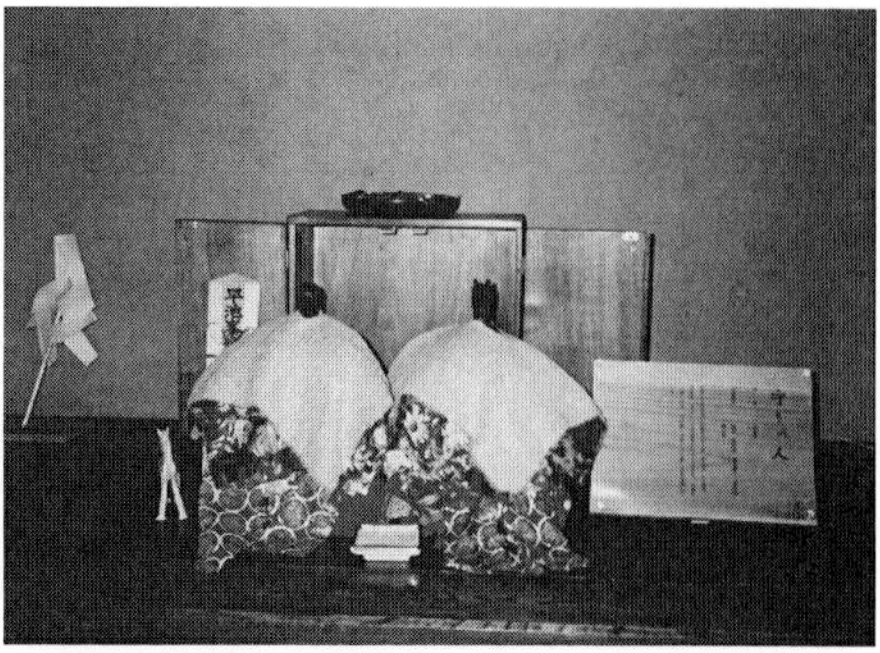
千体のおしらを祭っている「おしら堂」

「オシラサマ」の話は、「娘が飼馬に恋をした。怒った父親は馬を桑の木につるして殺した。娘は悲しみ馬といっしょに天に昇ってしまった。

両親が悲しみにくれていると、…娘が夢枕に現れ『馬の頭の形をした虫に桑の葉を食べさせて』と告げた。そのとおりにすると繭ができた。これが蚕の始まりです」というせつない話です。

「カッパ淵《ぶち》」の話は、「ある日、若者が馬を洗いに川に行った。若者が陸に上がったすきに河童が出てきて馬を川に引きずりこもうとしたが…馬に引きずられてしまう。絶対にいたずらはしないと約束させ河童を放してやる」『妖怪図鑑』（童心社）の「河童のお礼」の話は人間に助けられお礼をしたという話です。子どもの姿をしていて、おかっぱ頭に水のはいったお皿があり、すもうが好きで人間と勝負をするといい、奄美のケンムンに似ていて子どもたちにとても人気がある絵本です。

かつて、河童が多くすんでいたとされる土淵町《つちぶちちょう》の常堅寺《じょうけんじ》裏を流れる小川に河童の神を祭った祠もあり、遠野のキャラクターとしてすっかり町になじんでいる話です。その河童は奄美大島の代表的な妖怪ケンムンと同じ赤い色をしているそうです。遠野の人気スポットで河童がすんでいたという「カッパ淵」に行くには、草むらの中を通り抜けて進みます。小川が流れているところにでると、そこには小さな河童像があり今にも姿を現しそうな雰囲気でした。小川の周辺も私の幼い頃に遊んだ風景とよく似ていて、原風景がそのまま残されとても印象に残りました。

遠野を代表する郷土芸能に、地域の平安と悪霊の退散を祈願する舞といわれている獅子踊があります。

田園地帯を通りぬけ、小高い丘を散策していると数人の男たちが鹿の角をつけた面をかぶり剣を抜きながら舞っていました。笛の音の高い調子にくらべて歌声はとても低く聞き取れませんでしたが、鹿をかたどった木製のしし頭をかぶり、カシナガラ（頭の後部に長く垂れたたてがみ）をなびかせ、激しいリズムで獅子踊りの練習をしていたのです。獅子踊りは鹿の舞のことで、イベントとして見るのではなく、踊りの練習風景を偶然見られたのはラッキーでした。

夜は、民家でふるさと自家製のどぶろくをちびちびと飲みながら、民話の余韻に浸りました。遠野の郷土料理ひっつみ（すいとんの一種）は、鶏肉でだしをとったしょうゆ味のスープに野菜や山菜が入りもろもろの食感が楽しめ格別でした。

また、遠野市立博物館でわらべ歌の研究者である阿部やえさんにお会いしたり、童話作家・詩人として知られている宮沢賢治の「記念館」や「童話村」など見学でき感無量でした。また、五千円札の肖像で知られる「花巻新渡戸《にとべ》稲造《いなぞう》記念館」も訪ねました。新渡戸稲造は明治、大正、昭和初期にかけて日本人の心を世界の人々に伝えることに力をそそいだ方でした。

遠野をおとずれたことで『遠野物語』のイメージをより豊かにしてくれました。昔話の伝え方として最高なのはやはり語りでしょう。ただ話を聞いただけでなく、語り手の生き方、心が伝わりました。今回遠野でたっぷり聞かせていただき、それがよくわかりました。語り手と聞き手がいて民話ははじめて語り継がれていると感じました。奄美は聞く耳を失い、語る力を失いつつあります。私たちは語り継がれる場を手放してはならないと強く思いました。すばらしい旅でした。また、いつの日か遠野ふるさと村を訪れ、宮沢賢治の物語の世界を体験したいと思いました。

3、奄美の森と海の伝説

奄美の森

奄美の森はおもしろい。早朝、奄美の原生林金作原へと出かけました。深い森はどこまで

金作原原生林

も幻想の世界です。巨大なヒカゲヘゴ（高木シダ）や椎の板根がうすあかりに青く浮き出しています。ズアカアオバトの尺八の音色がこだまし、樹木の息づかいが聞こえます。とつぜんオオトラツグミ（トラツグミの種類、国の天然記念物）やルリカケス（ルリ色のカケス、国の天然記念物）が朝あけをつげました。オオストンオオアカゲラ（大型のキツツキ、国の天然記念物）のドラミングが始まり、谷間ではハブやアマミノクロウサギも息をひそめています。枯葉の下にはクワガタやカエルがうずくまっています。日の出とともにいろとりどりの鳥たちがとびかい、にぎやかな歌が森にひびきわたりました。まるで森のオーケストラのようです。

森は人間にもやさしく語りかけてくれます。また、森は人々の豊かな発想や想像力をはぐくんでくれます。おそらくそこに民話が生まれるのでしょう。

奄美の民話には人々が自然とともに生きていくための深い知恵が内蔵されています。たとえば人々は、ガジュマルの木を切ったりすると山の神（ケンムン）のたたりにふれると恐れました。ハブも当然神の使いでした。人々は動植物のすべてに神を感じ、崇拝し、尊敬し、愛していました。

しかし今、シマ（奄美）は少しずつ変わってきました。かつてシマをおおっていた樹木も少なくなり、サンゴ礁の魚たちも泳ぐ海を失いたくないので、それをどうにか守りたいと思います。

『日本民話の会通信』掲載

奄美の森とケンムン

奄美の森はどこまでも幻想的です。こんもりと繁る森の中に入っていくと、木々のざわめきが聞こえます。イタジイの林からこもれ日がさしこみ、巨大なヒカゲヘゴの群落が風になびいています。森の中にはアカヒゲやリュウキュウアカショウビンなど、いろとりどりの鳥たちのさえずりと、オオストンオオアカゲラのドラミングが響きわたり、まるでオーケストラのようです。

また、夜になるとケンムンをはじめとする妖怪たちが走りまわります。ケンムンは山や川や海にと自由自在にあらわれます。たとえば人々は、ガジュマルの木を切ったりするとケンムンのたたりにふれるとおそれました。ケンムンは赤い髪をして全身を毛でおおわれた小さい子どものように語られる奄美を代表する妖怪です。

住用川内喜界川のガジュマルの巨木
（背後は「ケンムンの滝」）（南海日日新聞社提供）

仕事のため山に入っていった人が、材木に適当な木をみつけ、斧をふりあげたとたん、風もないのにその木がゆさゆさと揺れだし、木の葉はひっくり返って、白い葉裏をみせてゆらいだという話。また、山がとつぜんくずれてきてうずまりそうになり、ほうほうのていで帰ってきたが、翌朝そこへいってみると、山はまったくくずれていなかったという話。ある人がアコウの木を間違えて切り、ケンムンに惑わされて山の中をくたくたになるまで引きずりまわされ、ミミズやナメクジを食べさせられ、高熱を出し、とうとう亡くなってしまったという話。このようなあらゆる不思議な物語が、奄美ではケンムンのせいにされています。

奄美の森は人々にやさしく語りかけます。森は人々の豊かな発想と想像力をはぐくみます。そしてそこにケンムンの物語も生まれます。ケンムンの物語には、人々が自然とともに生きていくための深い知恵が内蔵されているのかもしれません。

奄美の森にすむケンムンの物語には、島人の願い、喜び、悲しみ、笑いがあふれています。

動植物のすべてに神を感じ、崇拝し、尊敬し、こよなく愛した奄美の人々の心が、ケンムンをとおしてメッセージとして過去から現代へ、そして未来へと語り継がれていくのでしょう。

ネリヤカナヤ伝説

奄美の人々は海のかなたに神のましますす幸せの国があると信じていました。ネリヤカナヤです。そこはまた、死者の魂の行く国であり、人々に富をもたらす国でもありました。最近になってこのネリヤを龍宮と呼ぶ人々も出てきましたが、これはネリヤカナヤ思想が日本の龍宮思想と似ているからでしょう。ともに海の果て、海の底の浄土の話です。

今でも奄美の人々はネリヤカナヤから稲玉（穀霊）を招き寄せ、東西南北の神々に農作を祈願しています。奄美大島・龍郷町秋名集落では、秋の丙の日の早朝、稲玉を集落の中に迎え入れるショチョガマ祭りをとりおこない、その夕方にはネリヤカナヤから神を招き寄せて、豊作を祈願するマンカイという祭りをおこなっています。両方とも国の重要文化財に指定されている神祭りで、末永く伝承していきたい古式豊かな行事です。

また、奄美には村の神祭りをつかさどるノロ神様によって、「米のながれ」という神歌が伝承されています。それによると、一本の稲穂をワシの鳥・ツルの鳥がネリヤカナヤから脇羽にはさんで運んできたといいます。そして、その稲は、一本植えると三本になり、三本植えると七本になり、というふうにつぎつぎに数をまして、世の中に広がっていったということです。

今はサトウキビ畑におされて田んぼが少なくなってしまった奄美ですが、かつては田植え、草取り、刈り入れ、脱穀なども盛んに行われていました。

ネリヤカナヤを龍宮と呼ぶようになった人々も、龍宮からかしこい娘がやってきて、その知恵で宝物を授かるという民話「龍宮の嫁」など、多くの民話をはぐくんできました。

奄美の人々は今でもネリヤカナヤをこよなく思慕しています。水平線のかなたからきっと幸せがおとずれると信じて。

『生命めぐる島奄美・森と海と人と』(南日本新聞社)掲載

4、亜熱帯の島の子育て　—奄美の郷土文化を保育に—

一、はじめに

1、亜熱帯の島の保育所

鹿児島からはるか南の方に下ると、大小さまざまな島々がずーっと台湾まで飛び石のように連なっています。その北の中心で最も大きいのが奄美大島です。私たちの保育所はその奄美大島の奄美市名瀬にあり、背後は深い森になっています。園庭にはガジュマル、ゴムの木、アダン、バナナ、パパイヤ、ハイビスカス、クロトンなどの亜熱帯の木々があり、緑が多く、色とりどりの花を年中咲かせています。また野鳥の巣箱やバードテーブルには毎日のように小鳥がおとずれています。

保育所は乳児保育、特別保育事業、地域子育て支援事業等を実施。伝承文化や自然とのふれあいなども積極的にとりいれた郷土保育を試みています。具体的には私たちは、豊かな発想と創造力を次代の子どもたちがもてるように、祖父母世代とのまじわりの中から、手作り玩具、伝承遊び、わらべ歌や民話、シマ歌（民謡）や八月踊り（村祭りの踊り）などを保育の中に位置づけているのです。

わらべ歌遊びの子どもたち

2、奄美の風土を生かした保育

今、奄美の言葉はどんどんかわりつつあり、それにつれて語りの場、子ども集団、村社会も失われつつあります。そのような環境で奄美の民話やわらべ歌が衰退し、伝承もとぎれようとしています。私たちの試みは、「太陽と水と土の保育」という理念のもと、奄美の風土を保育の場に生かしていくことです。そして、世代間の断絶などということのないよう、地域の中で、地域の人々がはぐくむ子育てをめざしています。それは、奄美の伝承文化をとおして子どもも大人も郷土への愛着をもち、お年寄りとふれあいながら、楽しく、たくましく育っていく保育です。

私たちの保育（太陽と水と土の保育を試みる）のねらいは簡単にいえば次のようにまとめられます。

①島の文化に興味、関心を持ち、親しませる。
②お年寄りの人生経験やさまざまな能力をいろいろと活用する。
③奄美に伝わる民話やわらべ歌、シマ歌、八月踊りなどをとおして、一人でも多くの子どもたちに出会いの喜びを味わってもらう。
④行事やイベントでなく、日常の小さなふれあいを大切にする。
⑤自然体験をとおして、解放感を味わい、豊かな感性を育ませる。

二、奄美の民話を保育に

1、古老を招いて民話を聞く

保育所では奄美の島に伝わる民話の数々をおりにふれて語り聞かせています。

保育所での民話の語りは主に絵本の部屋で昼寝前にしますが、時々は奄美民話のすぐれた話し手、川畑豊忠さんに来ていただいて語ってもらっています。散歩しながら、遠足のバスの中で、園庭の木陰、野原や川原と、場所は選びません。子どもたちは、川畑さんの目を見て、口元を見て、くいいるように熱心に聞き、その身ぶり手ぶりのお話しに胸をおどらせ、身をのりだしていきます。語りおさめに「チョウガッサ（これで終わり）」と言うと、皆でそろって「ヘェーヘェー」とあいづちを打ちます。このとき、語り手と聞き手が一体になっているのを感じます。そして、子どもたちは言います。「フッシュ（おじいさんの奄美方言）また話して」と。川畑さんはそれにこたえて何度でも語

高倉の下でのフッシュ
（川畑豊忠さん）の語り

ります。そのたびに子どもたちは、民話の世界にひたっていきます。

2、子どもたちが作る大型紙芝居

奄美の民話の語り聞かせをとおして紙芝居づくりを試みています。私たちは四月当初から何度も民話の語り聞かせをします。そして、ストーリーが理解できたころに、実際に民話に出てくる動物や場面を見て、自然に思いきりふれるというたくさんの生活体験をします。そして、そのふくらんだイメージで子どもたちは絵を描き、紙芝居づくりに励みます。子どもたちが目を輝かせて生き生きと絵を描くのは、単に絵の指導ではありません。絵を表現する

以前に、環境を変えたり、発想源となる生活体験を豊富にさせています。野山に出かけて野鳥観察、植物採集、海や川で遊んだり、博物館を見学したり、小動物の飼育もします。さまざまな体験をした子どもたちは自分の絵に集中します。そして心の中にふくらんだイメージを直接的に表現するのです。子どもたちは野や山や川や海など、自然と関わることによって、表現する力を身につけます。一年をとおしてのいろいろな体験が、紙芝居を仕上げます。紙芝居の一作は、一貫した一年の活動の中から生まれるのです。

ちぎり絵紙芝居の製作「けんむんとこうみにゃ」

お話しに出てくる鳥や動物に会いに出かける

できあがった紙芝居を囲んで

3、手作り紙芝居が絵本となる

一九九〇年に『カラスとコーロ』、九二年に『おおきなはなし』、九三年に『マガンとさる』、九五年に『けんむんとこうみにゃ』、九八年に『ゆむんどぅりときちきゃ』、九九年に『うみどりとせみ』、二〇〇〇年に『さるのいきぎも』、二〇〇三年に『けんむんのがぶとり』が完成しました。できあがった紙芝居は保育所でのお誕生会や生活発表会、お年寄りとのふれあい活動などで披露しています。

そして、この紙芝居を奄美民話の会の協力で、絵本として出版することができ、これからも奄美の心（民話）を次代につなげていくために、民話の語り聞かせ、絵本や紙芝居、そして劇などを子どもたちといっしょに作り続けていきたいです。

三、シマ歌、八月踊りを保育に

1、園庭でのシマ歌、八月踊り

奄美の自然、生活、風土そのものが音楽であり、その素朴さがシマ歌や八月踊りにあります。奄美は歌や踊りが生活の中で生きています。

私たちは、シマ歌や八月踊りをとおして、子どもたちの心の中に故郷を思う心を育てたいということで、日々の生活の中で意図的に聞かせたり、ふれさせたりしています。時々、老人ホーム（たかもり寮、なぎさ園）や地域のお年寄り、歌者の坪山豊さんをお招きしてともに歌い踊っています。

シマ歌や八月踊りはあくまでも行事だけのイベントにとどまらないようにと、毎月のお誕生会や運動会、生活発表会やふれあい活動のなかでもなにげなくとりくんでいます。

近所のおじいさんが、三味線をかかえてきて子どもたちと一緒に、ガジュマルの木陰で歌遊びが始まる。「もしもしかめよかめさんよ…」「でんでんむしむし…」「ももたろさん…」と弾き始めるとすべり台やブランコで遊んでいる子どもたちも次々に集まってきます。子どもたちが知っている童謡から弾き始めると、もう興味しんしんです。そして、奄美のシマ歌「行きゅんにゃかな」「イトゥ節」「糸くり節」など、にぎやかな声が響きわたります。子どもたちは、自分の好きな場所で思い思いの遊びをしながら、自由に参加しています。砂遊びをしながら口ずさんだり、ドカンの上に座って手拍子をとったり、すべり台の上で体をゆり動かしたり、ほほえましい光景が見られます。

2、ウタシャ、坪山豊さんとの歌遊び

奄美の歌者の坪山豊さんにも時々来ていただいて歌い踊っていただいています。坪山さんが保育所にみえると子どもたちは「ゆたかうじ」と飛びついていきます。それほど坪山さんの来訪を待ち喜びます。こうして、シマ歌をとおして地域の異世代との交流をはかっています。そこには、心のふれあいが生まれます。

坪山豊さんと三味線を奏でる

坪山さんの「はいっ！」の声にこたえて、小さな手が三本の糸をかきならします。五歳の子どもたちは、坪山さんと一緒に三味線を奏でます。ジャラン、ジャランとリズムや音色がそろっているわけではありません。それでも陽気になり響きます。五歳児では曲を弾いたり、きれいな音をだしたりするのは無理です。三味線やチヂン（太鼓）を構える姿勢や音、リズムになじめばいいのです。子どもたちは、三味線の音を楽しんでいます。そして坪山さんの三味線にあわせて一緒に弾き始めると、子どもたちの体が動きだし、たちまち踊りになります。こうして幼い子どもたちはチヂンや三味線の音に体で反応します。「シマ歌を伝承するのは

とても難しい。しかし、子どもたちが上手に歌えるということではなくて、体で感じることである。子どもは遊びながらも聞いている。シマ歌は小さい時から自然に聞かせることが大切」と坪山さんは語ります。

3、地域住民との八月踊り

名瀬八月踊り保存会、名瀬市有屋町の方々、奄美高校の生徒たちとのふれあいの中で、子どもたちもいっしょに八月踊りを踊ります。「ムチムレ踊り」「さんだまけまけ」「西ぬ実久」などうたえるようになった子も多いです。五歳の子どもたちはいつの間にかチヂンのたたき方を覚えています。チヂンがたたけるようになったのも、幼いときからチヂンにふれ、リズムを体で覚えているからです。チヂンのたたき方を年下の子や障害をもっている子に手をとって教えている子もいます。0歳児でもチヂンの音に体で反応します。歌いたい、踊りたいと心のままに自然に体が動き

八月踊りのチヂン（太鼓）をたたく5歳児

みようみまねでチヂンをたたく0歳児

だすのです。乳児や障害児も同じ場で保育することの意義は大きいです。

なぎさ園やたかもり寮（両施設ともに老人ホーム）、地域のお年寄りも気軽に参加し、涙を流して喜んだり、うれしさのあまり握手を求めたりします。いつのまにか子どもたちもふれあい活動を楽しみに待っているようです。

季節になると、地域の「種おろし」の行事に参加します。子どもたちは足も手もそろわないですが、自然に踊りの輪の中にはいっていきます。このようにお年寄りやまわりの人々が踊ったり歌ったりしているのを聞いて、見よう見まねで自然に覚えていきます。チヂンの音、踊りの輪のむれ、指笛のはやし、そして、地域の人々のやさしいまなざしなど、日常の中で体験させています。

地域の「種おろし」行事の輪に入って

シマ歌や八月踊りは、世代を超えて喜びを共有できます。だから子どもたちがチヂン（太鼓）や三味線に触れるのも自由です。昼寝の時間には、シマ歌のカセットテープを子守歌がわりに流しているクラスもあります。障害をもつA君は、シマ歌が大好きでお昼寝のとき、「行きゅんにゃかな…」とせがみます。また遠足のバスの中でマイクを持って、「行きゅんにゃかな…行きゅんにゃかな…」と何度も繰り返しうたってくれます。このときA君から笑みがこぼれます。また、夏の夕方などガジュマルの木陰で保育士が「行きゅんにゃかな」を弾きはじめると、つぎつぎと子どもたちが集まってきます。子どもたちのほとんどが歌詞をしっかり覚えていて、いっしょにくちずさみます。リズミカルな「ワイド節」では一気に歌声が大きくなり、チヂンをたたく子も出てきます。最後の「六調」ではからだ全体で踊ります。シマ歌も特別なものではなく、日常の保育の中で自然にとこころがけています。

四、わらべ歌を保育に

1、奄美のわらべ歌を保育所に

最近奄美で、奄美の子守歌やわらべ歌がほとんど聞かれなくなりました。今、わらべ歌が聞こえてくるのはテレビやスマホ、CDからです。このように失われていく郷土のわらべ歌を少しでも歌い継いでいこうと、保育の場で実践しています。

時折、保育室から保育士と子どもたちの声が聞こえてきます。耳をすませていると、奄美方言のリズムのわらべ歌です。「とつぃぶる…」「かたんと、ひじんと…」「ぶとぅてらざ…」などです。のぞいていると、手遊びが始まり、子どもたちは肌と肌を触れあい、次々と保育士に手をだしています。保育士は、歌ったり、抱いたり、ゆすったりしてリズムを感じとらせています。保育所では、わらべ歌をとおして、ゆったりとした優しい心が、保育士たちにも子どもたちにも生まれています。新しい歌もいいのですが、子どもたちの思いが歌い継がれてきたわらべ歌は、本当に大事なものです。

保育所では、やはり川畑豊忠さんに来ていただいて、わらべ歌を歌っています。「いちんげた、にげた…」と手をさしていくときのうれしそうな顔、「てぃんみゃ…」などの遊びは、つまんだ手をいかに離さないようにするか、どうしたら長く続けられるか知恵を出し合っています。子どもたちは、つないだ手がほどけた瞬間を喜んでいます。

フッシュ（川畑豊忠さん）と
♪てぃんみゃてぃんみゃあそび

「フンガンエー」の遊びになると、にぎやかな声が響き渡り、川畑さんを離そうとしません。川畑さんが歌い始めると子どもたちの顔が輝きます。きっと川畑さんの優しい気持ちが伝わるのでしょう。また、おばあさんたちからは、「イチモンメの　イッケェさん…」とまりつき遊びを教わったり、「おひとつおとしてオーサラ…」とお手玉遊びを教わります。子どもたちはおもしろいと思うと、自ら遊びの中に飛び込んできます。このとき、子どもたちの生き生きした目の輝きを感じます。わらべ歌は、単調なリズムなので0歳の赤ちゃんから六歳の子どもたちまで楽に歌え、遊ぶことができます。わらべ歌遊びの中には、遊びの原点が隠されているように思われます。シオマネキガニを躍らせながら、「ながづぃむぃ」を歌ったり、コサギを見ながら「さぎゃさぎゃ」を歌ったり、奄美に生まれ育ったわらべ歌は、子どもたちの心に響きます。

2. 年長になると集団遊び

5歳児になると集団遊びも（♪もーりもり）

五歳児になると言語、運動能力はますますのび、みんなで輪になったり、鬼を決めたりと複雑なルールが理解できます。特に輪や列をつくることはわらべ歌遊びをとおしてできるようになります。ところがそういう体験を積み重ねていないと、輪や列をつくるのが難しいです。「もいま」や「もーりもり」などの集団遊びも、みんなでいっしょにするから楽しいことがわかります。こうして、遊びの中から社会性が育つのです。子どもたちがひとつの遊びをくりかえししてもあきないのは、夢中に体を動かすので、体も心もほぐれているからです。だから遊んでいるうちに、しらずしらずのうちに明るくなり、元気になります。わらべ歌遊びにはそんな力があります。

3、野外の遊びの場にもわらべ歌を

川遊びのとき、川畑さんとタナガ捕りをしながら「イシタンガ、ブッカムチャゲ…（川エビよ、おしりをあげなさい）」、雨空をながめながら「アムィガナシ、アムィガナシ…（雨の神様、雨の神様）」、川原で腹ばいになって「ティダクムガナシ、ティダクムガナシ…（太陽の神様、太陽の神様）」と唱えます。遊びの中で子どもたちは自然に呼びかけているのです。保育士たちも子どもたちの小さな声の語りかけに耳を傾けるようになりました。子どもたちの小さなつぶやきに感動し、喜びを感じています。

川原に寝て「ティダクムガナシ」を唱える

こうして子どもたちは、遊びながら自然に音楽を学び始めます。私たちは、ピアノの前での、さあ歌いましょうではなく、全く別な観点から音楽というものを考えています。保育士たちも川畑さんや坪山さんから童心に返ることの大切さを教えられました。難しいといわれている奄美の言葉もわらべ歌により、伝わりやすいこともわかりました。

奄美のわらべ歌は、奄美でずっと歌い継がれてきたものです。きっと、子どもたちの体にも心にも焼きついていくことでしょう。ＣＭソング、アニメソングがあふれている時代だからこそ、保育の場で意識して子どもたちに歌い継いでいきたいと思います。

五、伝承遊びを保育に

1、野原や海岸での草木遊び

できあがったアダンの葉のカジャモシャ（風車）であそぶ

奄美の草木遊びは一日中遊んでいても飽きません。子どもたちは、アダンやソテツジャングルの中に飛び込んで、草木遊びを始めます。

川畑さんと草木遊びを始めて二十年になります。川畑さんは、約百三十種類の遊びを記憶しており、少しずつ子どもたちに伝承しています。親子遠足で海辺へ出かけたり、野原や川原や公園へ出かけたりして伝承しています。

子どもたちといっしょにまず材料選びから始まります。アダンの葉、ソテツの実や葉、バショウ、ガジュマル、笹、ゴムの葉、カボチャやハマユウの茎など、身近な素材を使

夢中になってナリ笛（ソテツの実の笛）を作る

います。葉が大きく、厚くてかたい亜熱帯植物の草木遊びはおもしろいです。風車（カジャモシャ）、笛、バシャ鉄砲、人形、カゴ、帽子、時計、舟などたくさんの玩具ができます。

子どもたちは、川畑さんの話を真剣に聞き、手先を見つめます。川畑さんはほとんど無言なのに、子どもたちは一時間でも集中します。ナリ笛はまずナリをセメントにこすり穴をあけ、中身を取り出します。これは集中力と根気がいります。「すごいねー、なんでもできる。フッシュ（おじいさんの奄美方言）は神様みたい」といいながら見ています。玩具ができあがると、とびあがって喜び、遊びに夢中になります。市販の玩具にはすぐあきる子どもたちも、一日中飽きずに遊びます。自然と子どもたちは直感的にわかりあっています。

2、古老とともに伝承玩具を作る

風車を作りながら、「こうしたらもっと回るんじゃない、風に向かって走ったら回るよ」と、また、笛を作りながら「穴が大きすぎるから音がでらんよ、口をもっとつけたら鳴るよ」と、

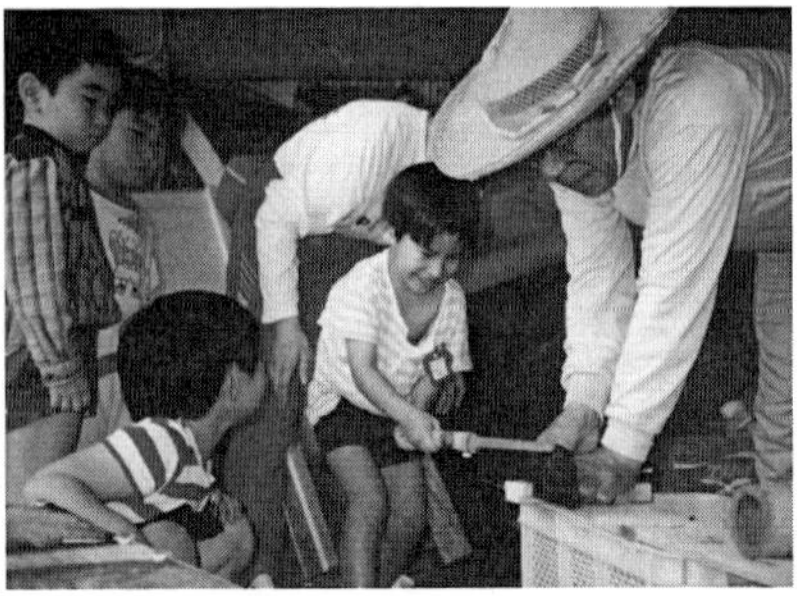

ノコギリを使っておもちゃを作る

再度挑戦する子もいます。「竹とんぼは羽根が大事だよ」「ナイフは手前からけずるんだよ」と丁寧に教わります。子どもが自分たちで作るのはちょっと無理なものも、作る工程を見ることによって関心がでてきます。出来あがるとさっそく遊びを教わります。「すごい、すごい、とんだ」子どもは竹とんぼがとんだときの喜びと驚きを体全体で表現します。おもちゃ作りを危ないからといってむやみに禁止したり、与えなかったりすると子どもの世界は広がっていきません。作る喜びも遊びの工夫も、体験して学びます。すぐしおれてしまう草花も、子どもたちにとってすばらしい宝物に変わります。自然の中での遊びをとおして、子どもたちの能力が驚くほど発揮されます。

川畑さんは、「ノコギリやナイフ、キリ、カナヅチ、なんでもとにかく小さいときから経験させることが大切だ」と言います。

今、市販のオモチャ、プラスチックのオモチャが氾濫しています。だからこそ、温かさややさしさが伝わる手作りのオモチャや草木遊びの楽しさを、子どもたちに体験させたいと思います。そして自然に目を向け、生き生きと感動する心を育てたいと思います。

祖父母から孫へと受け継がれる伝承遊びは、子どもの心に深くしみこみ、これからの人生の栄養となるでしょう。

六　まとめ

1、意識された保育の継続

私たちは保育を次のように意識して実践しています。

①今、子どもたちのおかれている環境にゆとりがない。だから意識して子どもたちに自然体験をさせる。そのためにはまず私たち（保育士）が奄美の動植物の生態系、動物と植物が風土の中でどのようになっているか、実際観察し学ぶ。そして私たち自ら感動体験する。

②心を育てるために肉声をとおして、直接子どもたちに語りかける。しかし今、伝承がとぎれようとしている。民話を語れる古老も少なくなり、民話を聞いて育った人も少なくなった。職員の勉強会で民話の背景にある要素などについても認識を深める。また、民話を採集し、再話し、子どもたちに少しでも残していく努力をする。

③奄美は各集落で言葉がちがい、シマ歌や八月踊りがちがうが、保育所では子どもたちが住む名瀬の歌や踊りを伝承する。今後は継続して地域の行事に積極的に参加し、子どもたちにも日々の保育の中で、三味線やチヂン（太鼓）に親しませていく。

④幼少時代の原体験はとても大切である。特に伝承遊びや伝承玩具作りは、子どもたちに物事の筋道や考える力を育てる。そのためにも身近な地域の古老に、もっと気軽に保育所に来て伝承してもらえるように努力する。

⑤わらべ歌をどう日々の生活の中で根づかせるかを工夫する。西洋音楽もいいが時代を反映して歌い継いできたわらべ歌をもっと大事にしないといけない。まず保育者が奄美のわらべ歌を理解し、好きになる。また、太鼓や三味線など奄美の楽器を使って、奄美の方言で新しい保育を展開させる。

ガジュマルの木陰で絵本を読む

2、伝承文化の大切さ

「今の子どもたちは、本当の遊びの楽しさを知らない」「話を聞かなくなった」という声を耳にします。が、それは子どもたちの責任でなく、遊びの楽しさを子どもたちに体験させない大人たちの責任でしょう。親たちは時間的に精神的にゆとりが失われ、その果てにテレビ等に子守をさせることが多くなりました。「今の子どもたちは遊ばされている」と川畑さんは常々言っていますが、その言葉はあまりにも本質をとらえています。こういう社会状況であるからこそ、家庭でまた保育の場で、自然とのふれあいや絵本の読み聞かせ、そして民話やわらべ歌を聞かせることが大切になるのです。現代社会が失いつつある子どもたちの豊かな心を育てるためにも、伝承文化の継承は大切です。

私たちは、二十年間のとりくみで、自然との関わり、民話やわらべ歌、シマ歌や八月踊り、伝承遊びなどの一つ一つが奥深いことと、実践を継続することの大切さを知りました。多くの地域の方々から伝承文化を教わるだけでなく、子どもたちとの関わり方の基本を教えられた気がします。祖父母世代との交わりの中から、奄美の方言や風習やしつけが、世代を超えて伝わります。そして子どもたちは、お年寄りとふれあうことによって、思いやりや優しさの心が育まれました。私たちにとっても奄美の歴史、文化、地域福祉に対する視野が広くなり、理解と感動を深めることができるようになってきました。

親を思い、祖父母を思い、ふるさとを思う心を養えるようになることが、伝承文化のすばらしさです。奄美の伝承文化は奄美の誇る大切な文化です。私たちは、保育の場で努力してこれを伝えていかなければなりません。子どもたちに奄美で生まれた喜びと誇りを育てていくためにも、伝承文化や自然とのふれあいを、保育の場に位置づけていきたいと思います。

『現代のエスプリ別冊　奄美復帰50周年ヤマトとナハの狭間で』（至文堂）
二〇〇四年一月十日発行

5、奄美民話の会（あまみ子どもライブラリー）活動

①設立の経緯

私たちは、子どもたちが奄美に誇りを持てるよう願いをこめて発足しました。奄美はへき地にあって、子どもたちが良書になかなか出合えません。また、親たちも学ぶ機会が少なく、文化が届きにくいところにあります。

フッシュ（川畑豊忠さん）の語り

そういったハンディを背負った子どもや親たちに良書に接する機会を持ちたいということで、一九八九年に奄美民話の会が発足しました。一九九二年からは会員の子どもたちを中心に「あまみ子どもライブラリー（文庫）」を併設し、親と子がすぐれた本に接し、ふれあいを深めながら活動しています。

また、奄美の生活様式はどんどん変わりつつあり、民話を語れる古老も民話を聞いて育ったという人も少なくなりましたので、祖父母世代との交わりの中から、わらべ歌、民話、シマ歌（民謡）、八月踊り（村祭りの踊り）などを伝えています。さらに、奄美民話の会では親たち

だけではなく、保育士や幼稚園、小中学校の先生も参加して絵本の読み聞かせや語りなどをして、子どもたちと共に楽しんでいます。

設立当初は十人で発足し、現在は約二十人の会員で活動しています。

私たちの合言葉は、民話をとおして豊かな心を！　奄美の心を次代に！　です。それを実現させるためにいつも、子どもたちに語り聞かせを！　子どもたちに手づくり絵本を！　子どもたちにふるさとのことば（方言）、歌（わらべ歌、子守歌）、民話を！　と願っています。

これは、手作りのよさ、あたたかさを伝えるためです。

奄美はお話しの素材や材料が豊富で、自然、風土、伝統など豊かな環境に恵まれ、また、専門家や古老たちや地域の協力者が多く、その方々の協力をいただきながら活動をしています。

②具体的な活動

具体的な活動としては、子どもたちを囲んでのおはなし会、自然観察会、紙芝居作りなどをしています。おはなし会は月一回、民家や会員宅で実施し、古老たちに来ていただいて地域の子どもたちに奄美に伝わる民話の数々を語ってもらっています。もちろん日本や海外の昔話も楽しんでいます。

田園地帯で自然観察会

自然観察会では、お話しにまつわる体験もしています。会員親子で四季折々楽しんでいます。自然観察会で特に印象に残っているのは常田守さんの案内で、奄美市住用川川内の喜界川でした。ガジュマルの巨木の背後は根の間を縫うように流れる川（ケンムンの滝）など生命の息吹を感じながら森林散策を楽しみました。会員のK君は「生き物の存在を間近に感じられるのは新鮮な体験。ガジュマルの迫力に圧倒された」と話していました。

また、私たちは古老に聞いた民話の再話を試みたり、子どもたちといっしょに紙芝居を作ったりしています。そして、それをもとに『あまみ民話絵本』も出版しています。

これらは、保育所、幼稚園、小・中学校、学童保育、親子読書会、公民館や図書館のおはなし会へ紹介し喜ばれています。また、奄美パークや鹿児島県青年会館（艸舎）でも「奄美のわらべ歌と昔話」を紹介しました。このような活動をとおして、お話しの輪が少しずつ子どもたちに伝わっています。

最近は、ライブラリーにやってくる子どもたちも減少し、お話しや読み聞かせの出前に出かける機会が増えています。その他に、家庭教育学級、子育て講座、育児講座、母子推進委員講座、子育て支援員研修、子ども読書活動推進講座のお手伝いをしています。

このほか会員による奄美各地の民話やわらべ歌など伝統文化の調査・発掘、さらに、奄美の歌者の協力を得てシマ歌、八月踊り、わらべ歌の研究もしています。

また、会員が会のあり方をより深く考えていけるように、絵本作家や児童文学者を招いて絵本講演会（子ども対象のおはなし会や親対象のおはなし講座）、人文科学や自然科学の専門家を招いたセミナーも開催しています。

奄美図書館でおはなし会

③活動が継続できるために

会員一人一人の自主的な参加活動の中で、小さなふれあいを大切にしたことです。それは公民館や図書館でのボランティア活動で、二〇〇〇年から実施しています。また、子どもたちがお年寄りや地域の方々の人生経験など、さまざまな形で能力を活用できたことです。

私たちはこの活動に関わることで、会員親子の成長を実感しています。それが喜びであり、継続できるささえになっています。そして会員が力を合わせ、〝できる人が、できることを、できるときに〟とゆるやかな歩みで活動しています。

「方言の日」のおはなし会（奄美図書館で）

その他に公民館で「わらべ歌講座」と、奄美図書館で奄美に関する昔話の読み聞かせやわらべ歌を乳幼児から祖父母世代まで楽しんでいます。大島地区文化協会連絡協議会が衰退しつつある奄美方言を保存継承する目的で、毎年二月二十八日は「方言の日」と定め、啓発活動を実施しています。「方言の日のおはなし会」に参加した子どもたちから「方言が少しむずかしいでしたがおもしろいです。おじいちゃん、おばあちゃんもいっしょに遊べたのがうれしかった」と感想を寄せてくれました。また「おはなし講座」も開催しています。親（大人）の読書活動の支援活動で、本（絵本、童話）の大切さや語りの世界を学んでいます。これは親、保育士、小中学校

「布の絵本」を楽しんでいる小学生と赤ちゃん

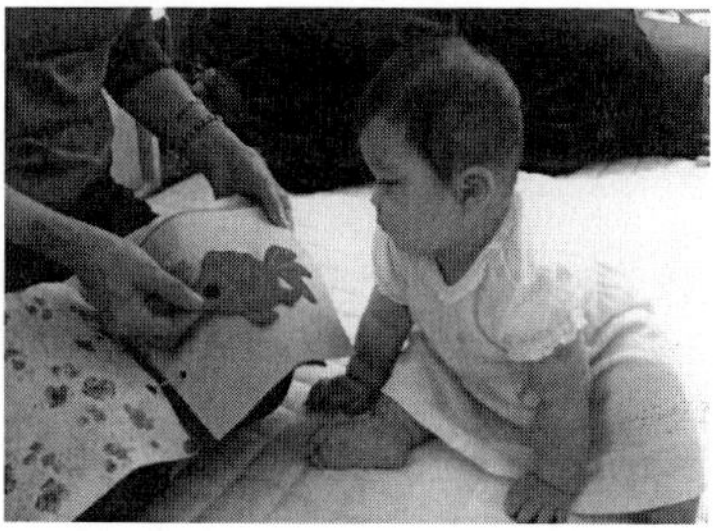

の先生方が本やお話しの世界を手渡す方法を学ぶことにより、多くの子どもたちに還元できると思います。

　また、子ども読書推進ボランティア活動として「布の絵本」作りもしています。「布の絵本」は布の持つ優しさと手づくりの温もりをとおして赤ちゃんや障害を持つお子さんにも言葉を促し、自立に必要な手や指の動きを楽しく身につけられます。0歳からすべての子どもたちの発達に有効な絵本です。おはなし会などで紹介し喜ばれています。東京布の絵本連絡会代表の渡辺順子先生をお招きして「布の絵本」作り講習会を開催しています。

④今後の活動

　これからの活動は、①子どもたちに民話やわらべ歌を伝える、②会員の語りの輪を広げる、③民話やわらべ歌の調査発掘をする、④民話を方言に訳し普及する、⑤「布の絵本」の紹介をするの五つが目標です。

すぐれた図書を地域に浸透させ、さらに、郷土のわらべ歌や民話も研究しながら、伝統の心を次代につなげていきます。日々手さぐりで地道な活動ですが、郷土奄美のためにこれからも継続的に活動をつづけ、子どもたちにおはなしの喜びと楽しさに出合わせたいと願っています。

会員宅でおはなし会

『あまみ民話絵本』

奄美には「話半学《はなしはんがく》」ということわざがあります。話や歌を聞くだけで学問の半分が身につくという意味です。親から子へ、子から孫へと伝承される民話やわらべ歌は、人生を生きぬく知恵を持っていました。このように奄美の民話には、その根源で子どもたちの心をゆさぶり、かきたてる要素がしっかりと組み込まれています。

・『海鳥と蝉』の昔話では「欲股はり裂し」のことわざを話の結びに使い「あんまり欲張ると股はり裂くというのはこのことだそうな」と欲ばりをいましめる話です。

・『鳥とコーロ』は「鳥は欲鳥」。カラスの欲ばりの昔話で、「なぜ、コーロが赤く、カラスが黒くなったか」という話です。

輪内公園でおはなし会
（あまみ子どもライブラリー親子）

・『雀とキツツキ』の昔話は親孝行譚で「だから親に孝行しなくてはいけないよ」という話です。
・『ケンムンの瘤とり』の昔話は隣の爺型の昔話の一つで、「欲かいて人まねするもんじゃないよ」という話です。
・『猿と蟹』の昔話で、猿の赤尻（さるのはあまり）ということわざがあり、「なぜ猿の尻が赤くなったか」という話です。
・『猿の生き胆』の昔話は「人をだますとこうなるよ」と知恵を働かせ難をのがれる話と亀の甲羅の模様の由来の話です。
・『大きな話』は動物の大きさ比べの笑話として話される一方、動物の葛藤として「だから自慢するものではないよ」という話です。
・『ケンムンと川貝』は動物競争の昔話で、小さい川貝がうぬぼれの強いケンムンを負かすという話です。
このように奄美の民話は話を結論づけており、いろいろな教えがありました。昔話と奄美のことわざは密接な関係があります。

奄美の民話の実際

●擬声語、擬態語、方言の響き、唱え言葉、歌、リズム、イントネーションが集落ごとに違い、聞く楽しさがあります。

●話の筋が明瞭で、語り口がおもしろいです。

●登場人物に奄美の生き物が多く、生き物をとおして人生観、社会観を語っています。

●奄美の行事と昔話と食が密接な関係があります。たとえば正月（ウラジロとユズル）、三月節句（蛇婿入り）、五月節句（食わず女房）、七夕（天人女房）、二十三夜のお月待ち（旅の神様の祭り）などです。

●語り手が語り始め（冒頭句）に（むかし、あたんちゅかな）、語り納め（結末句）に（にゃがっさ、うんぶんどう）と言い、聞き手があいづち（へー、へへー）を打つおもしろさがあります。

●奄美の民話は神話、伝説から昔話化したものが多いです。「奄美の島建て」「島建て国建て」「カネノマタラベ」などです。

●自然に対する愛情や畏敬の念をもちます。奄美の妖怪（ケンムン、ヒーヌムヌ、ウバ、キ

「第25回昔話を楽しむ九州・沖縄交流会鹿児島大会 in あまみ」鹿児島・奄美の仲間たち（ばしゃ山村にて）

ジムン、ミンキラウヮクヮ）などです。

・わらべ歌や子守歌がうたわれ、「アマガク」（雨蛙不幸）の♪あんまがながれて　ガークガクや「アモロウナグ」（天人女房）の♪ヨイホーラ　ヨイホーラ　泣くな坊ぐゎ……など心地よさが伝わります。

・シマ歌と伝説のつながりは、ことのほかつよく数多く語られています。たとえば「むちゃかな伝説」「やちゃ坊伝説」「塩道長浜伝説」「嘉徳なべ加那伝説」などです。

しかし、奄美では地域に根ざしながら営々と受け継がれてきた民話が衰退するという現象が見られます。私たちは足元を見つめなおし、これまで地域がになっていたものを、家庭がになっていたものを少しお手伝いさせていただくのです。それが、奄美のこころを伝えるいちばんいい方法ではないかと思います。年中行事や生活儀礼、わらべ歌や伝承遊びの中にもみられます。だからこそこれをどうにか継いでいきたいと思います。

「優良親子読書グループ」(一九九六年)全国表彰、「あまみ民話絵本シリーズ」(二〇〇〇年)日本自費出版文化賞、「教育文化功労」(二〇〇六年)名瀬市長賞、「子どもの読書活動優秀実践」(二〇一八年)文部科学大臣表彰、「地域貢献賞」(二〇一九年)奄美市長・奄美市教育委員会教育長賞をいただきました。

他に「絵本一〇〇冊」ユネスコ・ライブラリー一〇〇(一九九五年)、「子ども文庫助成」伊藤忠記念財団(二〇〇四年)、「子ども読書活動」九州ろうきんNPO助成(二〇〇四年)、「子どもの読書活動助成」子どもゆめ基金等助成(二〇〇四年)、「子ども文庫助成」伊藤忠記念財団助成(二〇一六年)を受け、読書活動を広めています。

6、活動の原点

これまでの私の活動を育んでくれたのは小学四年生の時の担任吉川信先生と父母でした。〝吉川信先生の思い出〟は『わらべうたを子育てに』に掲載しています。

私は、伝承者でもなく、語り部でもない、ただ幼いときに父から聞いた民話が自分の中に生きていると感じ、それが私の精神的な滋養になっていると感じています。

私の民話との関わりは幼いときの父の語りです。二十三夜の神祭りの夜、月の出を待ちながら縁側で父が語ってくれた民話です。ケンムン話、やちゃ坊伝説（煮ても焼いても食えないいたずらっ子であるが、憎めない野人として語られている）、ももたろうなど。父は多くは語らなかったけれども、何十年たってもその光景がよみがえってきます。ラジオやテレビもない、水道もない、電気もない、月明かりがない夜はまっ暗闇の時代でした。語りをとおして展開される世界は無限に広がりました。保育士として仕事を始めたとき、読み聞かせの世界にすんなり入れたのも、そんな体験からでした。

父は幼い私を膝の上にのせ、二十三夜の月を眺めながら、シマ歌（やちゃぼう）や童謡（ももたろう）をくちずさんでいました。父のやわらかい声が今も心の中に響いています。私は幼心にも想像力たくましく、縁側から見える山々を今、やちゃ坊が走りまわっているのでは…と思っていました。

二十三夜の神拝みは月が出てから団子（ウガミムゥチ）やお神酒、ご馳走をいただくので、月が出るのをいまかいまかと待っていました。団子をまるめながら母は、「大きくまるめた団子はお月様と太陽だよ、小さくまるめた団子はお星様だよ」と話してくれました。本で読む民話でなく、耳で民話を少しでも聞いたことはほんとうに幸運でした。

また、私が思い出すことのできるわらべ歌は、幼いころ母の膝で聞く♪みんみんちゃ（たかいたかい）遊びでした。物心ついてからはシマ歌の「あまぐれ節」「くるだんど節」でした。

♪すされみゃっぐゎ
すされきゅらみち　なんてぃ　（訳）須《す》佐《さ》玲《れ》の　道で
あやとぅぬぐぅぃば　うとぅち　綾手ぬぐいを　落としたよ
うりぃやたが　うとぅちゃんが　それは誰が　落としたね
やすとぅしゅうが　うとぅち　やすとし翁が　落としたよ
（以下続く）

※瀬戸内町の油井集落から須佐玲集落の石原を、歩きながら歌ったシマ歌だそうです

♪くるだんど
はりよふねぃ　（訳）走《は》れよ船
しりゃふや　まきゃまきゃ　白帆を　巻いて
はりよふねぃ　走れよ船
（以下続く）

※「くるだんど」とは空が黒ずんできたという意味で、もとは雨乞いの歌ではなかったかといわれています

父と母は、いつもくちずさんでいました。今は消滅しかかっている父母の言葉、奄美語のやさしく響く口調とリズムは今でも思い出されます。

また、節目の行事も鮮明に残っています。それは赤子が誕生して七日目に「イジャシハジムェ(出始)」の儀礼が行われます。母は末の弟を前抱きにして、庭に用意したござの上に座り、弓矢を紙で作った的に放ちました。そのあと、弟の頭上におわんに入れた子蟹をはわせるのです。六歳になった私は母の傍で正座をして、子蟹をはわせる手伝いをしました。蟹のように脱皮再生して、いつまでも健康であるようにとの願いをこめるのです。弟の寝顔を見ながら母のぬくもりを感じました。

正月から始まって、ハレの日の行事は昔話や伝説とも深く結びついています。母の四季折々の行事や料理にそれぞれの思い出があります。正月の三献、ハマウルィ、サンガッサンチ(三月三日)のフティダグ(ヨモギ餅)、グガツィグンチ(五月五日)のガヤマクィ(萱巻)やアクマクィ(ちまき)、二十三夜の神拝みのウガムムゥチ、大みそかのトウシトゥリムゥチ(年取りもち)とゥワン骨テイバシャニムン(豚骨とツワブキ煮)などでした。息つくひまもない母でしたがおやつは、こうしん(麦菓子)、なり羊かん、じゃが芋巾着、黒飴、ふくらかんなど工夫を凝らしていました。

また、ハマウルィ(三月節句)の日には「浜に下りないとガラス(烏)になるよ」と言っ

家族で瀬戸内町須手の浜でハマウルィ行事(三月節句)を楽しむ

て家族そろってフティダグなど重箱につめた料理を食べ、潮干狩りを楽しみました。グガツィグンチ（五月節句）の日にはアクマクィやガヤマクィを作りながら「男の子が元気に育つようにショウブを軒下に差すんだよ」と、魔よけの話もしてくれました。

民話は私と父母をつなぐ大切な時と場をささえてくれました。何十年たってもまるで昨日のことのように、沸き起こるしあわせの感動は忘れられません。子ども時代の時間は、本当にゆったりと流れており、またぬくもりも感じられました。絵本の届きにくい時代でしたが私が育った野山や川、海の原風景がまさにお話の世界でした。たくさんの民話を聞いて育っていないのですが、民話の世界で育ったなと思います。異年齢集団で群れて遊び、ケンムン話などを聞いてここで心も体も育てられました。物のない時代でしたが、地域の人たちのあたたかいまなざしの中で、幸せな子ども時代を過ごしました。

また、私のシマ口（方言）の師匠は母でした。流ちょうなシマ口ではないですが、おおらかな母はいつも「イッチャヤッドー」（いいよー）とほめてくれ、私の自信になりました。今、奄美語は絶滅の危機にさらされていますが、いちばん大切なものは親の言葉です。そして、ウヤフジ（先祖）の知恵や方言がつまった民話やわらべ歌は最高の贈り物でした。

七、おわりに

伝統的な保育力を生かす

かつて、三世代同居の時代は、親として大先輩である祖父母世代から多くの助言を得ることができました。母親にしかられたとき、おじいさんやおばあさんが慰めてくれました。悪いことをすると子どもたちは、よその家のおじさんやおばさんがえんりょなくしかっていました。また、三味線やシマ歌もとなりのおじさんから習い、地域ぐるみの子育てがありました。おてだまやなわとびやゴムとび、トンボのとり方、木のぼり、川遊びなどたくさんの遊びをお兄さんやお姉さんから教えてもらいました。まさに、異年齢交流は地域社会と共にありました。そして、その遊びの中から危険を察知する能力、工夫する心、生きる知恵も育《はぐく》まれました。

現代の子どもたちのまわりにはゲームやスマホなど刺激的な遊びがあふれています。電子メディア中心になっていく中で、それは避けられないことです。もう、すでに子どもたちはあたりまえとして触れています。それらにとらわれ、人と人との心の交歓が不得手になってきたようです。しかし、原体験は大切です。

私たちは豊かな発想と想像力を子どもたちに伝えていくため、風土を生かした子育ての実践を試みました。それは、「太陽と水と土の保育」の理念で、太陽のぞんぶんな恵みのもと、海や川、野や森に子どもたちを解放し、豊かな感性を育てていくのです。そうすると、子どもたちは自然にとけこみ、自然に生きていくことでしょう。いじめや公害などとはほど遠い、すべてのものに愛を感じる人間になってもらいたいのです。

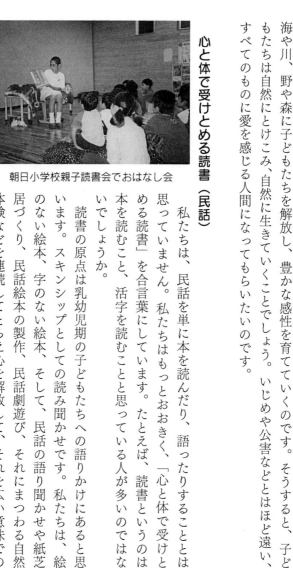

心と体で受けとめる読書（民話）

朝日小学校親子読書会でおはなし会

私たちは、民話を単に本を読んだり、語ったりすることとは思っていません。私たちはもっとおおきく、「心と体で受けとめる読書」を合言葉にしています。たとえば、読書というのは本を読むこと、活字を読むことと思っている人が多いのではないでしょうか。

読書の原点は乳幼児期の子どもたちへの語りかけにあると思います。スキンシップとしての読み聞かせです。私たちは、絵のない絵本、字のない絵本、そして、民話の語り聞かせや紙芝居づくり、民話絵本の製作、民話劇遊び、それにまつわる自然体験などを連続してとらえ心を解放して、それを広い意味での読書と位置づけています。

子どもたちの読書は頭でとらえるのではなく、心と体でとらえるのです。私たちは五感すべてをつかっての読書、そこに読書の原点を見いだしています。日々の生活をとおして深く広くゆたかに感じとってほしいです。

自然とのかかわりの中で民話の世界を

子どもたちは、自然が豊かな奄美であっても、野原や川の中で遊ぶ経験は少なく、園の行き帰りは車に乗って登園し、休日はショッピングセンターで過ごす子どもも少なくありません。私の子ども時代は虫と遊び、鳥に呼びかけ、草とたわむれていました。それが〝あたりまえ〟の毎日でした。お兄さん、お姉さんや多くの仲間がいて戸外でぞんぶんに遊びほうけました。原っぱや田んぼには小さな命がみちみちていました。トンボを追い、バッタを追い、カマキリを探し、土の匂いにむせました。また、浜辺で波とたわむれました。今になって思いおこしてみると、そんな〝あたりまえ〟の日常がどんなにすてきなものであったか、まるで夢のような環境の中にいたのだと胸をつかれたような気持ちです。

今の子どもたちは、あまりにも早い文明開化のうずにのみこまれ、自分をとりまくあらゆる文明の利器と、生まれながらにして与えられたかのような錯覚におちいっているのではないかと思います。ポンとおすと出る音と絵、指先をおすとあらゆる情報が入ってきます。子どもから素朴な疑問符は消え去り、お月さんの伝説も失われてしまいました。

子どもたちは与えられすぎて、何事も〝あたりまえ〟のようになってしまった今の時代、知りすぎて育っています。だからこそ、先祖から受けついできた奄美の自然や文化を子育てに生かしていきたいと思います。

奄美の心（民話）を子どもたちへ

奄美語は絶滅の危機にさらされていますが奄美は特別なところ、素材はいくらでもあります。まだまだ保持しています。私たちは奄美の民話を、古老たちに来ていただいて語ってもらいました。『あまみ民話絵本』のもとになった川畑豊忠さんの話も、そうしたおはなし会で語られたものです。語り手の身ぶり手ぶりをまじえた話に、すいつけられるように聞きいる子どもたちの姿が印象的でした。

さらに、民話の中の背景を理解するために子どもたちと共に、お話しの舞台である海や川や森へ出かけました。たとえば、自然の奏でるいろいろな生き物たちの声に耳を傾けることは、おおきな想像力を育んでいると思います。子どもたちは、自然の中で遊ぶことによって物事をじっくり観察し、表現する力を身につけていくのです。『あまみ民話絵本』のもとになった子どもたちの手作りちぎり絵紙芝居の背景には、子どもたちのこのような体験があるのです。

そして、ここで育った子どもたちが中学生、高校生、大学生、社会人になっていますが、今では幼い子どもたちに自ら絵本の読み聞かせをしたり、民話を語ったりしています。このことを思うとき、聞き手が語り手となっていく世界を感じます。

伝統文化が教えること

奄美でも方言がわからない人が多いですが、少しは自分の中に方言や親しみやすさが入っているので、方言に違和感がないかもしれません。なまりはおじいさん、おばあさんから遺伝的につながっていると思います。それぞれの地域で親しまれた言葉（方言）を語っていただければいいのです。

今、私たちの身近なところでいかに多くの失ってならないもの、こと、ひとがひっそりと消えようとしていることでしょう。どんな人から、どんなお話しを聞いたか、幼いころの人との出会いはとても大きいです。温故知新、川畑さんは「古さのあてどぅ（古い物があって）みーしゃ（新しい物）がある」と話しています。そのとおりで、古いことを知ることは、やがて未来を考えることだと思いました。川畑豊忠さん、坪山豊さん、地域のお年寄りに出会

民話採訪（瀬戸内町篠川集落のお年寄り）

い何かを伝え受け継ぐという営みがいかに大切であるか教わりました。

島の文化（わらべ歌、民話、伝承遊びなど）を後世に伝えていくためには意識された子育ての実践と継続が大切です。それは、

①今、民話やわらべ歌に子どもたちが自ら出合うのは厳しい時代です。大人（親、保育者、教師）が意識して、少々無理をしてもしかけをすることです。大人の努力と、お年寄りや地域の支援があってこそできることです。

②奄美の子どもたちの想像力をいちばん刺激するものは、奄美独特の言葉やリズム、イントネーションです。先祖(親フジ)の魂の言葉(方言)は共通語にない力があり、身体に響き方言の温かさがあります。そして子どもの想像力、創造力、思考力を育てます。

③民話をとおして人や自然とかかわる力、ホンモノの体験をさせることです。それは、教えるのではなく、大人が子どもたちといっしょに楽しみながら伝えることです。

まだまだ地域には方言を語れる人がいます。トン普通語（方言まじりの言葉）でもいいと思います。子どもたちへの贈り物として文化（方言）を少しでも残すことが大切なのです。

これからも奄美の心（民話）を次代につないでいくため、この活動をつづけていきたいと思います。

お祝いのことば

奄美市文化財保護審議会会長　泉　和子

ご出版、心よりお祝い申し上げます。

奄美の自然の素晴らしさが世界で認められたように、地域や家庭で語り継がれてきた奄美の民話もまた、世界に誇る宝です。失われつつあった奄美の民話に再びスポットを当て、蘇らせた本書の著者である嘉原カヲリさんの、これまでの活動と功績に敬意を表します。

本書は、著者自身の幼児教育や活動実践の記録、グリム童話のふるさとや民話のふるさと遠野を訪ねた際の日記のほか、「あまみ民話シリーズ」製作秘話などが紹介されており、著者の保育人生の集大成といえるものです。本書では、方言に丁寧な読み仮名や訳がつけられていて、方言を話したり聞いたりすることができない方でも分かりやすいように工夫されています。また、メディアが普及した中で育つ現代の子どもたちや子育ての現状などから「生の声で語り聞かせる」ことの大切さや、自然や人とふれあい、物理的な豊かさではなく心の豊かさを育てることの重要性について提唱しています。

著者は、地域に古くから伝わる民話などの文化を子育てに活かせたら、母子ともに豊かな心が育つのではないかとの思いで長年活動されてきました。また、島に生きるお年寄りの人生経験や多くの知恵から学ぶ郷土教育を試み、伝承していくことの大切さを示唆しています。

子どもたちは、山や海、川などで遊ぶことで自然に親しみ、地域のお年寄りと接することで地域の文化に親しみ、自分たちの地域の自然や文化を誇りに思う心を育むことに繋がっていくのでしょう。

シマ(集落)で育っている私の孫たちも地域の方々とふれ合いながらシマの伝統芸能をかっこいいと思い、自然とマネをして楽しんでいます。幼い頃から慣れ親しむことは大切であり、そのようにして誇りを持ち、心と身体に刻まれ受け継がれてきたのだと学ばされます。

本書でも紹介されている、著者が取り組まれた「あまみ民話絵本シリーズ」。私の子どもたちもお気に入りでした。そして、子から孫へと読み聞かされ、受け継がれています。

「あまみ民話絵本シリーズ」に関わった子どもたちは、人生において大変貴重な経験をしたことと思います。その子どもたちが親となり、今のIT時代の子育てに創意工夫を凝らしていることでしょう。

保育所勤務、奄美民話の会(あまみ子どもライブラリー)での活動(あまみ民話絵本シリーズ刊行)など幼児教育一筋に携わってきた著者の四十年余りの活動の軌跡がまとめられた本書が、嘉原カヲリさんのこれまでの著書と同様に、家庭や教育現場で奄美の宝として活用され続けることを願っています。未来のあまみっ子たちに夢を託して。

あとがき

長い年月をかけて奄美民話の会から『あまみ民話絵本』を出版しました。奄美の民話を再話し、子どもたちがちぎり絵をして作った大型紙芝居を絵本にしたものです。それは、古老による昔語りにはじまり、再話、語り聞かせ、そして野、山、川、海などでの子どもたちの体験をとおして作られたものです。『わらべうたを子育てに』『亜熱帯の島の子育て』の実践もその試みのひとつです。民話やわらべ歌は奥が深く、親しめば親しむほどあたらしい発見に遭遇します。もちろんそれは子どもたちの心の広がりが宇宙的であり、それぞれの個性を存分に育てる要素をもっているからでしょう。

私は名瀬で生活するようになって、たくさんの方々からたくさんの教えをいただきました。中でも川畑豊忠さんには、民話やわらべ歌などだけでなく、さまざまな遊びをとおして、野、山、川、海など、自然との接し方も教えていただきました。坪山豊さんはお忙しい中、時間をつくって子どもたちに歌を伝授してくださいました。その歌声は子どもたちの心の奥底に残って、これからの人生に大きな影響を与えていくと思います。お二人ともすでにご逝去なさいましたが、お礼の申しようもないほどの恩を感じています。

川畑さんは毎日のように子どもたちに昔話を語り、わらべ歌をうたってくださいました。

川畑さんは「心を育てるには、肉声をとおして直接子どもに話しかけることです」と常々話されていました。今、CDやスマホがたくさん出まわっていますが、子どもたちは生の声のお話しがずっとうれしいのです。生の声ほど子どもの心に響くものはありません。お話しをとおしてたくさん学ばせていただきました。語りの楽しさはいい聞き手である子どもたちが育ててくれたものと思っています。心をこめて語ることの大切さ、そして語りの奥の深さも思いました。私は民話にかぎらず生の声のお話しや歌が、日々の子育ての中で生まれてくるのを願っています。

奄美民話の会の仲間たち

また、徳富重成氏・楠田豊春氏のお二人からは『あまみ民話絵本』シリーズのすいせんの言葉をいただきました。向井扶美さん（療育研究会事務局長）、米屋陽一さん（日本民話の会会員）、常光徹さん（学習院大学講師）、種村エイ子さん（鹿児島国際大学教授）、登山修さん（日本民族学会会員）、浜田百合子さん（「ホライゾン」編集長）、林蘇喜男さん（奄美博物館館長）、山下文武さん（奄美文化財保護審議会委員）、西シガ子さん（「いじゅん川」編

出来上がった紙芝居を囲んで（あまみ子どもライブラリーの仲間たち）

集責任者）、泉和子さん（奄美民俗談話会会員）の皆様には『あまみ民話絵本』シリーズの書評を書いていただきました、心よりお礼申しあげます。一人一人お名前を挙げることはできませんが、多くの方々に温かいご支援をいただき、深く感謝いたしております。

奄美の民話の大切さを理解はしていましたが、自分の考えをまとめるには、ずいぶん時間をかけてしまいました。この本著を刊行するにあたり、南久美子さんをはじめ奄美民話の会の仲間たち、あまみ子どもライブラリーの子どもたち、鳥羽啓子さんをはじめ、県内外の文庫の会の仲間たちにご協力いただき心より感謝申しあげます。陰に日なたに励まされました。また、元日本図書館協会評議員の渡辺順子先生、聖徳大学教育学部児童学科准教授の松村裕子先生のおすすめと励ましがなかったらきっと書く勇気すらもなかったことでしょう。お二人には、子育ての実践方法から執筆にいたるまですべての面でご指導いただきました。心からお礼申しあげます。さらに「奄美の伝説」も「奄美の情熱情報誌ホライゾン」編集長浜田百合子様のご好意により掲載することができました。あわせてお礼申しあげます。

そして、何より、大型紙芝居作りやおはなし会で出会ったすべての子どもたちとそのご家族の皆様に感謝いたしますとともに、子どもたちのすこやかな成長と幸せを、心よりお祈り申しあげます。また、長い間あたためていた思いをかたちにしていただきました「南日本新聞開発センター」の野村健太郎様に心よりお礼申しあげます。最後に子ども時代をのびのびと育んでくれた亡き父や母、温かく見守ってくれた兄弟に感謝をこめて捧げたいと思います。そして、私を育ててくださった奄美の自然と人々に感謝申しあげます。

二〇二三年十月一日

奄美大島にて　　嘉原カヲリ

参考文献

『沖永良部島昔話』岩倉一郎（民間伝承の会、１９４０）
『喜界島昔話集』岩倉一郎（三省堂、１９４３）
『奄美民俗雑話』登山修（春苑堂出版、２０００）
『奄美民俗の研究』　登山修（海風社、１９９６）
『瀬戸内町の昔話』登山修編（同朋社、１９８３）
『全國昔話集成15奄美大島昔話集』田畑英勝編（岩崎美術社、１９７５）
『奄美の民俗』田畑英勝（法政大学出版局、１９７６）
『奄美諸島の昔話』田畑英勝解説（日本放送出版協会、１９７４）
『奄美の伝説』田畑英勝（角川書店、１９７７）
『奄美の暮らしと儀礼』田畑千秋（第一書房、１９９２）
『奄美大島の口承説話』田畑千秋（第一書房、２００５）
『大奄美史』　昇曙夢（原書房、１９７５）
『昔話は生きている』稲田浩二（ちくま学芸文庫、１９９６）
『日本昔話ハンドブック』稲田浩二・稲田和子編（三省堂、２００１）
『昔話・伝説必携』野村純一編（學燈社、１９９１）
『子供の民俗学』飯島吉晴（新曜社、１９９１）

『日本の民話を学ぶ人のために』福田晃・常光徹・斉藤寿始子編（世界思想社、２０００）
『民話の心と現代』吉沢和夫（白水社）１９９５
『昔話と昔話絵本の世界』藤本朝巳（日本エディタースクール、２０００）
『子どもに伝えたい昔話と絵本』藤本朝巳（平凡社、２００２）
『民話の世界』飯島吉晴編（有晴堂、１９９０）
『昔話の思想』　武田正（岩田書院、１９９５）
『昔話は生きている』稲田浩二（ちくま学芸文庫、１９９６）
『日本の昔話』柳田国男（新潮文庫、１９８３）
『ガイドブック日本の民話』日本民話の会編（講談社、１９９１）
『民話の世界』松谷みよ子（講談社、１９７４）
『現代の民話』松谷みよ子（中公新書、２０００）
『わたしの昔かたり』宮川ひろ（童話屋、２０１２）
『子どものいる風景』岩崎京子（新日本出版社、２００１）
『昔話その美学と人間像』小澤俊夫（岩波書店、１９８５）
『昔話の語法』小澤俊夫（福音館書店、１９９９）
「昔ばなしとは何か」小澤俊夫（大和書房、１９８３）
『昔話が語る子どもの姿』小澤俊夫（古今社、１９３０）
『おはなしの知恵』河合隼雄（朝日新聞社、２０００）

『子どもの本を読む』河合隼雄（講談社、1996）
『「森の思想」が人類を救う』梅原猛（小学館、1991）
『日本の昔話』柳田国男（新潮文庫、1983）
『子どもに昔話を！』石井正己（三弥井書店、2007）
『昔話にまなぶ環境』石井正己（三弥井書店、2011）
『昔話とこころの自立』松居友（宝島社、1994）
『昔話絵本を考える』松岡享子（日本エディタースクール出版部、1985）
『こども、こころ、ことば』松岡享子（こぐま社、1985）
『民話の原風景』福田晃・岩瀬博編（世界思想社、1996）
『なつかしい話歴史と風土の民俗学』宮本常一（河出書房新社、2007）
『幼い子の文学』瀬田貞二（中公新書、1980）
『子どもの本評論集』瀬田貞二（福音館書店、1985）
『子どもの本のよあけ瀬田貞二伝』荒木田隆子（福音館書店、2017）
『生命めぐる島　奄美』ホライゾン編集室編（南日本新聞社、2000）
『水が育む島奄美大島』常田守（文一総合出版、2001）
『奄美まるごと小百科』倉満逸司（南方新社、2003）
『心を伝える　奄美の伝統料理』泉和子（南方新社、2015）
『絵本・物語るよろこび』松居直（福武文庫、1990）

『絵本のよろこび』松居直（ＮＨＫ出版、２００３）
『声の文化と子どもの本』松居直（日本キリスト教団出版部、２００７）
『幼年文学の世界』渡辺茂男（日本エディタースクール出版所、１９８８）
『「五感力」を育てる』斎藤孝（中公新書、２００２）
『現在、子どもたちが求めているもの』斎藤惇夫（キッズメイト、２００１）
『わたしはなぜファンタジーに向かうのか』斎藤惇夫（今日分館、２０１４）
『子ども、本、祈り』斎藤惇夫（教文館、２０２１）
『絵本の力』河合隼雄・松居直・柳田邦男（岩波書店、２００２）
『声の力』河合隼雄・阪田寛夫・谷川俊太郎・池田直樹（岩波新書、２００２）
『子どもと文学』石井桃子ほか（福音館、１９６７）
『子どもと本の世界に生きて』石井桃子訳（こぐま社、１９９４）
『幼ものがたり』石井桃子訳（福音館書店、１９０７）
『日本児童文学論』石井桃子訳（岩波書店、１９６４）
『虫眼とアニ眼』養老孟司・宮崎駿（徳間書店、２００２）
『子どもと自然』河合雅雄（岩波新書、１９２４）
『物語が生きる力を育てる』脇明子（岩波書店、２００８）
『絵本が目をさますとき』長谷川摂子（福音館、２０１０）
『子どもたちと絵本』長谷川摂子（福音館、１９８８）

『子供の「脳」は肌にある』山口創（光文社新書、2004）
『センス・オブ・ワンダー』レイチェル・カーソン、上遠恵子訳（新潮社、1996）
『保育への提言』大場牧夫（フレーベル新書、1931）
『先生が本なんだね』伊藤明美（小澤俊夫昔ばなし研究所、2016）
『幼児期』岡本夏木（岩波書店、1926）
『絵本の世界と育児文化の創造』渡辺順子（エイデル研究所、1994）
『ことばの喜び・絵本の力』渡辺順子（萌文社、2008）
『幸福に驚く力』清水眞砂子（かもがわ出版、2006）
『本の虫ではないのだけれど』清水眞砂子（かもがわ出版、2010）
『絵本はともだち』中村征子（福音館書店、1997）
『絵本の本』中村征子（福音館書店、2009）
『ことばが育てるいのちと心』桜井美紀（一声者、2002）
『風と木に聞く』田島清三・斎藤惇夫・松谷さやか・神沢利子（エイデル研究所、1990）

著者プロフィル

嘉原カヲリ（よしはら・かをり）

奄美大島に生まれる。35年間保育所勤務。神村学園専修学校保育学科専任講師。中九州短期大学幼児教育学科専任教員（特任教授）を経て現在、近畿大学九州短期大学、奄美看護福祉専門学校こども・かいご福祉学科非常勤講師。奄美民話の会、あまみ子どもライブラリー主宰。

太陽と水と土の保育理念にもとづき、子どもたちを森や川や海に解放し、また伝統文化を子育ての中に位置づける。『わらべうたを子育てに』（出版企画あさんてさーな）もその実践のひとつで、他に民話、伝承遊び、手作り玩具などをとりいれる。「子どもたちに絵本やわらべうたの喜びを」を願い、子育て講座も実施している。著書に『民話と保育』、あまみ民話絵本『マガンとさる』『けんむんとこうみにゃ』『さるのいきぎも』『けんむんのがぶとり』など。

亜熱帯の島の子育て

2023（令和5）年10月1日　初刷発行

著者　嘉原カヲリ

発行　南日本新聞開発センター

〒892-0816　鹿児島市山下町9-23

TEL　099-225-6854

FAX　099-227-2410

URL　https://www.373kc.jp

ISBN978-4-86074-303-1
C0037 ¥1500E

定価：1,650円
（本体1,500＋税10%）